ÉTUDES ET ESSAIS SUR LA RENAISSANCE
sous la direction de Mireille Huchon
91

Série *Perspectives humanistes*
dirigée par Stéphan Geonget et Emmanuel Naya
3

La Renaissance et le détachement

Daniel Ménager

La Renaissance et le détachement

PARIS
CLASSIQUES GARNIER
2011

Daniel Ménager, professeur émérite à l'université Paris X – Nanterre, a consacré ses recherches à la Renaissance. Outre l'édition des *Œuvres complètes* de Ronsard dans la Bibliothèque de la Pléiade (1993 et 1994, en collaboration), on lui doit *La Renaissance et le rire* (Paris, 1995), *Diplomatie et théologie à la Renaissance* (Paris, 2001), *La Renaissance et la nuit* (Genève, 2005) et *L'Incognito d'Homère à Cervantès* (Paris, 2009).

ISBN 978-2-8124-0214-2 (livre broché)
ISBN 978-2-406-19135-3 (livre relié)
ISSN 1164-6152

INTRODUCTION

La plupart des mots s'introduisent furtivement dans la langue. Le plus souvent, on ne remarque leur présence que bien après leur entrée en fonction. Ce qui les distingue les uns des autres, c'est la notoriété de leur inventeur. Le mot « détachement » peut se flatter d'avoir été « inventé » par le grand Corneille. En fait, il existait déjà, mais avec un sens purement matériel. C'est la traduction de *L'Imitation de Jésus-Christ*, dont les premiers chapitres sont publiés en 1651, qui donne au mot le sens moral et philosophique qu'il possède toujours. Thomas a Kempis avait écrit que personne, quelle que soit sa perfection et sa sainteté, n'était à l'abri de la tentation : « *Nemo tam perfectus est et sanctus qui non habeat aliquando tentationes*[1] ». Et voici la paraphrase de Corneille :

> Dans la retraite la plus sainte
> Il n'est si haut détachement
> Que des tentations affranchi pleinement
> N'en sente quelquefois l'atteinte[2].

Belle infidèle, à coup sûr[3] ! Mais quelle oreille ! Corneille a compris qu'il fallait inventer un mot pour rendre compte de l'esprit de l'*Imitation*, pour restituer sa petite musique. Car s'il est une œuvre où le détachement est présent à chaque page, c'est bien celle de Thomas a Kempis, écrite dans la première moitié du XVe siècle. Corneille a songé sans doute aux tentations qui accablent les ermites et les saints retirés du monde. Mais cela faisait longtemps que le détachement du chrétien était à l'ordre du jour. Peut-être même depuis toujours.

---

1 Thomas a Kempis, *De Imitatione Christi*, I, 13, Paris, 1826, p. 26.

2 *L'Imitation de Jésus-Christ*, traduction de Corneille, *Œuvres complètes*, Paris, Seuil, 1963, p. 920.

3 La traduction de Lamennais est beaucoup plus fidèle : « Il n'est point d'homme si parfait et si saint qui n'ait quelquefois des tentations » (*L'Imitation de Jésus-Christ*, Paris, Seuil, 1961, p. 27).

Il faut pourtant placer des repères. Aux yeux de certains spécialistes de l'histoire religieuse, le détachement a triomphé surtout pendant les derniers siècles du Moyen Âge. Lié plus ou moins au mépris du monde (*contemptus mundi*), il aurait inspiré une pensée résignée, nourri de ferventes aspirations aux bonheurs du ciel. Le chrétien devait impérativement détourner son regard d'un monde voué au péché et où rôde le diable « cherchant qui dévorer ». Jusqu'à ce que la Renaissance le mette en déroute et apprenne à concilier le goût de la vie et la fidélité à l'Évangile.

Si cela était vrai, notre livre n'aurait aucune raison d'être. Nous nous serions trompé d'époque. Heureusement, la réalité est autrement complexe. L'idée de détachement n'est pas l'invention d'on ne sait quelle morosité médiévale, il a eu pour chantres, dans l'antiquité, de grandes figures philosophiques. Socrate l'a enseigné à ses disciples, et pratiqué dans sa vie. Si l'acariâtre Xanthippe se met à tempêter, il s'absente dans l'univers des idées, se détache de réalités vraiment trop médiocres. Les combats font rage autour de lui ? Il tombe en extase, et ne revient à lui que pour accomplir avec bravoure son devoir de soldat[1]. Diogène, tel que le voit Rabelais, est lui aussi à sa manière un apôtre du détachement, un apôtre à vrai dire assez peu convenable, ce qui n'empêcha pas certains humanistes de le placer dans les plus nobles compagnies. Ces grandes voix, auxquelles il faut joindre celle d'Épicure, en sourdine pendant le Moyen Âge, se font entendre pendant la Renaissance, malgré le goût indéniable de la vie qui est son apanage.

Si la notion de détachement ne fait entendre qu'une petite musique grise, on se demande pourquoi il a séduit jusqu'à nos jours, sous des noms divers, tant de penseurs, d'artistes et de philosophes. L'esprit d'utopie, célébré par Ernst Bloch[2], n'est-il pas, dans son premier mouvement, le désir de se détacher des « vieux parapets » pour créer une existence différente sous d'autres cieux et d'autres latitudes ? Pour voguer vers Cythère, il faut d'abord détacher la barque : geste très simple mais ô combien difficile ! Le voyageur de Watteau possède un frère, fort séduisant lui aussi : l'« Indifférent[3] ». Il s'avance dans le monde avec l'aisance étudiée d'un danseur de ballet : jambe droite, jambe gauche dans l'alignement de la première et ainsi de suite. Le monde ne pèse plus rien grâce à son

---

1 Voir *infra*, le chapitre sur les « Éthiques mondaines », p. 165-200.

2 Ernst Bloch, *Le Principe Espérance*, trois volumes, tr. fr., Paris, Gallimard, 1976-1991.

3 Paris, Musée du Louvre.

balancier invisible. Pourquoi partirait-il puisque, tel le funambule, il s'est affranchi de la pesanteur, et que les lointains risquent de tromper ? L'Indifférent ignore le puissant appel de l'utopie, le frémissement des départs, qui fait vibrer en revanche celui qui se détache. Pourtant, il n'est pas toujours nécessaire d'aller bien loin pour se sentir détaché de tout. Si le détachement n'est pas mort, c'est parce qu'il possède une aptitude étonnante à la métamorphose. Quand il célèbre la sérénité, Heidegger reprend des mots, des images, et presque des concepts à Maître Eckhart, qui revit grâce à lui[1]. Non, la Renaissance n'a pas sonné le glas du détachement, ni d'ailleurs de la vision religieuse du monde. Les temps modernes ont plutôt permis de le vivre autrement. Le *Journal* d'Etty Hillesum[2] revient lui aussi, peut-être sans le savoir, à Maître Eckhart et à ses magnifiques paradoxes.

La Renaissance a vu s'accélérer la production et les échanges. En Italie, d'abord, puis dans le reste de l'Europe, le marchand est devenu l'une de ses figures exemplaires. Avec lui, le monde se rationalise, les comptes se tiennent en partie double. Sa prospérité fait l'admiration de beaucoup et profite aux artistes et aux ordres religieux pour lesquels il commande de magnifiques retables, où on le voit à genoux, adorant la Vierge, l'Enfant ou les saints, humble et magnifique, conscient tout à la fois du temps qui permet de s'enrichir (surtout quand on pratique le prêt à intérêt) et de l'éternité. Il demande peut-être pardon pour sa soif de l'or et promet de la compenser par de généreuses aumônes. Une chose est certaine : il n'aime pas perdre son temps. On n'a pas assez dit à quel point, sous son emblème, le monde devient dur, à quel point il déteste le loisir. C'est au début du XVIe siècle, que naît, dans la Flandre prospère, le projet de faire travailler de force les vagabonds, les propres à rien, les clochards de toute sorte. Voilà l'un des visages économiques de la Renaissance, au moment même où, selon Michelet, elle était encore « belle ». Que, dans ces circonstances, elle ait nourri des rêves d'évasion ou de refondation ne doit pas étonner. Si l'on doutait encore de la relation entre la dure réalité sociale et le désir d'utopie, il suffirait de lire l'œuvre éponyme de Thomas More, à condition de ne pas négliger le livre I. Le détachement, dans son acte même, n'est donc pas une obscure survivance médiévale. Il devient une réaction contre la loi des temps modernes.

1 Voir *inf*, ch I.
2 Etty Hillesum, *Journaux et lettres 1941-1943*, Paris, Seuil, 2008.

D'autant que, dans la vision traditionnelle des choses, la Renaissance possède une sœur, qui n'est autre que la Réforme. Ici, tout se complique. Luther et Calvin ont repris à saint Augustin sa théorie des deux cités. Il faut sans doute se détacher de la cité des hommes pour gagner celle de Dieu. Mais l'un comme l'autre ont célébré la dignité de la profession (le fameux *Beruf* de Luther), qu'il faut exercer avec gravité et dignité. Ils n'avaient guère de tendresse pour les rêveurs, les *Schwärmer*, coupables d'anticiper dangereusement la glorieuse liberté des enfants de Dieu et de se croire parvenus au règne de l'Esprit. Avec eux apparaît le célèbre désenchantement de Max Weber. Une étude du détachement ne peut ignorer cette dimension de la Réforme, même s'il faut user avec circonspection des travaux du grand sociologue allemand.

Les idées et les attitudes mentales ne sont pourtant pas le simple reflet des circonstances. Elles possèdent leur vie propre. Le détachement, tel que le cultive la société de la Renaissance, appartient à une longue histoire, à la fois éthique et esthétique. Il est l'une des conduites offertes à l'homme pour qu'il devienne le maître de sa vie, comme c'était déjà le cas dans le monde antique. Ses héros trouvaient en lui le moyen de montrer leur force d'âme, d'appartenir tout à la fois à l'histoire et à eux-mêmes. La Renaissance a raffolé des anecdotes racontant comment un grand chef de guerre lisait tranquillement, sous sa tente, la veille d'une bataille décisive. Ce goût du détachement ne meurt pas, lui non plus, avec la Renaissance. Qu'il s'agisse autant d'esthétique que d'éthique, c'est ce que montre, par exemple, le *Décaméron* de Boccace. Les dix jeunes gens mis en scène ont avant tout l'ambition de créer une vie belle, harmonieuse, lumineuse ; une vie dont ils seraient les maîtres. Ici et là, cependant, se fait jour une autre idée du détachement : à la maîtrise, il préfère l'abandon.

Ce que Dieu pense de tous ces libertaires, nous ne le savons pas. Les églises, pour ce qui les concerne, les voient d'un mauvais œil, car ils clament un peu trop leur autonomie, leur capacité à gouverner la vie. L'utopie, dans quelque sens que l'on prenne le mot, est toujours un rêve d'autarcie. Il s'exprime en sourdine chez Thomas More, à voix haute dans le *Cortegiano* de Castiglione. Gracian, tout jésuite qu'il ait été, forge sous des noms divers un homme d'excellence, point de mire de la société où il évolue avec aisance et en gardant toujours son quant-à-soi. Pour être aussi convaincant que possible, cet essai a franchi les bornes séculaires et a réuni pour mieux les comprendre des figures aussi diverses que Boccace, Sannazar, Castiglione, Érasme, Ronsard, Montaigne, Gracian : moralistes et utopistes mêlés qui ont en commun la volonté de repenser les devoirs de l'homme et le goût de l'indépendance.

Leurs réflexions n'ignorent pas l'héritage de la théologie, même quand il se veut discret. Il est beau de se vouloir détaché des contingences, et de vivre à distance de l'histoire. Mais, dans une culture qui reste chrétienne, on se demande également si Dieu n'est pas trop éloigné de celle-ci et de ses malheurs. Les poètes et les penseurs s'inquiètent alors de son silence et de ce qui paraît un manque de logique : pourquoi avoir créé le monde si celui-ci va à l'aventure, si les malheurs collectifs s'abattent sur lui sans qu'il intervienne ? Dans ces moments de doute, le croyant finit par se persuader que Dieu, après l'œuvre des six jours, s'est détaché du monde. Sabbat tragique, coupable repos. Les réponses des théologiens, toujours prêts à expliquer que Dieu continue à veiller sur les hommes, ne satisfont pas tout le monde. Et le scandale redouble le jour du Vendredi-Saint, lors de la mort du Fils de Dieu, délaissé par le Père. Questions modernes ? Il s'en faut de beaucoup. Elles s'expriment dans certains textes, comme ceux des *Mystères*, et, surtout, dans la peinture du XVe siècle et chez Michel Ange, au plafond de la Sixtine. Les cardinaux ne risquaient pas de réclamer des échafaudages pour scruter de près certains visages et certaines expressions ambigus. Ils se souvenaient peut-être du marteau que, selon la légende, l'artiste aurait laissé négligemment tomber aux pieds d'un pape trop curieux !

Le détachement, c'est aussi une affaire de forme littéraire. Dans un grand livre[1], Harald Weinrich a démontré que le récit n'existait pas sans le détachement ; qu'il le faisait naître et même qu'il dépendait de lui, ce qu'illustrent à merveille les ouvertures des recueils de nouvelles, les fameuses *cornice*. Boccace s'adresse à des lecteurs, et surtout à des lectrices, qu'il tente de détacher de leurs vies grises. Le temps des histoires, ces jeunes femmes oublieront la jalousie des maris et l'ingratitude des amants. Mais Boccace n'atteint vraiment son but que par sa fiction, où le lyrisme joue un rôle insuffisamment souligné. Quand, à la fin de la journée, les jeunes gens et les jeunes filles se mettent à chanter et à « caroler », ils se souviennent de leurs peines amoureuses tout en les

1 *Le Temps*, tr. fr., Paris, Seuil, 1964.

transcendant. Leur « je » se prête aux autres, et dans la nuit qui tombe et abolit les contours, ceux de leur moi s'estompent également. Il en va de même dans l'*Arcadie* de Sannazar, où l'on chante aussi quand vient la nuit. Puissance du lyrisme, capable de nous détacher de nous-mêmes. Ce que vérifient aussi, d'une autre manière, les chœurs des tragédies, auxiliaires du détachement tragique. Tâche difficile que celle des choreutes. Proches de l'action, ils doivent transcender le malheur du héros et de l'héroïne, de manière à ce que, nous aussi, nous prenions nos distances, tout en restant proches de leurs infortunes. Voilà l'un des secrets de la fameuse *catharsis*.

La naissance est un détachement, mais il faut toute une vie pour le comprendre et devenir soi-même détaché. Certains y parviennent mieux que d'autres. Le plus mal loti de tous est sans doute l'écrivain. Il croit depuis toujours (ou à peu près) que ses œuvres sont ses enfants. Mais avec elles, il se comporte comme une mère plutôt que comme un père. Et le drame commence quand l'œuvre réclame sa liberté, quand elle regarde au-delà des murs où on l'enferme. Détachement d'un genre nouveau, plus difficile peut-être que tous les autres. Les poètes de la Renaissance passent par ses affres. S'ils se résignent à la publication, c'est parce qu'ils aiment la gloire. Mais toutes les occasions sont bonnes pour reprendre l'œuvre, la peaufiner, la rectifier. Nous n'avons fait que jeter un coup d'œil sur cette petite dramaturgie du détachement où l'écrivain de la Renaissance apparaît dans toute sa lucidité mais aussi ses faiblesses.

Ici comme dans nos livres précédents, la Renaissance commence en Italie avec Pétrarque et Boccace, et passe ensuite en Allemagne, en France, en Espagne et en Angleterre. *Translatio studii* ! Trois siècles, cela fait beaucoup, d'autant que nous rendons visite aussi à l'antiquité, et que notre point de départ se trouve chez Maître Eckhart. Était-il possible de faire autrement ? Nous ne le croyons pas.

DE MAÎTRE ECKHART AUX « SAINTES CONVERSATIONS »

La notion religieuse de détachement n'est pas la propriété du christianisme. Elle nourrit presque toutes les grandes religions, persuadées les unes et les autres que l'essentiel ne réside pas en ce monde, et que l'homme religieux doit vraiment s'en détacher pour trouver, ailleurs, les réalités qui ne se flétrissent pas. On pourrait constituer une Anthologie du détachement, où Socrate voisinerait avec Bouddha et les mystiques juifs avec les soufis. Il est vrai qu'une étude consacrée à la Renaissance doit limiter ses ambitions. Mais elle ne peut ignorer, par exemple, que David Maïmonide, descendant de l'illustre Moïse Maïmonide, écrivit au XIIIe siècle un ouvrage intitulé : *Le Guide de l'esseulement et le directeur du détachement*[1]. L'inspiration juive de ce livre rappelle certaines œuvres mystiques musulmanes. Il est d'ailleurs écrit en judéo-arabe. Tout n'est pas nouveau dans ce « Manuel » piétiste qui propose au croyant un itinéraire comportant douze stations : de l'illumination à l'amour. Le détachement n'y fait pas l'objet d'une étude séparée, il est plutôt la toile de fond d'un ouvrage qui veut supprimer la conscience individuelle pour laisser toute la place à l'intensité de l'amour, ce qui n'est pas très loin, au fond, de saint Jean de la Croix.

La spiritualité chrétienne n'a pas toujours accordé une attention particulière à cette notion de détachement. On peut lire et relire la *Règle de saint Benoît*[2], modèle de presque toutes celles qui furent écrites en Occident ou en Orient : on ne trouvera pas de chapitre qui lui soit spécialement consacré. Le moine prie et travaille (*ora et labora*) : objectif à la fois très simple et très ambitieux. Le reste est trop mystique pour

---

1 Voir *Deux Traités de mystique juive*, éd. P.B. Fenton, Paris, Verdier, 1987.

2 *La Règle de saint Benoît*, Paris, Éditions du Cerf, « Sources chrétiennes », 6 vol., 1972-1977. Pour un commentaire récent de cette *Règle*, voir Anselm Grün et Fidelis Ruppert, *Prie et travaille*, tr. fr., Paris, Desclée de Brouwer, 2009.

intéresser saint Benoît. Du même coup, on se demande à quel moment le christianisme d'Occident cultiva l'idéal du détachement, au point d'en faire le centre de la spiritualité. Les historiens de celle-ci, comme Robert Bultot, estiment qu'il coïncide avec le développement, au XIe siècle, du mépris du monde (*contemptus mundi*)[1]. Cette thèse, souvent reprise, mérite examen, et, pour le mener à bien, commençons par Maître Eckhart qui apparaît en Allemagne vers la fin du XIIe et qui a laissé une œuvre aussi fascinante que difficile. Il nous permettra de mieux distinguer le détachement monastique d'un certain nombre de concepts voisins, comme ceux d'abandon, d'insouciance et d'indifférence ; de le dissocier du souci de la mort auquel on le rapporte trop souvent. Que de fois n'a-t-on pas écrit que le chrétien devait se préparer à celle-ci en se détachant peu à peu des apparences pour accéder à la lumière qui ne s'éteint pas ? Leçon bien grise, sauf lorsqu'elle est portée par le lyrisme d'un saint Augustin dans la fameuse contemplation d'Ostie[2]. Commencer par Maître Eckhart est également nécessaire pour des raisons philologiques : c'est lui qui a introduit le mot *Abgeschiedenheit* dans la langue allemande[3]. La notion, élaborée dans des *Sermons* authentiques et dans un traité qui l'est moins[4], a influencé tout le courant de la mystique rhénane. Mais il a placé cette mystique à une telle hauteur que la plupart de ceux qui ont voulu le suivre n'y sont pas parvenus. Au reste, passée la fin du Moyen Âge, l'œuvre de Maître Eckhart connaît une longue éclipse jusqu'à sa redécouverte, au XIXe siècle, par les historiens de la mystique et, plus tard, par certains philosophes, dont le plus connu est Heidegger qui le lisait tous les jours[5].

Disons d'abord ce que n'est pas la notion eckhartienne de détachement. La philosophie stoïcienne avait conseillé au sage de le pratiquer

---

1 Voir en particulier *Christianisme et valeurs humaines. A. La doctrine du mépris du monde de saint Ambroise à Innocent III*, Louvain et Paris, 1963-1964, 2 vols.

2 *Confessions*, IX, 10, 23-27.

3 Maître Eckhart, *Du Détachement et autres textes*, Paris, Rivages/poche, 1995, p. 12 et, en moyen haut allemand, *Die deutschen Werke*, Stuttgart, Kohlhammer, 1965, t. V, p. 539-547. À l'époque de Maître Eckhart, le mot est orthographié *Abgescheidenheit.* Il est composé de la particule *ab*, qui marque la prise de distance, et du verbe *scheiden* qui exprime l'idée de « partir », « quitter », « se séparer » (édition citée, *ibid.*). Il est possible toutefois, selon le contexte, de traduire autrement *Abgescheidenheit* : « dépouillement », « abandon », et même « abstraction » peuvent se justifier.

4 Voir la préface de l'édition Rivages/poche, citée à la note 5.

5 Voir Dominique Janicaud, *Martin Heidegger en France*, Paris, Albin Michel, 2001, t. II, p. 104.

afin de souffrir le moins possible en ce monde. Eckhart connaît ses leçons comme le montrent les références à Sénèque dans le *Livre de la consolation divine*. Si l'âme souffre de la perte d'un bien (la santé, la richesse), « c'est qu'[elle] aime et chérit encore les choses éphémères[1] ». Saint Augustin, souvent invoqué dans ce texte et dans d'autres, christianise la pensée du Portique en ajoutant que l'attachement aux biens extérieurs prouve que le croyant n'est pas assez attaché à Dieu. Eckhart formule autrement cette grande idée. Autant que d'attachement à Dieu, il parle de la présence de celui-ci en l'homme. Si les choses de ce monde remplissent son esprit, Dieu n'y trouvera pas de place. « Fais le vide pour être comblé[2] ». Ce n'est donc pas le détachement à la manière antique qui intéresse le grand dominicain. Il vise plus haut. Faut-il d'ailleurs lutter contre la souffrance si la fécondité spirituelle de celle-ci est avérée ? Le *Traité du détachement* se termine par une page jubilatoire en faveur de cette idée[3].

Le détachement selon Maître Eckhart n'est pas non plus un nom nouveau pour le déjà vieux *contemptus mundi*. Mais ici, les choses se compliquent et les interprètes s'opposent. Il est certain que, pour ce mystique comme pour les néoplatoniciens, la création est une chute de l'Un dans le multiple et que l'âme a la nostalgie de l'Unité perdue. Mais cela veut-il dire que ce monde ne participe pas à ce qui l'a créé et qu'il est légitime de le mépriser ? Que les créatures soient un obstacle sur le chemin de l'amour de Dieu ? À cette question, Vladimir Lossky répond par l'affirmative[4]. Seul l'homme détaché est capable de les considérer comme il faut. Il convient de bien comprendre la notion d'analogie, clé de l'œuvre de Maître Eckhart. Elle possède deux espèces : l'analogie d'attribution et l'analogie de proportionnalité. Selon la seconde, qui a les préférences de saint Thomas, les choses créées ont quelque participation à l'Être. Les tenants de la première, dont Eckhart ferait partie, contestent formellement cette idée. Le théologien allemand serait dans la ligne de saint Augustin qui, dans une des pages les plus vibrantes

1 *Le Livre de la consolation divine*, *Les Traités*, édit. Jeanne Ancelet-Hustache, Paris, Seuil, p. 102.

2 *Ibid.*, p. 111.

3 « Or, prêtez attention, vous tous, gens d'intelligence ! L'animal le plus rapide qui vous porte à cette perfection [le détachement], c'est la souffrance, car personne ne goûte plus grande suavité éternelle que ceux qui se tiennent avec le Christ dans la plus grande amertume » (*Du Détachement*, édition citée, p. 69).

4 *Théologie négative et connaissance de Dieu chez Maître Eckhart*, deuxième édition, Paris, Vrin, 1973.

des *Confessions*, se demande ce qu'il aime quand il aime Dieu. Voici sa réponse : « Non la beauté d'un corps, ni le charme d'un temps, / ni la brillance de la lumière, cette amie de mes yeux d'ici-bas, / ni les douces mélodies des cantilènes de tout mode, / ni des fleurs, des parfums, des aromates la suave odeur / ni la manne et le miel, / ni les membres ouverts aux charnelles étreintes, / ce n'est pas ce que j'aime quand j'aime mon Dieu[1] ». Le cruel travail de la négation exclut l'univers sensible de l'amour de Dieu. Rien ici-bas ne peut ou ne doit conduire vers lui. La terre elle-même proclame : « Ton Dieu, ce n'est pas moi ». Il ne peut être question de cheminer de celle-ci vers le ciel, comme le veulent les néoplatoniciens, de remonter vers ce qui est en-haut. Montaigne, lui aussi pétri d'augustinisme, le dira d'une autre façon : « Nous n'avons aucune communication à l'être[2] ». Très bon spécialiste de Maître Eckhart, Fernand Brunner ne partage par le point de vue pessimiste de Vladimir Lossky[3]. Pour lui, si toute créature est indigente, elle est aussi capable de participation. Tout en admettant que rien ne peut être comparé à Dieu, il insiste sur l'idée que l'Un, d'une façon ou d'une autre, descend dans le multiple. Le monde ne mérite donc pas le mépris dont l'accable souvent la tradition monastique. Il n'est pas totalement coupé de l'Être. Au reste, le vocabulaire du *contemptus mundi* se rencontre très rarement dans l'œuvre de Maître Eckhart. Son éloge du détachement est indépendant de la pensée de la mort qui a obnubilé, à son époque et à d'autres, tant de maîtres spirituels. L'exercice de l'esprit n'a pas pour but de préparer le croyant à l'instant suprême : c'est à chaque instant de la vie qu'il faut être dans le détachement.

Peu à peu, la notion se rapproche. Elle communique d'ailleurs avec d'autres comme celles d'abandon et de dépouillement. Les *Instructions spirituelles*, en plein accord avec la plupart des mystiques, reviennent souvent sur celui-ci et sur la « volonté propre[4] », obstacle à celle de Dieu. L'abandon précède le détachement. Savoir s'abandonner, se détacher du monde, mais pour mieux s'attacher à Dieu[5]. Autrement, le détachement

---

1 *Confessions*, X, 6, 8, tr. P. Cambronne, Gallimard, « La Pléiade », 1998, p. 986.

2 *Essais*, II, 12, édition Villey-Saulnier, Paris, PUF, 1965, p. 601. Les citations de Montaigne renverront toujours à cette édition.

3 Voir *Maître Eckhart*, Paris, Seghers, 1969, ch IV.

4 *Instructions spirituelles*, *op. cit.*, p. 44.

5 *Ibid.*, p. 46.

débouche sur le vide. C'est une œuvre de longue haleine, où apparaît l'importance accordée par Maître Eckhart à la volonté. Une très belle page du *Livre de la consolation divine* explique que l'homme, comme du bois mouillé, résiste au feu de l'Esprit, d'où la fumée, le crépitement de la matière rebelle[1]. Cet abandon-là n'a rien à voir avec un vague quiétisme. Maître Eckhart, qui s'adresse dans ce livre à de jeunes novices, aurait été imprudent s'il avait tenu un autre langage. Rien de plus classique, au fond, que cet enseignement. L'abandon est également nécessaire à la *lectio divina*[2], cœur de la vie monastique, moment par excellence où Dieu vient combler l'intelligence enfin déprise d'elle-même.

Les auditeurs de Maître Eckhart lui ont demandé à plusieurs reprises si certains lieux n'étaient pas plus favorables que d'autres au bienheureux détachement.

> On m'a posé cette question : quelques personnes aimeraient se séparer complètement des autres et être seules, c'est là qu'elles trouveraient la paix ; ou bien, si elles étaient à l'église, serait-ce le mieux ? Alors j'ai répondu : non, et voici pourquoi. Celui qui est tel qu'il doit être, en vérité, se trouve bien en tous lieux et avec tous les autres. Mais celui qui n'est pas tel qu'il doit être ne se trouve bien en aucun lieu et parmi les autres. Mais celui qui est tel qu'il doit être et qui possède Dieu, il le possède en vérité en tous lieux, dans la rue, avec n'importe qui, aussi bien qu'à l'église, dans la solitude et dans sa cellule.

Peu avant ce passage, Maître Eckhart ironise sur ceux qui soupirent : « Il me faut vivre à l'étranger, ou dans un ermitage, ou dans un cloître[3] ». On irait un peu vite en besogne si on tirait de ces lignes une condamnation de la vie monastique, que Maître Eckhart a toujours jugée supérieure aux autres. Mais il relativise sa perfection, comme le feront, plus tard, les partisans de la « Vie moderne » et leur plus glorieux héritier : Érasme lui-même[4]. La pratique du détachement est donc compatible avec la vie dans ce monde. L'idée se comprendra mieux si on la relie à une autre : la primauté de l'être par rapport au faire. « Les gens, écrit Eckhart, ne devraient pas tant penser à ce qu'ils font, ils devraient penser à ce qu'ils

---

1 Édition Ancelet-Hustache, p. 114.

2 Voir le 12e Sermon, *Sermons*, éd. Ancelet-Hustache, Paris, Seuil, 3 volumes, 1974-1978, t. I, p. 119-123.

3 *Les Traités. Instructions spirituelles*, éd. Ancelet-Hustache, Paris, Seuil, 1971, p. 46-47 et 13.

4 Voir *inf.*, p. 23 *sq.*

sont[1] ». Les œuvres, il faut les accomplir, pour être fidèle à la volonté de Dieu et par amour du prochain, mais « il faut apprendre à rester dégagé de celles-ci[2] ». Plus difficile que la vie contemplative en raison de ses multiples obligations, la vie séculière n'est donc pas un obstacle au salut. Au reste, dans sa clôture, le moine n'est pas inactif. Une autre phrase de ces *Instructions* aurait plu à Luther s'il avait pu la lire, ce qui est peu probable : « Ce ne sont pas les œuvres qui nous sanctifient, c'est nous qui devons sanctifier les œuvres[3] ». Et cette sanctification émane d'une certaine qualité intérieure.

Le discours de Maître Eckhart sur les anges permettra d'entrer plus avant dans sa pensée. À la suite du pseudo-Denys, imbu de hiérarchies de toute sorte, on distinguait volontiers ceux qui restent immobiles près du trône de Dieu et ceux qui se risquent en ce bas monde pour se mettre au service des hommes. Les premiers l'emportaient évidemment sur les seconds, comme le repos l'emporte sur le mouvement, et la contemplation sur l'action[4]. Cette hiérarchie-là n'est pas du goût de Maître Eckhart.

> On pose au sujet des anges la question de savoir si [ceux] qui demeurent ici avec nous, qui nous servent et nous gardent, ont, d'une manière ou d'une autre, une moindre égalité dans leurs joies que ceux qui sont dans l'éternité [...]. Non, ce n'est pas le cas. Leur joie et leur égalité n'en sont nullement diminuées : car l'œuvre de l'ange est la volonté de Dieu et la volonté de Dieu est l'œuvre de l'ange [...]. Si Dieu ordonnait à l'ange d'aller vers un arbre et s'il lui ordonnait d'en enlever les chenilles, l'ange serait prêt à enlever les chenilles ; ce serait sa béatitude et ce serait la volonté de Dieu[5].

On est donc ici très loin du néoplatonisme ; et proche peut-être de ce que dira plus tard saint Ignace.

Plusieurs *Sermons* amplifient cette idée, en particulier ceux qui sont consacrés à Marthe et Marie (Lc, 10, 38-42). La tradition, unanime, avait expliqué que celle-ci était supérieure à sa sœur parce que, assise aux pieds du Seigneur, elle buvait ses paroles, laissant à Marthe le soin du ménage. L'idéal du détachement s'incarnait en elle. Cette spiritualité

---

1 *Les Traités* [...], p. 21.
2 *Ibid.*, p. 77.
3 *Ibid.*, p. 46. Luther aurait quand même précisé que c'était Dieu qui sanctifiait nos œuvres.
4 Voir à ce sujet Daniel Ménager, *Diplomatie et théologie à la Renaissance*, Paris, PUF, 2001, chap. I.
5 « Douzième sermon », édition citée, t. I, p. 123. Voir F. Brunner, *op. cit.*, p. 164.

un peu trop confortable n'est pas du goût de Maître Eckhart, dont on connaît par ailleurs le sens du paradoxe, et les versets évangéliques lui inspirent une exégèse éblouissante. Marthe se plaint-elle vraiment[1] que sa sœur ne l'aide pas à préparer le repas ? Non, explique-t-il. Le prétendu reproche adressé à Marie vise en fait le bien spirituel de celle-ci. Il y aurait quelque danger dans sa quiétude. Il faut savoir se détacher de la personne de Jésus pour accomplir dans le monde des oeuvres qui lui seront agréables. Voilà ce qu'explique un extraordinaire sermon. Les mots bien connus (« Marie a choisi la meilleure part[2] ») ne possèdent pas le sens qu'on leur prête. La meilleure part, ce n'est pas la vie contemplative ainsi conçue, mais la vie active avec Dieu. Que faire pourtant de la lettre du texte, qui résiste à cette lecture ? Eckhart explique alors que Jésus a voulu rassurer la sœur de Marie. Non, elle n'a pas oublié le plus important, même si elle en donne l'impression. Comme l'explique Jeanne Ancelet-Hustache[3], Maître Eckhart s'appuyait sans doute sur une tradition qui voulait que la sœur de Marthe, plus ou moins confondue avec la mère de Jésus et d'autres saintes femmes portant le même prénom, se soit, après la mort de son Fils, mise au service des apôtres, faisant la cuisine, lavant leur linge, réparant leurs vêtements. Dans tout cela, rien d'ignoble, mais une sainteté d'un nouveau genre.

Maître Eckhart avait déjà parlé de Marthe, figure exemplaire du détachement, dans un autre sermon, lui aussi éblouissant, le *Sermon 2*. Prenant quelques libertés avec la Vulgate, qui la désignait par le mot *mulier*, il explique qu'elle était vierge, c'est-à-dire « dégagée de toutes images étrangères, aussi dégagée que l'[être humain] alors qu'il n'était pas[4] ». On connaît l'hostilité du Maître à l'égard des représentations qui encombrent l'esprit. La vierge, au sens où il l'entend, s'en trouve exempte. Rainer Schurmann a fort bien expliqué ce passage :

> La réception de Jésus par une « vierge » peut être comparée à celle d'une image dans l'intellect : s'il veut la recevoir, il est nécessaire que l'intellect soit vide de la détermination qu'elle apporte : *entbildet* [...]. L'intellect doit

1 Verset 40.
2 Lc, 10, 42.
3 *Sermons*, 80, édition citée, t. III, p. 167.
4 *Ibid.*, Sermon 2, t. I, p. 53. L'idée trouve une élaboration philosophique chez Heidegger : voir, dans *Questions III*, « Pour servir de commentaire à *Sérénité* », tr. fr., Paris, Gallimard, 1966, p. 187.

> être entièrement vide, pure réceptivité, pour accueillir Jésus tout entier. Voilà ce que signifie : *être vierge*[1] .

Laissons de côté l'idée de la préexistence des créatures en Dieu par leur être idéal. Schurmann met l'accent sur une différence décisive entre l'enseignement des philosophes qui ont pu influencer Eckhart et ce qu'il dit dans ce Sermon : « La liberté originaire apparaît moins comme perdue que comme imminente : elle nous attend au terme d'un affranchissement, c'est-à-dire d'un devenir ». Citons encore, du même auteur, cette belle formule : « D'une certaine façon, l'homme est invité à parcourir à rebours l'éclosion d'une vie raisonnable[2] ».

S'agit-il de sortir du temps, comme le voulait Plotin[3] ? Certainement pas. L'auteur des *Ennéades* invitait ses disciples à apprécier comme il fallait l'importance de l'extase, ce moment où l'âme s'éveillait de son sommeil corporel avant de retomber lourdement dans la matière[4]. Maître Eckhart estime en revanche qu'il est possible d'être *près* des choses et non *dans* les choses. « Ceux-là sont vigilants qui sont sans obstacle dans toute leur activité. Sont sans obstacle ceux qui accomplissent comme il convient toutes leurs oeuvres selon l'image de la lumière éternelle et ces gens sont près des choses et non dans les choses[5] ». Marthe fait donc l'expérience d'un détachement sans doute supérieur à toutes les extases. Elle a découvert la sérénité (*Gelassenheit*), visée de toutes les âmes vraiment religieuses. Si l'on veut, comme Schurmann, rester plus près de la langue allemande, il faut donner toute son importance à l'étymologie et au verbe *lassen*. La sérénité renonce au funeste désir de maîtrise. « Celui qui a appris le "laisser être" restitue toutes choses à leur primitive liberté, il rend toutes choses à elles-mêmes. Il a désappris à les asservir à ses projets[6] ». On sait l'importance de cette idée dans la philosophie de Heidegger[7]. L'homme du détachement réside dans un

---

1 Rainer Schürmann, *Maître Eckhart ou la joie errante*, Paris, éd. Planète, 1972, p. 31-32.

2 *Ibid.*

3 Et saint Augustin : voir, dans les *Confessions* (IX, 10), la « contemplation d'Ostie ».

4 Voir Plotin, *Ennéades*, V, 18, 1, 1.

5 *Sermon* 86, t. III, p. 174.

6 R. Schurmann, *op. cit.*, p. 40-41.

7 Voir le texte intitulé précisément « Sérénité », *Questions III*, *op. cit.*, p. 166-176. Dans ce discours prononcé à Messkirch, sa ville natale, Heidegger distingue la pensée qui calcule et celle qui médite. Il propose de dire « oui » et « non » à la technique, ce qui est possible si elle ne nous accapare pas et si nous cultivons la *Gelassenheit*, privilège de l'âme toujours

château intérieur, ou encore, selon une autre formule magnifique, « au pourtour de l'éternité[1] ».

Sera-t-il pour autant épargné par la bourrasque des émotions ? Cette mystique du détachement ne serait-elle pas un avatar déguisé de la philosophie stoïcienne ? Certainement pas. À plusieurs reprises, Maître Eckhart ironise sur les tenants d'une religion apathique. « Nos bonnes gens » imaginent que « l'on doit devenir tellement parfait qu'aucune joie ne puisse nous émouvoir, et que l'on soit insensible à la peine ». Quelques pages auparavant, dans le même sermon, nous lisons : « Nos bonnes gens s'imaginent parvenir à ce que la présence des choses sensibles ne soit plus rien pour eux[2] ». On aimerait en savoir davantage sur les « bonnes gens » en question : peut-être des « beggars » et autres adeptes nordiques du culte en esprit. Du même coup, l'enracinement évangélique de la mystique eckhartienne apparaît en pleine lumière. Le Christ a pleuré, il s'est réjoui[3] : on ne peut méconnaître son humanité.

C'est donc un exercice difficile, un véritable chemin de crête que propose Maître Eckhart à ses auditeurs et à ses auditrices. Il est si étroit que le lecteur, comprenant mal la pensée du maître, risque de chuter. Voilà pourquoi Maître Eckhart n'eut pas d'héritier immédiat. La mystique rhénane[4], redécouverte au XIXe siècle, a sans doute cultivé le détachement, mais sans les fulgurances du dominicain de Cologne. Les *Sermons* de Tauler parlent plutôt d'abandon[5]. Ceux qui n'atteignent pas à sa belle inspiration retombent souvent, parfois à leur insu, dans les ornières du mépris du monde, ce qui montre bien, par contraste, toute la grandeur de Maître Eckhart.

Elle se mesure en particulier si on compare son œuvre à l'*Imitation de Jésus-Christ*, écrite par Thomas a Kempis vers le milieu du XVe siècle, et dont l'influence, on le sait, fut considérable. Quand le moine allemand parle du détachement, son vocabulaire est d'une singulière richesse,

---

égale à elle-même en présence des choses. Elle nous permet de séjourner parmi elles sans être dans celles-ci. On est ici très proche de Maître Eckhart.

1 *Sermons*, 86, t. III, p. 174. Ces formules et d'autres trouvent un écho surprenant chez Etty Hillesum, *Les Écrits. Journaux et lettres*, tr. fr., Paris, Seuil, 2008, p. 683, et *passim*. Voir notre conclusion, p. 231.

2 *Sermons*, 86, t. III, p. 177 et 171.

3 Il a même peut-être ri, même si les Évangiles ne le disent pas. Voir à ce sujet : Daniel Ménager, *La Renaissance et le rire*, Paris, PUF, 1995, chap. IV.

4 Voir les *Actes* du colloque portant ce titre, Paris, 1963.

5 Tauler, *Sermons*, 63, 3 ; 64, 2 ; 72, 6, Paris, Éditions du Cerf, 1991.

malgré un point de départ somme toute banal : nous avons tous tendance à nous attacher (*inhaerere*, II, 1 ; *adhaerere*, II, 7) à ce qui nous entoure. Cette anthropologie se retrouvera plus tard chez Montaigne et Pascal. L'homme ressemble au lierre qui s'accroche à tout ce qu'il trouve, quitte à faire tomber son support. La vie chrétienne doit combattre ces attachements désordonnés. Tel est le thème majeur de l'*Imitation*, qui puise bien sûr dans l'infatigable motif de la *miseria hominis* ou dans celui du *contemptus mundi*. De tout ce qui entrave le salut de l'homme, il faut se détacher (*abstrahere*, I, 1 ; I, 6). L'idéal c'est d'être *expeditus* (III, 31), léger, comme un bon fantassin de Dieu, et même *nudus*. Il faut aussi se détacher de toutes les créatures : « *ab omnibus creaturis… expeditus* » (III, 31). Le plus difficile, bien entendu, sera de se détacher de soi-même (II, 11), de vaincre ce que Pascal appellera l'« amour-propre[1] ». Autant d'ascèses nécessaires pour celui qui veut se donner entièrement au Christ. « Tant qu'on tient encore à quelque créature, on ne saurait s'occuper librement des choses de Dieu ». « Tout ce qui n'est pas Dieu n'est rien » (III, 31).

L'auteur de l'*Imitation* convoque si souvent les Écritures que le lecteur se persuade parfois qu'il se contente de répéter leur message. Jésus n'a-t-il pas dit, à plusieurs reprises, qu'il fallait le suivre sans regarder en arrière, quitter pour le servir femme, enfants, maison[2] ? Thomas a Kempis ne serait pas plus radical que lui, ni que les plus illustres lecteurs de l'Évangile. Les citations de saint Augustin, nombreuses dans l'*Imitation*, permettront de mieux comprendre l'ascétisme de l'auteur. Il s'est souvenu du prologue des *Confessions* quand il a écrit : « *Non potest cor meum veraciter requiescere nec totaliter contentari, nisi in te requiescat*[3] ». Absente, pourtant, la fièvre d'Augustin. Évoquons rapidement la fameuse contemplation d'Ostie[4]. Elle nous permettra de mieux distinguer deux langages du détachement. Augustin et Monique, accoudés à la fenêtre d'une maison de cette ville, reprennent des forces avant la traversée prochaine, mais Monique ne sait pas que Dieu lui prépare une traversée

1 *Pensées*, édit. Michel Le Guern, Paris, Gallimard, « La Pléiade », 2000, n° 41, 143, 403, 428, 524, 758.

2 Voir par exemple Mt, 10, 9-15 (envoi des Douze en mission) ; 12, 48-50 ; 16, 24-26 etc.

3 *Imitatio Christi*, III, 21, Paris, 1836, p. 171 ; sur ce thème de l'inquiétude, voir A. di Giovanni, *L'Inquietudine dell'anima. La dottrina del amore nelle « Confessioni » di sant'Agostino*, Rome, Abete, 1984.

4 *Confessions*, IX, 10. On a beaucoup écrit sur cette fameuse vision ; voir la bibliographie donnée par les éditeurs de la Pléiade (Gallimard, *Œuvres*, I, 1998, p. 971).

d'un autre genre. Il se trouve (est-ce vraiment un hasard ?) que leur dialogue sublime a lieu dans un port, lieu emblématique du détachement : on largue les amarres, la terre s'éloigne, et le navire cingle vers d'autres rives. Augustin aussi bien que Monique aspirent à la vie éternelle : « Et nous tenions béante la bouche de notre cœur / Vers les eaux ruisselantes de ta source céleste[1] ». S'élevant peu à peu, se déprenant du monde sensible, ils parviennent finalement à la « région d'abondance[2] », au-delà des images, au-delà de la musique du monde. Ce chant du détachement ne veut pas dire que le monde ne vaut rien, sinon, l'ascèse serait un jeu d'enfant. « La délectation de nos sens charnels, / Si grande fût-elle, / si baignée fût-elle de lumière corporelle, / ne méritait seulement / ni qu'on la comparât, ni qu'on la mentionnât[3] ». Les souvenirs de Plotin[4] irriguent cette contemplation, qui monte toujours plus haut. Toute la question est de savoir si les réalités sensibles sont les degrés de cette échelle de Jacob. Ou si, en passant du sensible à l'intelligible, on change d'ordre. La pensée d'Augustin est trop complexe pour que nous proposions ici une rapide réponse. Une chose paraît sûre : l'auteur de l'*Imitation*, pas plus que ceux de l'automne médiéval[5], n'a retrouvé la théologie et le lyrisme augustiniens. Il est facile de se détacher du monde quand on pense qu'il ne vaut rien ; beaucoup plus difficile quand on s'est laissé enchanter, comme Augustin, par ses parfums, ses couleurs et sa musique ; et par la rhétorique des grands auteurs païens.

Bien qu'on ne puisse le prouver avec certitude, Érasme a sans doute lu l'*Imitation de Jésus Christ*[6]. Mais son univers de pensée est tellement différent qu'on peut estimer, sans trop d'imprudence, qu'elle n'a exercé sur lui qu'une influence réduite. Comme les auteurs de la *devotio moderna*[7], il s'adresse à des hommes et à des femmes vivant dans ce monde, ce qui change déjà beaucoup de choses. Il est persuadé en outre que le monastère n'est pas le lieu par excellence de la vie chrétienne. Si le moine n'est pas

---

1 *Ibid.*, p. 972. Les éditeurs ont traduit ce passage en vers libres, ce qui semble une heureuse initiative.

2 *Ibid.*

3 *Ibid.*

4 En particulier, selon les éditeurs de la Pléiade, le livre V des *Ennéades*.

5 Nous ne reprenons pas pour autant à notre compte l'idée d'une foi devenue mélancolique à la fin du Moyen Âge.

6 Voir L.-E Halkin, *Érasme*, Paris, Fayard, 1987, ch II, p. 18 et la note 1.

7 Sur celle-ci, voir A. Godin, in *Érasme*, éd. Bouquins, Paris, R. Laffont, 1992, p. XCVII-XCIC.

parvenu, intérieurement, à se détacher du monde, celui-ci continuera à le troubler. La réclusion monastique ressemble au voyage que l'on entrepend pour fuir un souci. Peine perdue : le souci, comme dit Horace, monte en croupe derrière le cavalier[1]. Le *De contemptu mundi*, dans sa version définitive[2], délivre ce message-là. Mais c'est surtout l'*Enchiridion militis christiani* (1506 et 1515) qui formule avec le plus d'ampleur la philosophie érasmienne du détachement.

Elle souscrit encore à la tradition médiévale du mépris du monde. Si l'on prend ce mot dans son sens johannique[3], il est bien difficile qu'un chrétien ne le méprise pas puisqu'il représente toutes les forces qui s'opposent au Christ. Mais il ne suffit pas de mépriser le monde ainsi compris : il faut encore le combattre. Ce n'est pas un hasard si Érasme, tout comme Dürer[4], compare le chrétien à un soldat. Dès le début de son livre, il rappelle que « la vie des mortels n'est qu'une sorte de service militaire (*militia*) », que « nous sommes assiégés de tant de troupes de vices bardés de fer, circonvenus par tant d'artifices, exposés à tant d'embûches[5] » qu'il serait insensé de ne pas veiller. Rien que très classique[6] dans cet avertissement. Veiller et prier, car l'Ennemi est là cherchant qui dévorer[7]. Si elle doit le libérer, le véritable chrétien doit aspirer à la mort. Le fameux « Canon 5 » de l'*Enchiridion* reprend avec lyrisme l'exhortation platonicienne : il faut se confier aux ailes de l'âme et monter vers les réalités célestes. Un peu avant Érasme, Marsile Ficin, par ailleurs si différent, ne disait pas autre chose. Le chrétien est donc l'homme du combat spirituel, de l'aspiration aux choses d'en-haut.

L'*Enchiridion* propose une véritable méthode afin de parvenir à ce bienheureux détachement, méthode libérée des antithèses un peu fastidieuses

1 *Odes*, II, 16, 21-22.

2 Une première version de cet ouvrage date des années de moinage. La version définitive n'est publiée qu'en 1521 (ASD, V-1).

3 Voir à ce sujet, A. Lion, *Lire saint Jean*, Paris, Éditions du Cerf, 1972, p. 143-145.

4 Voir *Le Chevalier, la mort et le diable*, gravure sur cuivre, 1513.

5 *Enchiridion militis christiani*, tr. légèrement modifiée de A.-M. Festugière, Paris, Vrin, 1971, p. 89.

6 La comparaison de la vie avec une *militia* vient du *Phédon*, 62b. Érasme donne lui-même cette source dans un passage de son *Banquet religieux* (tr. fr., *Érasme*, éd. R. Laffont, Paris, 1992, p. 249) et rapproche l'image de plusieurs passages de l'Écriture où on la trouve également : Jb, 7, 1 ; 1 Tm, 6, 11 ; 2 Tm, 4. Cette idée de service est l'un des arguments utlisés pour condamner le suicide, assimilé à une désertion.

7 1 P, 5, 8.

de l'*Imitation*. Il ne s'agit plus de mépriser tout ce qui s'offre à nos sens. Il s'agit de rapporter (*conferre*, *transferre*) au Christ tous les actes de la vie. La plus claire formulation de cette idée se trouve dans ce passage, qui suit un exposé sur le monde visible et le monde invisible.

> Tout ce que tu vois en ce monde plus épais qui est constitué d'éléments que certains ont distingués, tout ce que tu vois [...] dans la partie la plus épaisse de toi-même, prends coutume de le rapporter (*referre*) à Dieu et à la partie invisible de toi-même[1].

Si par exemple la beauté d'une femme ou d'un paysage a ravi le chrétien, il doit transférer l'émotion qu'elle lui a procurée en amour ardent pour la beauté incorruptible[2]. De cette façon, l'amour charnel perdra de sa force, l'âme n'oubliera pas sa destinée spirituelle. Cette méthode du « transfert » vise à affaiblir le pouvoir de la sensation et du sentiment. Le rappel des réalités ultimes relativise tous les attachements terrestres. Reste à savoir si, comme dans le néoplatonisme, le visible est un chemin vers l'invisible. Marguerite de Navarre, qui a bu à sa source, s'en est finalement méfiée[3]. Plus circonspect que l'auteur du *Convivio*, Érasme propose une méthode qui maintient fermement la hiérarchie du sensible et de l'intelligible. Bien des dangers attendent ceux qui tentent le passage d'une réalité à l'autre, tant il est vrai que le prince de ce monde est apte à se déguiser. L'avantage de la méthode est de ne pas condamner le monde sensible sans autre forme de procès. Un détachement opérant en douceur se substitue aux violences pénitentielles et aux diverses macérations des manuels de piété.

Il existe un autre moyen, plus philosophique, de se détacher du monde. Il se trouve dans la théorie des *adiaphora* (les choses indifférentes, ni bonnes, ni mauvaises) chère aux Stoïciens. Par exemple, selon l'*Enchiridion*[4], la santé, la beauté, la force, l'éloquence, le savoir, qu'Aristote, au contraire, considérait comme des biens. Si tout cela peut conduire à la « Fin suprême », il faut le prendre en considération, en user, sans toutefois en jouir. C'est de cette façon, notamment, que doit

---

1 *Enchiridion militis christiani*, éd. citée, p. 142.

2 *Ibid.*, p. 144.

3 Voir à ce sujet les mises au point de Nicole Cazauran, L'Heptaméron *de Marguerite de Navarre*, Paris, SEDES, 1991.

4 Éd. citée, p. 137.

être envisagé l'amour des lettres. Tirer vanité de leur connaissance nous éloigne de la bonne voie. Mais si elles permettent de mieux comprendre le message évangélique, on aurait tort d'en faire fi. L'idée dominante, ici, est toujours celle de la relation.

La théorie des *adiaphora* est souvent associée, chez Érasme, à une référence paulinienne. Dans la *Première Épître aux Corinthiens*, l'apôtre des Gentils avait écrit : « Le temps est écourté. Désormais, que ceux qui ont une femme soient comme s'ils n'en avaient pas, ceux qui pleurent comme s'ils ne pleuraient pas, ceux qui se réjouissent comme s'ils ne se réjouissaient pas [...], ceux qui tirent profit de ce monde comme s'ils n'en profitaient pas vraiment. Car la figure du monde passe [...]. Que ceux qui usent de ce monde en usent comme n'en usant pas[1] ». Paroles à vrai dire bien mystérieuses. De quelle alchimie est-il ici question ? Quel est le sens de ce *quasi* qui scande le développement de l'apôtre ? S'agit-il d'une sorte de mauvaise foi pseudo-mystique, d'une manière d'être au monde coupable de duplicité ? Ce serait méconnaître le sens paulinien du paradoxe. Paul explique plutôt qu'il faut continuer de vivre dans ce monde en étant bien conscient que ses jours sont comptés. L'eschatologie mise à part, voilà ce qui a séduit Érasme qui revient plusieurs fois sur ces versets dans une exégèse[2] colorée de réminiscences platoniciennes. Rien de stable ne se trouve ici-bas. S'attacher (*haerere*) à des ombres, ce serait folie ou péché. L'apôtre a donc raison de nous convier au détachement. Restons dans ce monde, puisque aussi bien le suicide est interdit[3], mais faisons comme si (*quasi*) nous étions déjà ailleurs.

Les Réformateurs sont revenus eux aussi plusieurs fois sur les versets énigmatiques de la *Première Épître aux Corinthiens*. Et pour une double raison. Ils trouvaient d'abord salutaire de rappeler les véritables priorités. Dans son *Commentaire de* l'Épître aux Romains, Luther paraphrase saint Paul en écrivant que les véritables chrétiens doivent être morts au monde et œuvrer comme s'ils n'œuvraient pas[4]. Mais il comprend très bien que la pensée paulinienne, mal interprétée, peut devenir une invitation à l'oubli du monde. Certaines mystiques du repos en feraient volontiers

---

1 7, 29-31.

2 Voir notamment la paraphrase de cette Épître, *LB*, VII, 883 et la *Préparation à la mort*, *Érasme*, « Bouquins », p. 856.

3 Il l'est bien sûr dans le christianisme, mais aussi dans la plupart des sagesses antiques. Voir Montaigne, « Coustume de l'isle de Cea », *Essais*, II, 3, et, *inf.*, le chapitre VII.

4 *Œuvres*, Genève, Labor et Fides, t. XII, p. 244.

leur miel. Luther ne l'entend pas de cette oreille, lui qui, le premier, a sanctifié les différentes professions humaines en les désignant par le terme de *Beruf* (vocation). Max Weber a eu raison d'écrire, dans un livre célèbre[1], que l'âme de la Réforme se trouvait, en partie, dans l'emploi de ce mot sans équivalent dans les pays de culture catholique[2]. De son côté, Calvin consacre le dernier chapitre de son *Institution chrétienne* à la double vocation de l'homme : contemplative et active. Dans l'exercice du devoir d'état, la nonchalance n'est pas de mise. On comprend mieux dans ces conditions la colère du réformateur contre les « libertins spirituels[3] ». Perdus dans leurs contemplations, anticipant dangereusement la fin du monde, distants des tribulations de leurs contemporains, ils considèrent comme négligeable la sanctification de la vie. Une mauvaise théologie du détachement les conduit à leur perte. Ce qu'ils refusent d'entendre, c'est, comme le dit Grandgousier aux pèlerins du roman rabelaisien, l'instruction du « bon Apostre saint Paoul » : travailler « chascun en sa vocation[4] », seul moyen de plaire à Dieu, à ses anges et à ses saints. La Réforme dans son ensemble, tout comme la piété ignacienne, s'est méfiée d'une certaine impatience eschatologique.

Érasme se contente-t-il, si l'on peut dire, de l'Évangile ? Il lui faut parfois opérer des détours pour suggérer sa vision du monde. Rien de tel alors que des êtres de fiction pour révéler la pointe extrême de la pensée. Ils se feront les apôtres d'un détachement tellement radical qu'il a de quoi effrayer tous les bien-pensants. Prenons par exemple le colloque « *Mendicitas* », publié en 1524[5]. Il met en scène deux personnages : « Irides », le « fils d'Irus », mendiant d'Ithaque, et « Misoponus » dont le nom se passe de commentaire. Le second a quitté la compagnie des gueux tandis que le premier vit toujours avec eux et ne les quitterait pas pour un empire, car il a une sainte horreur du travail auquel s'adonnent avec componction les citoyens des prospères Pays-Bas. Les mendiants

1 *L'Éthique protestante et l'esprit du capitalisme*, tr. fr., Paris, Plon, 1964, p. 90 ; voir *inf.*, p. 186.

2 Dans l'édition de 1542, Rabelais emploie lui aussi le terme de « vocation » pour désigner l'activité professionnelle : voir les *Œuvres complètes*, édit. M. Huchon, Paris, Gallimard, « La Pléiade », 1994, p. 123.

3 Voir en particulier *Contre la secte phantastique et furieuse des libertins qui se nomment spirituelz*, éd. M. Van Veen, *Opera omnia, Scripta didactica et polemica*, Genève, Droz, 2005, p. 43-195.

4 *Gargantua*, éd. citée, ch. XLV. Grandgousier se réfère sans doute à l'*Épître aux Éphésiens*, ch. 4-5.

5 ASD, I, 3, p. 433-437 ; traduction française, Paris, R. Laffont, éd. « Bouquins », p. 315-320.

dans leur genre agacent tellement les autorités civiles qu'elles envisagent de les enfermer pour les contraindre au travail rédempteur[1]. Tous ces clochards célestes, heureux de leur état, sont un défi permanent à la bonne conscience bourgeoise. Ce que pense Érasme de leur genre de vie, il se garde bien de le dire. Point dans les *Colloques* de ces porte-parole commodes permettant au lecteur déconcerté d'identifier l'idée de l'auteur, comme on l'a cru un temps pour Molière. Il se contente de faire parler ses personnages, ce qui est, d'une certaine façon, beaucoup plus subversif. C'est à Irides que l'on doit un éloge magnifique de la vie des mendiants : « Que ce soit la paix ou la guerre, nous sommes toujours en sûreté [...]. Personne ne s'inquiète de notre existence[2] ». Lui et ses pareils savourent un bonheur inconnu des hommes affairés. Michèle Clément a bien montré qu'Érasme connaissait l'enseignement de Diogène dont le nom revient souvent dans les *Apophtegmes*[3]. Elle a même parlé, au sujet du Rotterdamois, d'un « néo-cynisme ». S'il s'intéresse à ce personnage peu recommandable, c'est qu'il lui permet de retrouver, dans sa radicalité, l'enseignement évangélique, l'esprit du Sermon sur la montagne. Diogène est un autre Socrate, lui aussi merveilleusement détaché « de tout ce pourquoy les hommes tant veiglent, courent, travaillent, navigent et bataillent[4] ». Les gueux d'Érasme auront de dignes successeurs dans la personne de certains picaros espagnols, qui fuient sur les routes la colère de la Sainte Hermandad. À ceci près toutefois qu'ils n'ont pas commis d'exactions. Leur seul crime, c'est le refus de travailler, associé à un superbe détachement.

L'ultime colloque d'Érasme, l'« Épicurien » (1535)[5], explore lui aussi les voies paradoxales du cynisme, rapproché du christianisme véritable. Voici « Hédon », adepte du plaisir, comme son nom l'indique, expliquant à son ami Spudée que, de toutes les écoles philosophiques, c'est celle d'Épicure qui lui « sourit le plus[6] ». On a calomnié ses disciples en les traitant de « pourceaux ». Quelle erreur ! Épicure a su définir les véritables plaisirs, accessibles seulement au terme d'une véritable ascèse. De tous

---

1 Voir Marcel Bataillon, « J.-L. Vivès, réformateur de la mendicité », *BHR*, 1952, p. 141 et suiv.

2 Traduction D. Ménager, *Érasme*, R. Laffont, « Bouquins », p. 320.

3 *Le Cynisme à la Renaissance*, Genève, Droz, 2005, p. 83 *sq.*

4 Prologue de *Gargantua*, éd. M. Huchon, p. 6.

5 Texte latin dans ASD, 1-3, p. 720-733.

6 « L'Épicurien », éditions « Bouquins », p. 375.

les autres, il s'est détaché ainsi que des passions qui les accompagnent. Érasme va-t-il seulement célébrer l'une des grandes écoles de la philosophie païenne ? Point du tout. Nous sommes dans l'ère chrétienne, et les véritables disciples d'Épicure, ce sont les franciscains « aux pieds nus », au « froc mince et grossier[1] », sans un sou vaillant, et cependant plus heureux que les rois. L'un des grands moments de cet admirable colloque se trouve vers la fin, dans la fiction d'un palais magnifique visité par deux personnages.

> L'un sera un étranger, venu en simple touriste, et l'autre, l'esclave ou le propre fils de l'architecte. Lequel des deux se réjouira le plus ? L'hôte de passage, qui n'est pas concerné par ce palais ? Ou le fils, qui contemple avec un vif plaisir ce que son père bien-aimé a mis d'intelligence, de ressources, et de magnificence dans la construction de cet édifice, surtout lorsqu'il pense que cette œuvre tout entière a été faite pour lui[2] ?

La réponse va de soi : l'hôte de passage contemple un palais dont il ne sera pas l'héritier. Il se réjouit d'autant mieux de sa beauté que sa richesse ne le concerne pas. Le plaisir esthétique lui aussi suppose le détachement. Sous une autre forme, c'est bien ce que dira Kant au sujet du caractère désintéressé de la satisfaction esthétique[3].

S'il est une œuvre qui, dans son ensemble, est marquée par la pensée du détachement, c'est celle de Marguerite de Navarre. Mais chez elle, il ne s'agit pas d'un simple thème. Dans sa vie même, elle a été sans cesse confrontée à la nécessité de se détacher. De la cour, lieu où il est facile de perdre son âme ; de son frère, François Ier, enlevé à son affection par la captivité d'abord, puis, définitivement, par la mort. Ses épreuves, elle tente de les surmonter par la lecture de la Bible et de ses auteurs favoris, mais aussi grâce à son œuvre.

Elle reprend à Platon, Plotin et saint Augustin (sans même parler des auteurs médiévaux) l'idée de la captivité de l'âme. Comment retrouvera-t-elle sa liberté ? Marsile Ficin avait enseigné qu'elle pouvait se détacher peu à peu du corps et gravir les échelons d'une sorte d'échelle de Jacob[4]. Telle n'est pas l'optique de la reine dans son grand poème

1 *Ibid.*, p. 382.
2 *Ibid.*, p. 385.
3 Voir la *Critique de la faculté de juger*, I, 2, traduction Philonenko, Paris, Vrin, 1962, p. 50-51.
4 Telle est, bien sûr simplifiée, l'idée majeure du *Commentaire du Banquet de Platon*.

des *Prisons*. Simone de Reyff explique très bien que, dans cette œuvre, le personnage du Prisonnier ne se libère pas, petit à petit, de ses différentes pesanteurs. « Le poème des *Prisons* relate moins une ascension spirituelle qu'une conversion subite et inexplicable », due à la miséricorde de Dieu qui nous « tire vers le haut[1] ». Voilà un climat de pensée qu'on ne trouve pas vraiment chez Érasme, lu bien sûr par la reine. L'auteur de l'*Enchiridion* accordait d'autre part une place importante au savoir, alors que, chez Marguerite, celui-ci peut se transformer en prison[2]. Le meilleur théologien est exposé au « Cuider », autrement dit à la présomption[3]. La curiosité intellectuelle ne mène pas forcément vers Dieu.

Le grand mérite de la reine de Navarre aura été de donner forme à différentes attitudes spirituelles, de mettre en scène la « comédie » des attachements humains. Dire qu'ils sont tous coupables serait une simplification abusive. On le voit bien dans la *Comédie sur le trespas du Roy*[4]. Qui pourrait reprocher à la reine (« Amarissime ») d'être inconsolable de la mort de son frère ? Tous les remèdes de la rhétorique échouent devant l'intensité de son affection[5]. Peut-on cesser de pleurer, même si on « apprend[6] » que l'âme du défunt se trouve auprès de Dieu ? La grandeur de Marguerite est d'avoir refusé les consolations trop faciles et trop prévisibles de la théologie.

Le danger des attachements les plus légitimes est de troubler le repos de la personne. C'est par souci de ce repos que, plus tard, la Princesse de Clèves refusera d'aimer une seconde fois. Ses devanciers et ses devancières se trouvent tout simplement dans l'*Heptaméron*. Peu ou prou, les attachements de cette terre apparaissent comme des obstacles à l'amour de Dieu et à la *tranquillitas animi*, chère également aux sagesses profanes. Même quand il est vertueux, l'amour humain est invité à se dépasser

1 *Les Prisons*, éd. critique de Simone Glasson [De Reyff], Genève, Droz, 1979, introduction, p. 40.

2 Le personnage principal est arraché aux vanités de la cour par un bon vieillard qui se nomme « Amateur de science ». Mais ce détachement ne le libère pas vraiment puisqu'il entre alors dans la prison de la science (livre III) qu'il édifie lui-même avec les pierres de la Philosophie, de la Grammaire et même (ce qui est plus inattendu) de la Théologie.

3 Voir V.-L. Saulnier, édition du *Théâtre Profane* de la reine de Navarre (Genève, Droz, 1965).

4 *Théâtre profane*, éd. cit., p. 203 *sq.*

5 « Amarissime » reçoit, successivement, les consolations de « Securus », « Agapy », et « Paraclesis ». Sur le symbolisme de ces noms, voir V.-L. Saulnier, notice de la pièce, éd. cit., p. 212.

6 Plus précisément (v. 277) dans les Champs Élysées.

dans l'amour de Dieu. C'est ainsi que « Poline », dans la dix-neuvième nouvelle, interprète son histoire : « Celluy qui est le vray, parfaict et digne d'estre nommé Amour, nous a tirez à son service par une amityé honneste et raisonnable, laquelle il convertira par son sainct Esperit[1] ». L'histoire d'« Elisor », dans la vingt-quatrième nouvelle, se rapproche de celle de Poline. Déçu dans son amour humain et devenu ermite, il adresse à la reine de Castille, objet de sa passion, un véritable poème du détachement[2]. Face à l'« amour parfaicte et perdurable[3] », toutes les autres ne sont que des captivités. Voilà pourquoi Elisor s'est attaché à Dieu d'un « lien immuable ». Le détachement n'a donc pas de valeur par lui-même. Elisor a remplacé les liens de l'amour profane par ceux de l'amour divin. Il n'est pas un adepte du repos ou de la liberté, comme le seront certains personnages de la pastorale ou des comédies de Corneille[4].

Pourtant, même dans l'*Heptaméron*, des voix s'élèvent pour plaider avec force la grandeur des attachements humains. La seizième nouvelle raconte comment une dame de Milan devenue veuve a décidé de ne pas se remarier[5]. Fréquentant les églises, elle ne songe plus qu'à son salut et son repos. Est-ce une Princesse de Clèves avant la lettre ? Ce serait compter sans l'ironie des circonstances. Voilà que, lors d'un festin où les convenances l'obligent à se rendre, elle est remarquée par un gentilhomme français qui, à partir de ce moment, lui fait une cour aussi respectueuse qu'assidue. Finalement, elle se rend : « Ma delibération estoit de jamais n'aymer[6] », explique-t-elle à ce gentilhomme. Mais elle a compris qu'on ne peut rien contre les mouvements du cœur. Le vieux et sceptique Geburon, narrateur de cette histoire, est vertement rabroué par la jeune Nomerfide quand il ironise à peu de frais sur les promesses de fidélité échangées par la dame et le gentilhomme[7]. Nomerfide, la

---

1 *Heptaméron*, éd. M. François, Paris, Garnier, 1991, p. 150. Le renoncement de Poline est précédé par celui de son ami, qui, ne pouvant épouser la jeune femme en raison de la différence de leurs conditions, se fait moine. Sur cette nouvelle, voir Nicole Cazauran, L'Heptaméron *de Marguerite de Navarre*, Paris, SEDES, 1976, p. 163-164, 180-181, et 247-238.

2 Éd. citée, p. 199-200. Sur le détachement d'Élisor, voir Nicole Cazauran, *op. cit.*, p. 164-165, et 177-178.

3 *Heptaméron*, vingt-quatrième nouvelle, p. 200.

4 Voir, dans la *Place Royale*, le personnage d'Alidor.

5 *Heptaméron*, p. 129.

6 *Ibid.*, p. 132.

7 *Ibid.*, p. 133. Sur cette nouvelle, voir Nicole Cazauran, *op. cit.*, p. 157.

voix la plus fraîche de cette œuvre parfois désabusée, nous la retrouvons dans les devis qui suivent la quarantième nouvelle où, après la fin tragique d'un amour heureux mais interdit par sa famille, une jeune femme est enfermée par son frère dans un château, au plus profond d'une forêt. Cette réclusion, approuvée par ses moroses compagnons, n'est pas du goût de Nomerfide, cornélienne avocate des attachements humains (« La gloire de bien aymer ne congnoist nulle honte[1] »), hostile à l'épargne des sentiments et à cette manière circonspecte d'envisager l'amour dont Parlamente et Oisille se sont fait une spécialité. Même si les hommes sont infidèles, même si la mort vient détruire les plus beaux attachements, il faut tenter de vivre.

Il nous est facile de nous projeter dans les amours des devisants de l'*Heptaméron*, semblables peu ou prou aux contemporains de la reine. Dans certaines pièces de son *Théâtre profane*, Marguerite de Navarre explore d'une autre manière l'univers du détachement. Mais il faut bien reconnaître qu'avant V.-L. Saulnier[2], on ne savait trop que faire de ces étranges comédies où des personnages, affublés de noms bizarres (« Trop », « Plus », « Peu », « Moins ») échangeaient des propos dont nous manquait la clé. C'est Saulnier qui, le premier, a dégagé les enjeux métaphysiques et religieux de ces comédies. La leçon du *Malade* est assez simple. Le médecin appelé à son chevet s'avère incapable de le guérir parce que ce n'est pas son corps qui souffre, mais son âme. C'est du moins ce que lui explique la « Chambrière ». Pour guérir, son maître doit placer toute sa confiance en Dieu et se « détacher[3] » de son péché. Alors, Dieu lui accordera sa force et il sera guéri. Se détacher, ou encore se « deslyer[4] » : ce vocabulaire revient constamment dans la bouche de l'édifiante chambrière. Une fois de plus, un lien divin remplacera les liens humains. Docile à ces leçons, le malade guérit sous nos yeux. Théâtre de patronage ? Un peu plus, peut-être, si on veut bien remarquer que la chambrière incarne une divine simplicité illustrée, dans la comédie de l'*Inquisiteur*, écrite un an plus tard, par des enfants qui se livrent à leurs jeux innocents sous le regard dubitatif du sombre personnage auquel

1 *Ibid.*, p. 279. La discussion qui suit cette nouvelle est l'une des plus longues du recueil. Voir Nicole Cazauran, *op. cit.*, p. 54-56, et 135-136.

2 *Théâtre profane*, éd. cit.

3 *Le Malade*, v. 107, *Théâtre profane*, p. 18.

4 *Ibid.*, v. 267.

la pièce doit son titre et que tant de légèreté inquiète. Il ne comprend pas le caractère évangélique de cette innocence. Plus perspicace, son « varlet » reconnaît que ces enfants ont atteint d'emblée le « repos de l'entendement[1] ». Finalement, devant tant d'allégresse, l'Inquisiteur se convertit à la vraie foi, celle de Marguerite et des évangéliques. Devant la brusque mutation qu'il sent en lui (tant pis pour la vraisemblance !), il s'interroge à haute voix : « Où est mon péché ? / Je le voy caché / Au corps de mon Roy / J'en suis destaché / Qui en fus taché / Par trop grand desroy[2] ». Grâce à ces rimes venues de la Grande Rhétorique et du premier Marot, Marguerite donne une expression très forte à l'idée de rédemption. La foi détache du péché, sans doute, mais celui-ci ne disparaît pas comme par enchantement. Il est porté par l'Agneau de Dieu, mieux : caché en lui. Thème plus mystique que proprement théologique et que l'on retrouve dans les contemplations de la Passion de la même époque, et, plus tard, dans les *Théorèmes* de La Ceppède[3]. Si les enfants de cette comédie sautent et gambadent avec tant de légèreté, c'est qu'ils sont délivrés du poids de leurs péchés par leur foi dans le Christ. Cette légèreté-là, c'est celle de la grâce.

On avance un peu plus dans la voie mystique avec la comédie où se trouvent les étranges personnages mentionnés plus haut. « Trop » et « Prou » s'opposent à « Peu » et « Moins » : ceux qui possèdent beaucoup à ceux qui n'ont presque rien. Cela pourrait être banal si, en outre, les personnages en question n'incarnaient l'absence de désir. Ils sont au-delà de celui-ci, ce qui peut surprendre[4]. L'Écriture ne dit-elle pas que l'âme soupire après son Dieu comme le cerf après l'eau vive[5] ? Que devient, dans cette perspective, le *Cantique des cantiques* ? On est ici à la limite de l'orthodoxie, un mot, au reste, dont il faut faire un usage modéré pour les auteurs du XVIe siècle[6]. Déconcertants, ces personnages le sont aussi dans leur manière de rire à propos de tout et de rien. Ils font songer à ces fous de Dieu, à ces *saloi* d'Alexandrie étudiés par Michel de

1 *L'Inquisiteur*, v. 371, *Théâtre profane*, p. 67.
2 *Ibid.*, v. 512-516.
3 Voir *Les Théorèmes*, III, 30, deuxième tercet.
4 Cette absence de désir était cependant l'un des thèmes de Maître Eckhart, ce qui ne veut pas dire que Marguerite le connaissait.
5 *Psaumes*, 43, 1 ; 63, 2 ; 84, 3.
6 Sur cette question, voir *Les Dissidents du XVIe siècle entre l'humanisme et le catholicisme, Actes du colloque de Strasbourg, 1982*, Baden-Baden, V. Koerner, 1983.

Certeau[1]. Impossible d'être plus détaché des contingences qu'ils ne le sont. Personne n'a prise sur eux. L'un des deux compères explique aux autres que rien ne peut atteindre ceux qui n'ont rien[2]. D'une manière bien étrange, ils sont engagés dans la voie de la diminution. Pour un peu, leur corps disparaîtrait, comme celui de *L'Élu* de Thomas Mann[3].

Est-il possible d'aller plus loin ? La *Comédie de Mont de Marsan* (1548) passe pour être le testament spirituel de la reine. Elle aurait trouvé un porte-parole idéal dans le personnage de la « Ravie », opposée à trois autres femmes : la « Superstitieuse », « la Sage » et la « Mondaine ». Qu'elle l'emporte sur la première des trois ne fait aucun doute. Libérée de cette religion formaliste dont les évangéliques avaient horreur, elle est intimement persuadée que son salut ne dépend pas du nombre de messes écoutées, ni des chapelets égrenés. En cela, elle est la soeur spirituelle des personnages exemplaires d'Érasme[4]. Que son message soit supérieur à celui de la « Sage », voilà aussi qui emporte l'évidence. Elle la dépasse comme la folie de la croix dépasse, selon saint Paul, la sagesse des philosophes. Sa relation avec « La Mondaine » est plus complexe. Rien de commun à première vue entre la dame esclave des élégances de cour et la mystique du pur amour. La palme irait de toute évidence à celle-ci. Pour que la « Mondaine » fût digne de notre intérêt, il faudrait qu'elle fût passée par le détachement. C'est du moins l'opinion d'une partie de la critique. « La Mondaine » a cependant de quoi nous séduire[5], car elle a découvert le secret d'une certaine légèreté. On peut lui reprocher la facilité avec laquelle elle passe d'un serviteur à un autre. Mais cette manière de vivre sans souci peut la préparer, à son insu, aux coups de foudre de la grâce. Marguerite connaît trop bien la cour pour simplifier le jeu des figures qu'elle lui emprunte. Tout le problème est de savoir de quel détachement la Ravie, qui l'emporte quand même sur les autres, est l'adepte. Question qui excède les limites de cet essai.

Le langage de l'amoindrissement n'est pas sans danger. Il est des humilités si excessives qu'elles ressemblent à l'orgueil. Le diable, toujours

1 *La Fable mystique*, Paris, Gallimard, 1982.

2 Marguerite de Navarre, *Trop, Prou, Peu, Moins*, v. 693-694, éd. cit., p. 188.

3 Dans le plus étrange des romans de Thomas Mann (1951), la diminution du corps de l'« Élu » est un châtiment.

4 Cette question est toujours débattue. Voir le point de vue de V.-L. Saulnier dans le *Théâtre profane*, éd. cit., p. 256.

5 Sur la philosophie de la mondanité, voir, *inf.*, p. 166, l'analyse du *Cortegiano* de Castiglione.

riche en inventions, risque de s'y cacher. C'est ce qu'on peut voir chez Marot. Qu'il soit évangélique, comme Marguerite de Navarre ou Renée de Ferrare, plus personne n'en doute maintenant[1]. Il partage avec la première le goût pour les figures de l'innocence : bergers, enfants, baladins. Mais gare à qui l'attaque ou qui le pille ! Comme tous les écrivains de son temps, comme les grammairiens dont Érasme s'est moqué sans se rendre compte qu'il faisait partie de leur corporation[2], il est fort susceptible. Devant les attaques et les pillages, il pourrait se contenter du pardon des offenses. Ce n'est pas tout à fait le cas comme le montre bien l'« Épître de Frippelippes[3] ». Le crime de celui-ci ? Avoir gagné un prix littéraire avec un « chant royal » plutôt mal fichu et qu'il avait demandé à Marot de corriger. L'univers de Clément, c'est, apparemment, celui de la spontanéité créatrice, de l'amitié, de la confiance. Ce beau poète change pourtant de visage quand il réplique à Sagon[4]. *Maro redivivus* ne se commet pas avec un balourd, qui écorche la langue française et n'entend rien à la poésie. Voilà pourquoi il laisse à son valet le soin de répondre. De cette allègre épître, on ne retient souvent que le passage où le valet tape à cœur joie sur l'œil, le groin et le dos du « Sagouyn[5] ». Un étrange personnage apparaît pourtant au détour d'un vers : c'est le valet « *Nihil valet* », qui fut au service de Marot et qui le déroba. Belle rime, belle équivoque, mais qui peut se lire de deux manières, comme l'a bien vu Jan Miernowski, « selon que l'on considère "valet" comme un verbe latin ou bien comme un substantif, reprise du mot de la rime[6] ». Ce *Nihil valet* est un fieffé voleur tout comme Sagon lui-même : l'un a volé le bien de son maître, l'autre a outrageusement plagié l'un de ses poèmes. Les lecteurs de Marot retrouvent ici une vieille connaissance, car « Monsieur Rien » est apparu plusieurs fois sur la scène contemporaine aussi bien que dans la littérature néo-latine. Des sermons joyeux, connus peut-être de Marot, l'ont rendu célèbre, mais aussi un poème latin d'Ulrich von Hutten[7]. Dans les sermons joyeux, il est

---

1 Voir M. Screech, *Marot évangélique*, Genève, Droz, 1967, et l'ensemble des travaux de Gérard Defaux.

2 *Eloge de la Folie*, chap. XLIX.

3 Titre exact : « Le Valet de Marot contre Sagon », *Œuvres complètes*, éd. Gérard Defaux, Paris, Garnier-Bordas, t. II, 1993, p. 140-148.

4 *Ibid.*, v. 211-213.

5 *Ibid.*, v. 86.

6 *Signes dissimilaires*, Genève, Droz, 1997, p. 114.

7 *Ibid.*, p. 116-117.

« l'éternel alibi d'une domesticité coupable de désordres et de gaspillages dans la maison du maître ». Plus profondément, il personnifie « la folie diabolique du monde[1] ». Faut-il pour autant donner un corps au diable ?

Dans la première moitié du XVIe siècle l'idée de détachement s'essouffle peu à peu. Il appartient à saint Ignace de lui redonner force et vigueur. Pour cela, il procède d'une façon indirecte. Ce n'est pas au détachement proprement dit qu'il s'intéresse mais à l'indifférence[2], compagne indispensable de l'humilité, requise de ceux qui veulent entrer dans la Compagnie. Ils doivent, explique Ignace, se montrer « indifférents à l'égard de n'importe lequel des degrés » où on peut les placer[3]. L'expérience militaire enrichissant sa spiritualité, saint Ignace accorde la première place à cette notion d'indifférence, non à celle d'humilité, ce qui l'éloigne, semble-t-il, des vues classiques du monachisme. L'acceptation d'un ministère élevé, s'il est exposé, n'est pas incompatible avec l'humilité. Au reste, comme on le sait, Ignace ne construit pas un modèle de vie hors du monde, mais dans le monde. Dans la Compagnie qu'il fonde, on peut rester humble en dirigeant les autres. Il faudra donc que le postulant soit « indifférent, paisible et préparé pour suivre son Créateur et Seigneur dans n'importe quel emploi ou n'importe quel service, selon ce que la Compagnie ou le supérieur de celle-ci lui ordonneront[4] ». À ceux qui trouveraient trop abstraite ou trop militaire cette conception du service, Ignace indique, en passant, qu'elle est source de paix intérieure. On mesure déjà tout ce qui sépare cette spiritualité de celle de Marguerite, contemporaine du fondateur des Jésuites. L'éloge des enfants, des innocents, voire des fous est dépassé par cette forte conception de la paix dans l'indifférence. Celle-ci n'est plus attachée à un état social, à une manière d'être. Elle est ouverte à tous, puisque ceux-là même qui ne sont pas entrés dans la Compagnie en font l'expérience lors de leurs retraites. Ce qu'Ignace a découvert, c'est le secret de la disponibilité intérieure.

L'autre découverte, c'est celle de la mobilité, à condition qu'on lui donne tous ses sens. Mobiles, les Jésuites le sont dans leurs déplacements

1 *Ibid.*, p. 116.

2 Sur l'indifférence ignatienne, voir G. Nadeau, « L'Indifférence selon saint Ignace », *Cahiers de spiritualité ignatienne*, 1986, vol. 10, n° 39, p. 171-177 ; ainsi que A. Ravier, « L'Expérience de Dieu chez Ignace de Loyola », *Christus*, vol. 36, n° 142, p. 206-218.

3 *Constitutions et règles, Écrits*, Desclée de Brouwer / Bellarmin, 1991, p. 424. Toutes nos références à saint Ignace renverront à cette édition.

4 *Ibid.*

puisque le pape et le général les envoient du jour au lendemain aux quatre coins du monde. Mais cela n'est rien encore. La vraie mobilité, c'est celle de l'être intérieur. On ne peut comprendre l'indifférence ignatienne en la séparant des « motions » qui poussent le croyant ici et là, selon le vent de l'Esprit. La spiritualité classique avait cru combattre les attachements désordonnés en distinguant ce qui passe et ce qui demeure. Ignace voit les choses d'une manière différente. Inutile de dire qu'il méprise les richesses matérielles autant que le plus obscur cistercien ou le plus pauvre des franciscains. Mais une page décisive des *Exercices* explique au retraitant que son modèle doit être l'homme « qui veut éviter l'attachement [...] mais de telle manière qu'il n'est pas plus attaché à posséder la chose acquise qu'à ne pas la posséder. Ce qu'il veut uniquement, c'est vouloir la garder ou non, selon ce que Dieu notre Seigneur met en sa volonté ». Comment le chrétien la connaîtra-t-il ? En « prêtant l'oreille aux motions divines, en s'efforçant de ne vouloir ni cette chose ni aucune autre s'il n'y est pas poussé uniquement par le service spirituel de Notre Seigneur[1] ». Cette écoute intérieure transforme la pratique du détachement. Au lieu de se refermer sur lui-même, il attend, il se met à la disposition de Dieu. Du même coup, l'intérêt du détachement monastique se trouve relativisé. On est loin également de l'*Imitation de Jésus-Christ*. Il ne s'agit plus de mépriser le monde, mais de le parcourir, en tendant l'oreille, toujours. Ainsi se renouvelle, en profondeur, la notion de détachement.

Les *Exercices spirituels* sont publiés à Rome en 1548, deux ans après le *Tiers Livre* de Rabelais. Dans son troisième roman, celui-ci avait inventé l'immortelle figure de Trouillogan, le « philosophe Ephectique et Pyrrhonien » qui passera à la postérité. Spécialiste de la suspension du jugement, il s'avère incapable de dire à Panurge s'il doit ou non se marier. Aucun argument ne s'avère décisif, rien n'est capable de faire pencher l'un ou l'autre des plateaux de la balance sceptique. Il se trouve que saint Ignace emploie lui aussi l'image de la balance dans l'une des pages les plus intéressantes des *Exercices spirituels*. « Je dois me trouver indifférent, sans aucun attachement désordonné, de sorte que je ne sois pas davantage incliné ni attaché à prendre la chose envisagée, ni davantage à la laisser qu'à la perdre. Mais que je me trouve au milieu, *comme*

1 *Exercices spirituels*, éd. cit., p. 130-132.

au centre d'une balance[1], pour suivre ce que je sentirai être davantage à la gloire et à la louange de Dieu notre Seigneur et au salut de mon âme[2] ». La balance de saint Ignace ne reste immobile que pour mieux répondre aux désirs de Dieu, qui fera connaître sa volonté grâce aux fameuses « motions ». Le mot, omniprésent dans les *Exercices*, doit retrouver un peu de son sens physique. La motion, c'est ce qui pousse dans un sens ou dans l'autre. L'image de la poussée, elle aussi fréquente[3], éclaire la manière dont le fondateur des Jésuites conçoit les mouvements de l'être intérieur[4].

De Maître Eckhart à saint Ignace, le détachement a donc changé d'aspect. Il ne se propose plus seulement aux moines mais à tous ceux qui aspirent à une vie authentiquement spirituelle et qui se souviennent du ciel. Soutenu par les méditations des saints, il l'est aussi par des images destinées à nourrir la ferveur, à faire entrevoir un monde spirituel où l'on vit avec Dieu et les élus. Un genre pictural s'y emploie, avec un grand bonheur : celui que les historiens de l'art italien, suivis maintenant par l'ensemble de la discipline, ont appelé les « Saintes conversations ». Sur des retables ou des tableaux de chevalet, sont réunis, autour de la Vierge et de l'Enfant, des saints et des saintes, perdus dans leurs lectures, leurs prières, leurs pensées. Le débat fait rage sans doute autour de la stricte définition de ce genre pictural[5]. Nous le laisserons de côté pour ne retenir que l'essentiel : l'invitation au détachement lancée par ces personnages que nous contemplons dans les églises ou les musées. Un article important de R. Goffen[6] a rappelé récemment les sources scripturaires de ce genre insolite et de l'expression qui sert à le désigner. Dans sa deuxième épître (3, 11), saint Pierre recommande aux

1 Nous soulignons.
2 *Exercices spirituels*, p. 144.
3 Voir par exemple p. 131.
4 Montaigne est lui aussi un être de mouvement. Dans sa période sceptique, qui, selon certains interprètes, n'a jamais pris fin, il a fait graver sur des jetons dont l'avers porte son emblème une balance avec la devise « Que sçay-je ? » (voir les *Essais*, II, 12, « Apologie de Raymond Sebond »). En fait, la balance de Montaigne ne reste pas immobile. Elle penche tantôt d'un côté, tantôt de l'autre. Mais les mouvements qu'elle subit n'ont pas d'origine transcendante. L'idée d'une motion divine est tout à fait étrangère à Montaigne.
5 Voir Heidrun Stein-Kecks, « *Santa (sacra) Conversazione* : viele Bilder, ein Begriff, und keine Definition », *Bedeutung in den Bildern. Festschrift Jörg Traeger*, 2002, p. 413-442.
6 « *Nostra conversatio in Caelis est* : observations on the "Sacra conversazione in the trecento" », *Art Bulletin*, 1979, vol. 61, p. 198-222.

premiers chrétiens de se trouver « *in sanctis conversationibus et pietatibus* », pour le jour, sans doute très proche, où le Christ reviendra. Le terme latin de *conversatio* a abusé parfois certains chercheurs. Il s'agit moins de saints dialogues, que de pieux comportements et d'assemblées de prière. Se recueillir, avec d'autres, voilà ce qui plaira au Seigneur lors de son retour. L'autre source scripturaire se trouve dans un passage de l'épître aux Philippiens (3, 20), et c'est lui qui a donné son titre à l'article que nous résumons : « *Nostra conversatio in coelis est* ». « Notre cité », proposent certains traducteurs[1]. En fait, le terme, dans ce passage, est presque intraduisible. Il suggère un divin commerce avec les élus, loin de l'agitation du monde ; des paysages mystiques et accessibles seulement au regard de l'âme. On n'y est pas seul, mais avec d'autres, même si on ne leur parle pas. Les Saintes Conversations hésitent entre le « déjà là » et le « pas encore » de la béatitude. C'est là que se trouve le secret de leur subtil sortilège.

Certains historiens de l'art font de Giotto leur véritable inventeur[2]. Pour d'autres, il faut attendre Fra Angelico, Domenico Veneziano et le retable Barbadori de Filippo Lippi[3]. Mais le maître incontesté du genre, au tournant du XVe et du XVIe siècle, est bien Giovanni Bellini. On lui doit de nombreuses « Conversations », en particulier le « retable de Pesaro », celui de San Giobbe, les Triptyques des Frari et de l'église San Zaccaria, à Venise[4]. Nous laisserons de côté le tableau des Offices, dont le titre varie selon les spécialistes : « Sainte conversation[5] » pour les uns, « Allégorie sacrée[6] », pour les autres : l'histoire de l'art perd un peu son latin[7] devant ce tableau étrange, où une Vierge en prière voisine avec un pêcheur à la ligne, où des enfants parfaitement nus se livrent à des jeux dont le sens nous échappe, tandis que dans le lointain, au-delà d'un cours d'eau, se profile une ville. Le thème de la « sainte conversation » se dilue ici dans des rêveries qui, pour être envoûtantes, nous éloigneraient

---

1 Voir par exemple la TOB.

2 C'est le cas par exemple de Heidrun Stein-Kecks dans l'article cité à la note 5 de la page précédente.

3 Musée du Louvre, 1437.

4 Voir sur ces différentes œuvres Jean Paris, *L'Atelier Bellini*, Paris, Éditions de la Lagune, 1995 et Terrisio Pignatti, *Giovanni Bellini. Tout l'œuvre peint*, Paris, Flammarion 1975, avec la précieuse introduction d'Yves Bonnefoy.

5 Par exemple Jean Paris, mais avec un point d'interrogation.

6 Voir Giuseppe Fiocco, *Giovanni Bellini*, tr. fr., Paris, Plon, 1960, planche XXX.

7 Sur les différentes interprétations de ce tableau, voir *Tout l'œuvre peint*, p. 103.

de notre propos. Pour la majorité des critiques, la plus accomplie des œuvres de ce genre est le « Triptyque des Frari » (1488) que l'on a la chance de voir, « dans son emplacement et dans son cadre », à l'église *Santa Maria gloriosa* de Venise[1]. On ne saurait leur donner tort tant Bellini nous séduit par les « tonalités chaudes [qui] se répandent avec un bonheur extrême sur les formes qui toutes se répondent[2] ». Saint Nicolas et saint Pierre à gauche, saint Marc et saint Benoît à droite encadrent la Vierge assise sur un trône peu élevé et qui tient l'Enfant debout sur ses genoux. Ils sont tout à leur contemplation, sauf saint Benoît « avec son grand livre manuscrit à lettre ornée, qui interroge du regard le fidèle[3] ». Il est difficile cependant pour le spectateur d'entrer dans cette contemplation à laquelle le décor doré de mosaïque donne un air d'éternité byzantine.

C'est pourquoi on peut préférer à cette œuvre la « Sainte Conversation » de San Zaccaria[4] (ill.). Voici de nouveau la Madone, plus mélancolique peut-être que celle du précédent retable, et l'Enfant, entourés de quatre personnages : à gauche, saint Pierre et sainte Catherine, à droite, sainte Lucie et saint Jérôme[5]. Tel est le premier changement : une cadence masculin/féminin s'invite dans le retable avec une construction en chiasme : les deux saints se trouvent aux deux extrémités, les deux saintes au milieu, plus proches de la Vierge et du fil soutenant une lampe d'argent et de cristal, terminée par un œuf, symbole de la naissance virginale du Christ[6]. Les deux saints nous font face, donc ils ne se voient pas. Saint Pierre tient dans sa main droite un gros livre rouge, fermé, et dans la gauche les clés données par le Christ ; saint Jérôme, vêtu de la classique pourpre cardinalice, lit dans un livre grand ouvert devant lui mais dont les signes nous échappent. Détachés de notre monde, ils sont les adeptes silencieux de la religion du Livre. Tout aussi détachées, les deux saintes, mais nous les voyons de profil, si bien qu'elles dirigent notre regard vers la Vierge, dont le visage est incliné vers nous, tout

1 André Chastel, *Le Retable italien*, Paris, Liana Levi, 1993, p. 186.

2 *Ibid.*

3 *Ibid.* Jean Paris (*op. cit.*, p. 193) s'avoue un peu effarouché par ce regard « noir ».

4 L'œuvre date de 1505. Elle est reproduite dans tous les livres consacrés à Giovanni Bellini, par exemple dans celui de Rona Goffen (*Giovanni Bellini*, Yale University Press, New Haven et Londres, 1989, p. 171) auquel les analyses qui suivent doivent beaucoup.

5 Sur l'iconographie des deux saintes, voir Louis Réau, *op. cit.*, III, 2, *s.v.*

6 Rona Goffen, *op. cit.*, p. 172.

Giovanni Bellini, *Sainte Conversation*, 1505,
retable de San Zaccaria, Venise.

comme celui de l'Enfant, dressé sur la paume de sa mère et bénissant le visiteur. Dans tout cela, aucune éloquence. L'invitation, proprement picturale, vient du dallage, visible au bord inférieur du tableau et qui obéit par sa perspective aux lois de notre regard. Elle est relayée par l'ange, assis au pied du trône et qui joue de la *lira da braccio*, l'un des plus beaux qu'ait peints Bellini. Sa robe, bleu sombre, son manteau d'un rose soutenu, font écho aux couleurs de la Vierge, dont la robe était rouge et le manteau bleu. Au reste, tout le retable joue de l'alternance infiniment subtile entre couleurs éclatantes et couleurs amorties. Cadences picturales, qui répondent aux cadences musicales de la viole angélique. L'invitation vient aussi de cette musique qu'il faut imaginer, comme dans la peinture de Giorgione, souvent évoquée à propos de ce tableau[1]. Par sa discrétion, son humilité, cet ange l'emporte sur ceux que nous voyons dans le *Triptyque des Frari*.

Rona Goffen a interprété d'une belle manière les ombres qui envahissent le regard des deux saints[2]. Elle y trouve une manière de solliciter notre imagination, appelée à mieux voir, à mieux comprendre les émotions de ces deux personnages. De cette façon, nous devenons les collaborateurs du peintre. Et les clés de Pierre sont aussi les clés du tableau. Il suffit de répondre à son invitation pour faire partie, en quelque sorte, de la conversation céleste de la Vierge et des saints. Notre condition de vivants ne nous interdit pas l'accès du ciel. C'est aussi dans ce sens que l'on peut comprendre l'espace du tableau. Nous avons devant nous une abside, une conque maternelle que notre imagination investit facilement. Rien de proprement sacré dans ce lieu même s'il rappelle, par son architecture, les chapelles des églises. Malgré la pénombre, l'œil distingue à droite et à gauche, entre les deux piliers à feuilles d'acanthe, un coin de campagne avec des arbustes. Comme si cette chapelle dorée s'était dressée à la faveur d'un songe ou d'une prière dans notre propre espace et que la Vierge avait levé un coin du voile sur nos futures « conversations célestes ». Le miracle bellinien réside précisément dans l'harmonie entre le sacré et la vision de la nature. C'est pourquoi cette « Sainte Conversation » ne reprend pas l'évangile du morne détachement. Le véritable détachement sera donné aux âmes pures, celles qui se sont suffisamment dépouillées de leurs affections charnelles pour

1 Voir par exemple Jean Paris, *op. cit.*, *passim*.
2 *Op. cit.*, p. 176.

se complaire aux rythmes des couleurs, des lignes et à la musique de l'ange. Profondément religieux, l'art de Bellini est sans doute un éloge de la peinture dans ce qu'elle a d'essentiel et de plus pur. Pour l'aimer, il faut déjà être détaché.

La contemplation d'Ostie nous détachait de ce monde au profit des réalités qui ne passent pas. Tous les adeptes du néoplatonisme ont emprunté cette voie. Elle ne suppose aucun mépris pour les réalités sensibles, puisque, sans elles, nous ne devinerions pas le beau et le bien. Le néoplatonisme vit de cette foi philosophique. Il est difficile de dire à quel moment le mépris du monde a sapé ce bel édifice. Dès lors, la méfiance a prévalu, les mises en garde se sont succédé : non, il n'était pas sûr que l'on pût ainsi monter de degré en degré vers l'éternité. Cette méfiance, on la retrouve encore chez Marguerite de Navarre. C'est pourquoi Maître Eckhart paraît exceptionnel. Chez lui, le détachement nous mène dès ici-bas vers la sérénité. L'ange auquel Dieu ordonne d'écheniller un arbre ne se plaint pas de sa dégradation : il est toujours auprès de Lui, comme Marthe qui s'active à ses fourneaux. Pour échapper à la morne résignation, compagne inévitable d'un certain détachement, la Renaissance est d'abord revenue au néoplatonisme, qui emporte sur ses ailes ceux qui refusent d'être insensibles[1]. Elle a aussi inventé des acteurs philosophiques, experts dans l'art d'alléger le monde : enfants, baladins, mendiants, qui évoluent dans un univers « sans souci », et sans doute plus religieux que celui des moines, car ils ne comptent pas sur leurs propres forces. Le détachement devient une grâce qu'il faut seulement saisir. La piété chrétienne, en fait, l'a toujours su. C'est ce que montrerait une histoire de la peinture de dévotion. Les saints et les saintes détachés de ce monde par la mort invitent ceux qui les contemplent à les imiter, mais sans faire violence aux êtres et aux choses de ce monde.

---

1 Voir André Chastel, *Marsile Ficin et l'art*, Genève, Droz, 1954.

SÉPARATIONS

Rien dans les Saintes Conversations ne laisse supposer que Dieu s'est quelque peu éloigné de son œuvre. De son côté, la Bible dit simplement qu'il s'est reposé au soir du sixième jour. « *Et requievit die septimo* » (Gn, 2, 2). Mais ce septième jour dure encore. Et certains ont pu croire et même écrire que Dieu s'était détaché de sa création. L'Écriture affirme sans doute que Dieu ne cesse de soutenir le monde et de le gouverner, d'entourer l'homme de sa sollicitude. Les théologiens distinguent soigneusement le Dieu de la Bible du premier moteur d'Aristote, qui donne seulement au monde le premier mouvement[1], sans se préoccuper de la suite. Il est évident d'autre part que, dans le plan de Dieu, l'homme occupe une place excellente. Il n'a pas été créé de la même manière que les éléments du monde. Lors des six premiers jours, la parole de Dieu crée la lumière, les animaux, et tout ce qui peuple l'univers. Avec la création de l'homme, qui clôt l'*hexameron*, nous entrons dans la pensée de Dieu : « Dieu dit : Faisons l'homme à notre image » (Gn, 1, 26). L'acte créateur lui-même n'intervient qu'au verset suivant[2]. Rappelons enfin que, dans le récit élohiste, l'homme est façonné par la main de Dieu (Gn, 2, 7), ce qui le distingue des autres créatures. Seul, l'homme a été en contact avec la main divine, ce qui constitue un singulier privilège, gravé pour toujours dans sa mémoire métaphysique. De son côté, Dieu n'oubliera jamais ce merveilleux façonnage. Reste que, dans l'acte créateur, Dieu se sépare de ce qu'il a créé. Ce n'est pas la théologie qui a été la plus sensible au moment intense où Dieu et l'homme se quittent, mais la peinture, en particulier l'une des fresques de Michel-Ange à la Chapelle Sixtine, dont l'interprétation reste difficile. Se quittent-ils vraiment ? La tradition kabbaliste propose une autre lecture du début

1 Aristote, *Physique*, VII et, surtout, *Métaphysique*, livre lambda, 1072a, 25-28.

2 Bien des commentateurs signalent cette différence ; voir en particulier Luther, *Commentaire du Livre de la Genèse*, *Œuvres*, Genève, Labor et Fides, t. XVIII, 1975, p. 49.

de la Genèse. Même si elle a peu influencé l'exégèse chrétienne, il faudra lui faire une place.

Le fameux verset 2 se lit ainsi dans la traduction de saint Jérôme : « *Complevitque Deus die septimo opus suum, et requievit die septimo ab universo opere quod patrarat* ». Lu attentivement, il aurait dû interdire les interprétations hâtives du repos divin et conduire à une compréhension plus fine de l'œuvre de Dieu. Car le texte biblique[1] ainsi traduit signifie que l'achèvement de la création a besoin du septième jour. Les exégètes chrétiens de la Renaissance tout comme ceux du Moyen Âge n'ont pas prêté assez d'attention à la lettre du verset[2], mieux comprise de nos jours. Il faut chercher dans la tradition juive pour trouver une lecture littérale et beaucoup plus subtile. Voici comment on peut traduire le texte hébreu donné par Rachi : « Dieu avait terminé le septième jour l'œuvre faite par lui ; et il se reposa le septième jour, de toute l'œuvre qu'il avait faite ». Le rabbin de Troyes commente ainsi : « Il semblerait donc qu'il [Dieu] a achevé son œuvre quand le septième jour était déjà commencé ». Et il s'interroge : « Que manquait-il donc au monde ? Le repos. Le sabbat est venu, et alors le repos est venu. Alors seulement l'œuvre de la création a été achevée et menée à bonne fin[3] ». Si on avait lu ce passage comme Rachi le proposait, le repos (*menouah*) aurait revêtu une dignité infiniment plus grande. Puisque Dieu l'avait créé, il aurait échappé à la nécessité, il n'aurait plus été la prosaïque récompense du labeur de la semaine.

Certaines représentations de Dieu au septième jour tombent parfois dans ce prosaïsme-là. Il y a déjà longtemps, Louis Réau s'affligeait de l'inspiration de certains artistes médiévaux, comme celui qui, à Laon, avait imaginé « le Créateur épuisé par son effort » et endormi « la tête appuyée sur son bâton : il fait la sieste, comme un honnête artisan après

1 Les Septante retiennent une leçon différente : la Création est vraiment achevée le sixième jour (*Le Pentateuque d'Alexandrie*, Paris, Cerf, 2001).

2 Pour Luther aussi bien que pour Calvin, le septième jour de Dieu est entièrement consacré au « repos ».

3 *Le Pentateuque* [...], *accompagné du Commentaire de Rachi traduit en français* [...], t. I, La Genèse, Paris, S. et O. Lévy, 3e édition, 1974. Le texte de Rachi pourrait faire croire que l'hébreu emploie la racine du mot *shabatt* pour désigner le repos divin, ce qui n'est pas le cas. Le verbe hébreu utilisé ici signifie « cesser, arrêter ». Ce n'est qu'au Sinaï que le peuple hébreu reçut de Dieu le don du *shabatt*. Sur ce qui fut créé au septième jour, voir A.J. Heschel, *Les Bâtisseurs du temps*, Paris, Les Éditions de Minuit, 1957, p. 125-126, qui renvoie à un traité du Talmud : *Genèse Rabba*, X, 9.

une dure semaine de labeur[1] ». Luther se risque aussi à de telles familiarités, mais avec quelques précautions rhétoriques : « Après avoir accompli cette œuvre, Dieu parle à la manière d'un [homme] fatigué, comme s'il vouloit dire : voici, j'ai tout fait à merveille [...]. Je vais donc célébrer le sabbat[2] ». L'idée de la fatigue divine est présente aussi dans *La Sepmaine* de Du Bartas, à ceci près toutefois que Dieu est comparé à un peintre heureux d'avoir achevé son œuvre et posant son « las pinceau[3] », afin de la contempler avec satisfaction. Bien attestée par la tradition[4], cette image a toutefois l'inconvénient de faire descendre Dieu dans le temps et de rendre plus compliquée la mise au point nécessaire sur sa Providence.

La Bible elle-même accréditait l'idée que Dieu pouvait s'endormir. À cinq reprises[5], dans les Psaumes, le fidèle se plaint qu'il n'entend pas les cris de sa détresse, qu'il le laisse aux mains de ses ennemis. « *Quare obdormis* » ?, s'écrie le psalmiste[6]. Les traductions françaises des psaumes, au XVIe siècle, aussi bien celles du Psautier protestant que celles de Desportes[7] ou Vigenère[8], respectent la lettre de la Vulgate, elle-même fidèle au texte hébreu. Ce sommeil de Dieu est une double source de scandale : Dieu semble oublier sa propre créature, créée à son image et à sa ressemblance ; et, d'autre part, il finit par ressembler aux dieux d'Épicure qui coulent des jours heureux loin des tribulations du monde[9]. À leur décharge, ceux-ci peuvent dire qu'ils ne l'ont pas créé et qu'ils n'ont conclu aucune alliance avec ses habitants. Les exégètes se mettent donc au travail pour expliquer que le langage du psalmiste prend en compte notre faiblesse spirituelle et s'accommode à lui[10]. Bien entendu, Dieu ne dort pas. L'un des psaumes (121,4) affirme même qu'il ne cède

1 *Iconographie de l'art chrétien*, Paris, PUF, 1956, t. II, 1, p. 75.
2 *Commentaires du Livre de la Genèse*, *op. cit.*, p. 80.
3 *La Sepmaine*, VII, 3, éd. Yvonne Bellenger, Paris, STFM, 1981, t. II, p. 303.
4 Voir les sources données par K. Reichenberger, *Themen und Quellen der Sepmaine*, Tübingen, Max Niemeyer Verlag, 1963.
5 Ps, 7, 7 ; 35, 23 ; 44, 24 ; 59, 5 ; et 74, 22.
6 Ps, 44, 24.
7 *Les CL Pseaumes de David mis en vers françois* [...], éd. Bruno Petey-Girard, Paris, STFM, 2006.
8 *Le Psaultier de David torné en prose mesurée ou vers libres*, éd. Pascale Blum-Cuny, Le Miroir Volant, 1991.
9 Lucrèce, *De natura rerum*, II, v. 1093-1094.
10 C'est notamment la perspective de Calvin : voir ses *Commentaires*, *Calvini Opera*, t. XXXVI, col. 447-448 ; et Olivier Millet, *Calvin et la dynamique de la parole*, Paris, Champion, 1992, *passim* (voir l'index des notions au mot *accommodatio*).

jamais au sommeil. S'il donne l'impression de laisser les hommes dans le malheur, c'est que sa divine Providence agit d'une manière que nous ne pouvons comprendre. Gardons-nous de vouloir la pénétrer.

Si le récit de la Genèse a été tant commenté, c'est parce qu'il permettait d'englober presque toute la théologie chrétienne, notamment la question si difficile de l'action de Dieu dans le monde. Tous les auteurs sont d'accord sur le fait que la création elle-même ne lui a coûté aucune fatigue. C'est ce que répètent, à longueur d'exégèses et de Sommes, saint Augustin aussi bien que saint Thomas[1]. Le récit élohiste de la création de l'homme où Dieu prend la figure de l'artisan travaillant la glèbe ne permet pas non plus de dire qu'il a été fatigué du labeur de ses mains. Reste quand même à expliquer l'emploi du mot « repos ». Saint Augustin fait alors appel à la rhétorique et à l'une de ses figures : la métonymie. L'auteur biblique (même s'il n'est pas passé par les écoles) s'est servi de cette figure quand il a écrit que Dieu s'était reposé. En fait, il songeait à l'homme, qui doit consacrer le septième jour de la semaine à ce repos et à la bienheureuse tranquillité. Cette explication, reprise par saint Thomas[2], trouve son expression la plus claire dans ce passage de la *Cité de Dieu* :

> Mais le fait qu'au septième jour Dieu se repose de ses travaux et le sanctifie, doit-on l'interpréter de façon puérile comme si Dieu s'était fatigué en travaillant, lui qui a parlé et a tout fait par une parole intelligible et éternelle, mais ni sonore ni temporelle ? En fait, le repos de Dieu signifie le repos de ceux qui se reposent en Dieu, de même que la joie de la maison signifie la joie de ceux qui se réjouissent dans la maison[3].

Saint Augustin se rend compte toutefois que l'idée du repos de Dieu au sein même de l'acte créateur ne parle pas assez au cœur du croyant. C'est encore la rhétorique qu'il met à contribution pour évoquer, d'une façon splendide, l'action divine après la création. N'est-ce pas un bel oxymore qui vient sous sa plume quand il écrit que Dieu « est toujours en action et toujours en repos » ? Avec ce passage des *Confessions*[4], nous ne sommes pas très loin de la théologie négative, toujours soucieuse de

1 Pour saint Augustin, voir *De Genesi ad litteram*, IV, 8, mais aussi les *Confessions*, XIII, 28, 43 ; pour saint Thomas, la *Somme théologique*, qu. 73.

2 Saint Thomas, *Somme*, qu. 73, 1.

3 *Cité de Dieu*, XI, 8, Gallimard, La Pléiade, p. 435.

4 *Confessions*, 37, 53.

sauver la transcendance divine. En fait, c'est l'idée de l'action de Dieu qui importe surtout au fidèle. Il est prêt à croire qu'elle ne lui coûte rien. Mais si Dieu n'agit pas, il se sent seul et désarmé, détaché de celui qui l'a créé. La théologie médiévale affirme donc que, au septième jour, Dieu a mis fin à l'acte créateur, mais qu'il continue d'agir en ce monde. L'un des exposés les plus clairs à ce sujet est celui de Pierre Lombard. Le septième jour, Dieu « *ab universo opere requievit, quia novam creaturam facere cessavit*[1] ». Même idée chez saint Thomas : « *Die septimo cessavit {Deus} novas creaturas condere*[2] ». Ce repos est la conséquence de la perfection. Il ne ressemble donc pas à celui de l'artisan et de l'artiste, souvent insatisfaits.

Donc, Dieu est toujours à l'œuvre. Quand les docteurs du Moyen Âge et ceux de la Renaissance dissertent sur son repos, ils citent toujours une parole du Christ dans l'Évangile de Jean : « Mon Père jusqu'à présent est à l'œuvre et moi aussi je suis à l'œuvre » (5, 17). Parole d'une singulière importance. Le Christ vient de guérir un paralysé un jour de Sabbat. On sait bien maintenant que, à son époque, certains Pharisiens admettaient cette transgression. Le Christ n'explique pas son geste par la compassion. Son propos possède plus de hauteur, puisqu'il n'hésite pas à dire que Dieu lui-même ne respecte pas la règle du repos sabbatique qu'il avait prescrite à Moïse. Il agit le jour du Sabbat. Ce sont peut-être les commentaires protestants qui exploitent avec le plus d'éloquence le verset de Jean. « Dieu besongne toujours », affirme Calvin. Le repos dont parle Moïse (auteur supposé du livre de la Genèse) ne signifie pas que « Dieu se soit retiré et qu'il laisse aller ses creatures comme elles pourront[3] ». Si Dieu interrompt son action, nous tombons dans le néant. Le chapitre VIII de l'*Institution de la religion chrétienne*, dans l'édition de 1541, ne dit pas autre chose. Mais Calvin est surtout soucieux de démontrer l'existence de la Providence particulière. Il ne veut pas que la Providence soit seulement « quelque gouvernement, mais confus et general, à sçavoir par lequel toute la machine du monde est incitée[4] ». Fondé sur l'Écriture, il affirme qu'elle concerne chacun de nous. Dieu

---

1 *Sententiae*, II, 15, 7.

2 *Somme*, 73, 2.

3 *Sermons sur la Genèse, Supplementa calviniana*, éd. Max Engammare, Neukirchener Verlag, 2000, t. I, p. 60.

4 *Institution de la Religion chrétienne*, éd. O. Millet, Genève, Droz, 2008, p. 1092.

« besongne sans cesse en toutes les œuvres qu'il a créées[1] ». De nouveau, le verset de Jean est cité, mais rapproché de celui où saint Paul, dans son discours de l'Aréopage (Ac, 17, 28), affirme « que nous sommes et avons nostre vie et mouvement en luy[2] ». Il existe une différence d'accent entre ces deux passages. Parlant à des Grecs cultivés, Paul cite deux de leurs poètes : Epiménide et Aratos[3]. D'une manière plus générale, c'est à l'enseignement des Stoïciens qu'il se réfère car il est plus ou moins compatible avec celui du Christ.

Il est difficile de dire si Calvin adopte, ici ou ailleurs, la théorie de la création continuée. Elle avait été formulée pour la première fois par saint Augustin[4], et reprise par saint Thomas qui affirme dans la *Somme* que « si la puissance de Dieu cessait un jour de régir les créatures, aussitôt cesseraient leurs formes et toute nature s'effondrerait[5] ». Du docteur angélique, de celui qui a introduit la pensée d'Aristote dans la philosophie de son temps, on attendait plus d'optimisme métaphysique. En fait, comme l'explique très bien Étienne Gilson à propos de Descartes, les formes substantielles créées par Dieu possèdent, dans le thomisme, une réalité concrète. Le temps scolastique n'est pas une succession d'instants isolés les uns des autres. Il s'apparente plutôt à la permanence d'un même mobile qui traverse les points successifs d'une ligne[6]. Il possède un élan que Dieu n'a pas besoin de relancer sans cesse. Descartes interprète cette théorie dans un sens très différent, comme le montre ce passage du *Discours de la méthode* : « Je jugeais [...] que, s'il y avoit quelques corps dans le monde, ou bien quelques intelligences, ou autres natures qui ne fussent point toutes parfaites, leur être devoit dépendre de sa puissance [*i.e.* celle de Dieu], en telle sorte qu'elles ne pouvoient subsister sans lui un seul moment[7] ». Maintenant, « chaque état successif du monde se trouve [...] suspendu à Dieu, à Dieu seul, sans rien devoir à ce qu'il était lui-même pendant l'instant précédent[8] ». Il ne faut pas confondre cette fragilité du monde avec la précarité de

1 *Ibid.*, p. 1094.
2 *Ibid.*
3 Voir *Les Phénomènes*, v. 5.
4 *De Genesi* [...], IV, 12.
5 *Somme théologique*, qu. 104, article 1, édition citée, t. XII, p. 53.
6 *Discours de la méthode*, éd. É. Gilson, Paris, Vrin, 1930, p. 340-342.
7 *Ibid.*,, p. 35-36.
8 Étienne Gilson, *ibid.*, p. 342.

l'individu menacé à tout instant par la mort, comme le disent poètes et philosophes mais aussi Calvin dans un passage assez étonnant de l'*Institution*[1]. Cette autre fragilité est d'ordre ontologique. Elle serait de nature à désespérer l'individu s'il ne trouvait dans ce rattachement à Dieu une source d'espoir et de consolation.

Il est difficile de dire si la philosophie de la Renaissance a repris à son compte cette idée de création continuée, et, surtout, si elle lui a donné sa forme la plus radicale. Le thomisme est bien vivant[2], mais ce n'est pas lui qui influence les poètes. Ceux-ci soulignent à l'envi la fragilité de l'homme, soumis au changement. Le cycle des formes inspire la mélancolie ou l'ivresse, l'une et l'autre incapables de susciter un dépassement métaphysique. L'amère conscience de l'action du temps imprègne bien des pages de Montaigne et, notamment, la conclusion de l'« Apologie de Raymond Sebond ». Faut-il rappeler la fameuse phrase : « Nous n'avons aucune communication à l'estre[3] » ? Plutarque l'avait dit[4], ce qui prouve l'ancienneté de cette conviction, partagée par beaucoup de païens. L'auteur des *Essais* juge sa conclusion fort « religieuse », mais la théologie, qu'elle soit catholique ou protestante, est en droit d'estimer qu'il se contente de peu. Il ne suffit pas de mettre l'homme à nu pour qu'il désire l'amour de Dieu. Ce n'est pas ainsi que procède saint Augustin, dont Montaigne n'a pas tiré (c'est le moins qu'on puisse dire) les mêmes leçons que Calvin. Si l'auteur des *Essais* demande à la grâce d'élever le croyant au-dessus de sa condition, il ne dit pas que, dans l'état qui est le sien, il est, à chaque instant, relié à son Dieu, qui le soutient comme il soutient le monde. C'est, au contraire, la profonde conviction de Calvin. Elle engendre un sentiment de reconnaissance, dont on chercherait en vain la trace chez Montaigne.

« *Formavit igitur Dominus Deus hominem de limo terrae et inspiravit in faciem ejus spiraculum vitae, et factus est homo in animam viventem* » (Gn, 2, 7). Peu de textes de la Bible ont autant que celui-ci exercé la sagacité des interprètes. À juste titre, puisqu'il s'agit tout simplement de la création de l'homme. Celle-ci a été racontée deux fois. D'abord dans

1 Ch. VIII, édition citée, p. 1111-1112.
2 Notamment chez les théologiens tridentins, comme Cajetan, Suarez et beaucoup d'autres.
3 Montaigne, *Essais*, II, 12, p. 601.
4 Notamment dans le traité : *Que signifie ce mot « Ei »*, source de la dernière page de l' « Apologie de Raymond Sebond ».

le chapitre I quand le Seigneur décide de créer l'homme à « son image et à sa ressemblance ». Théologiquement, ce passage est sans doute d'une grande importance, mais il est aussi très abstrait. C'est le second, à la fois imagé et mystérieux, qui a suscité le plus grand nombre de commentaires. Les artistes ne peuvent rien tirer du verset où Dieu décide de créer l'homme à son image. Ils ne se sont pas privés en revanche de donner figure au verset du second récit. Ignorer leurs inventions, c'est se priver d'une inspiration féconde, plus libre que le commentaire des exégètes, ce qui ne veut pas dire qu'elle n'en tient pas compte. Peintres, sculpteurs, auteurs de mosaïques donnent à voir le moment crucial où Dieu et Adam se séparent, se détachent l'un de l'autre.

Tous les exégètes ont souligné que la création de l'homme, dans le premier chapitre, était précédée d'une sorte de pause. Nous sommes au sixième jour, Dieu vient de créer « les bêtes sauvages, selon leur espèce, les bestiaux selon leur espèce et toutes les petites bêtes du sol » (Gn, 1, 25)[1]. La parole de Dieu a été immédiatement créatrice. Aucune réflexion ne la précède. Seuls les anges, créés le premier jour, sont les témoins silencieux de ses actes[2]. Avec les versets 26-27, tout change. Dieu, parlant au pluriel, fait d'abord connaître une décision (« Faisons l'homme à notre image »), avant de l'exécuter : signe que la création de l'homme dépasse en importance tout ce qui l'a précédée. Cette différence disparaît du second récit. Brusquement, Dieu devient un potier qui modèle une statue d'argile, le *golem* du texte hébreu. Ce contact entre la main de Dieu et la créature, c'est le premier signe tangible de l'attachement de Dieu à son œuvre.

Les *Pirqué* de Rabbi Eliezer racontent que « [Dieu] ramassa la poussière du premier homme depuis les quatre coins du monde, [où se trouvent les quatre sortes de couleur rouge, noir, blanc et vert pâle][3] ». L'explication donnée fait honneur à la subtilité de ce rabbin[4]. Elle souligne surtout que la création de l'homme s'inscrit dans une sorte de durée, étrangère

1 Pour des raisons de commodité, nous donnerons une traduction courante, la TOB, chaque fois que le texte biblique ne possède pas d'enjeu exégétique.

2 Voir saint Augustin, *Cité de Dieu*, XI, 32.

3 Paris, Verdier, 1983, p. 72.

4 « Parce que le Saint béni soit-il, s'était dit : Si un homme, issu de l'est, s'en est allé à l'ouest, ou bien si, provenant de l'ouest, il est parti à l'est, lorsque vient pour lui le temps de quitter le monde, il faut que jamais la terre ne puisse lui déclarer : La poussière de ton corps n'est pas la mienne, retourne au lieu d'où tu as été créé » (*ibid.*).

au texte biblique, mais pleine de signification, ce que l'on voit également dans le passage suivant :

> Le [*sixième*] jour dura douze heures. La première heure, Il entassa la poussière d'Adam ; la seconde, Il la pétrit ; la troisième, Il la modela ; la quatrième, Il y répandit son souffle ; la cinquième, Il la mit sur ses pieds[1].

Arrêtons-nous là. Ce que le rabbin croit savoir, c'est que Dieu a mis du temps pour la création d'Adam et que ce temps a été nécessaire pour qu'Adam fût parfait. Ce genre de spéculation a souvent irrité la théologie chrétienne, étrangère à l'esprit de la *michna* et rétive devant ce qu'elle considère comme une curiosité condamnable. Pourtant, à sa manière, elle s'est posé elle aussi la question de la durée de la création de l'homme. Au début du XVIIe siècle, le jésuite Francisco Suarez examine dans son *Opus sex dierum*[2] les thèses en présence au sujet de celle-ci et reconnaît qu'il est difficile de trancher. La thèse de la création instantanée a pour elle l'autorité de saint Thomas[3], le docteur préféré des théologiens tridentins. L'autre a été soutenue, notamment, par saint Augustin[4]. Comment choisir ? La lettre de la Vulgate donnerait plutôt raison aux tenants de la seconde thèse. Elle semble distinguer la création d'un corps formé avec le limon de la terre, puis le don de la vie végétative, enfin l'achèvement de la créature vivante, vrai miroir de Dieu. Calvin opte résolument pour une création en trois temps, ou plutôt *tres gradus,* signe à ses yeux de l'excellence de l'homme. C'est un corps sans vie qui est d'abord façonné à partir de l'argile. Dieu lui donne ensuite une *anima,* principe de mouvement. Enfin, « *huic animae, Deus imaginem suam insculpit, cui annexa est immortalitas*[5] ». Calvin, attentif à la lettre du texte hébreu, estime que le mot *néphèsh*, employé en 2, 7, est synonyme de *rouah*, ce qui est peut-être discutable[6]. Saint Augustin avait mis en garde contre une confusion de ce genre en distinguant soigneusement corps animal et corps spirituel[7] . L'homme spirituel est encore à venir.

1 *Ibid.*
2 *Opera omnia*, t. III, ch 1, Paris, L. Vivès, 1856, p. 173 et suiv.
3 *Somme théologique*, qu. 97, 2.
4 *Cité de Dieu*, XIII, 23.
5 *Calvini Opera*, éd. Baum, Cunitz, Reuss, t. XLI, col. 35-36.
6 Voir Dom Pierre Miquel, Agnès Egron et Paule Picard, *Les Mots-clés de la Bible*, Paris, Beauchesne, 1996, p. 191.
7 *Cité de Dieu*, XIII, 23. Augustin s'appuie ici sur 1 Co, 15, 42-45.

En fait, la tripartition calvinienne rappelle à s'y méprendre celle de l'anthropologie grecque et sa distinction entre le corps, l'âme végétative et l'âme spirituelle. C'est celle-ci qui a la faveur de Maurice Scève dans un passage de son *Microcosme*, dont le caractère laborieusement didactique frappe le lecteur :

> [Dieu] de son Saint Esprit luy souffla en la face
> Une aleine de vie, une ame vegetante
> Grossissant de sensitive en ratiocinante[1].

Nous voilà de retour chez Aristote, repris dans ses grandes lignes par la scolastique. Bovelles, de son côté, complique un peu ce schéma en distinguant *Essentia*, *Vita*, *Sensus* et *Ratio*. Quant à Du Bartas, il préfère simplifier et chanter les exploits de l'esprit de l'homme[2]. Dans tout cela, la lettre de la Bible n'est pas vraiment présente.

Pour que se manifeste en pleine lumière l'attachement de Dieu à l'homme, il vaut mieux se tourner vers Luther, intéressé avant tout par le travail de la main de Dieu. « Dieu forma l'homme de la terre, comme le potier prend de l'argile, et, de sa main, en fait un vase ». Avec lyrisme, il célèbre la « gloire de cette origine première », puisque « nous sommes des vases de Dieu, formés par Dieu lui-même ; il est le potier qui nous a faits et nous sommes son argile, comme le dit Esaïe [64, 7]. Et cela ne regarde pas seulement notre origine, mais c'est toute notre vie durant, jusqu'à la mort et dans le sépulcre même, que nous sommes encore l'argile du divin potier[3] ». Le verset biblique soutient sans doute la thèse luthérienne du serf-arbitre. Mais ce qu'elle peut avoir de pessimiste disparaît sous le lyrisme de la grâce. Durant toute notre vie, Dieu nous pétrit, sa main ne se détache pas de nous. Telle est la forme spirituelle que prend, sous la plume du Réformateur, la vieille thèse de la création continuée.

Cette intensité, nous la retrouvons rarement dans les textes de l'époque. Ce sont plutôt des artistes qui, implicitement, ont su chanter les attachements manuels du divin potier. Saint Augustin expliquait que, pour traduire le verset 7 du chapitre 2 de la Bible, il était préférable d'employer le verbe *formavit* « parce que, dans la langue latine, on a

---

1 *Microcosme*, I, v. 129-131.
2 *La Sepmaine*, VI, v. 427 *sq.*
3 *Commentaire du Livre de la Genèse, Œuvres*, Genève, Labor et Fides, 1975, t. XVII, p. 89-90.

l'habitude d'utiliser *fingere* pour désigner des représentations fictives[1] ». Sans doute. Mais il est des prudences paralysantes et qui nuisent à la compréhension spirituelle. Par bonheur, la plupart des artistes n'en ont cure. Quand ils représentent le moment où Dieu forme Adam avec le limon de la terre, ils tombent forcément (et tant mieux !) dans le *fingere*.

Les historiens de l'art ne sont pas d'accord entre eux quant à la typologie de la création d'Adam. Louis Réau[2] distingue deux phases. La première est celle dont nous venons de parler : Dieu modèle le corps d'Adam. Lors de la seconde, il lui insuffle la vie. Il n'est pas toujours possible d'expliquer pourquoi les artistes d'une époque donnée choisissent un moment plutôt que l'autre. D'autres historiens reconnaissent plutôt dans bon nombre d'œuvres médiévales et renaissantes les trois phases de la scolastique[3]. On les retrouve même dans les *Haggadot* de certains manuscrits juifs illustrés[4]. Leurs auteurs doivent, d'une manière ou d'une autre, tourner alors l'interdit de la représentation de la figure divine. Ils attribuent donc aux anges, créés dès le début du monde, la tâche conférée par la Genèse à Dieu seul. D'une façon étonnante, c'est aussi le choix de certains artistes chrétiens, comme ceux de la Bible de Cotton (VIe siècle), qui influença les Bibles carolingiennes de l'École de Tours[5].

Être formé par la main de Dieu ou par celle des anges, cela ne revient pas au même. Dieu seul dans l'art chrétien peut devenir un potier. Les anges agissent à distance. Il suffit de regarder le portail nord de la cathédrale de Chartres pour être convaincu de la différence. Le Créateur est debout, légèrement incliné vers Adam, dont le corps possède déjà une forme humaine, mais qui semble endormi. La main droite de Dieu tente de lui ouvrir les yeux. Mais est-ce bien la première personne de la Trinité chrétienne qui est surprise ici dans son acte créateur ? Rien n'est moins sûr. Le nimbe cruciforme, nettement visible au-dessus de la tête du Créateur, ne peut convenir qu'au Christ lui-même. Sa présence

1 *Cité de Dieu*, XIII, 24.

2 *Iconographie de l'art chrétien*, II, 1, p. 72 *sq.*, Paris, PUF, 1956. Voir aussi le *Lexikon der christlichen Ikonographie*, Rome-Fribourg-Bâle-Vienne, 1972, t. I, col. 47 *sq.*

3 Voir H.L. Kessler, *The Illustrated Bibles from Tours*, Princeton, 1977 et G. Sed Rajna, *La Bible hébraïque*, Paris, Office du Livre, 1987.

4 Voir Sonia Fellous, *La Bible de Moïse Arragel. Quand un rabbin interprète la Bible pour les chrétiens*, Paris, Somegy, 2001. Cette Bible catalane, qui date de la première moitié du XIIe siècle, fut commandée par un prince espagnol à un rabbin qui traduisit le texte en « romance » et le fit illustrer en combinant les traditions juive et chrétienne.

5 Voir H.L. Kessler, *op. cit.*

n'aurait d'ailleurs rien d'étonnant puisque le Verbe de Dieu est éternel. L'intense humanité de la sculpture de Chartres procède en partie de la présence du Christ lui-même à l'aube des temps.

Les artistes du Quattrocento préfèrent en général représenter le second ou le troisième moment de l'acte créateur. C'est notamment le cas de Ghiberti[1], de Jacopo della Quercia[2] et de Uccello[3]. Chez ce dernier, un paysage austère et sans lumière, bien différent des Edens illuminés de la miniature médiévale, entoure Adam qui vient d'être créé. On est encore proche du tohu-bohu initial. Tout est de couleur bistre, y compris la robe de Dieu qui s'avance vers notre lointain ancêtre pour l'aider à se lever et à prendre la pose magnifiée par les mots célèbres d'Ovide, repris par tant de poètes : « *Os homini sublime dedit*[4] ». Cette main tendue de Dieu garantit donc la *dignitas hominis*, elle agit comme un véritable levier. Mais un long chemin attend Adam, plongé dans une sorte de stupeur.

C'est aussi une main tendue que l'on trouve sur le bas-relief du Baptistère de Florence. Mais c'est celle d'Adam qui demande l'aide de Dieu. La complicité entre le Créateur et sa créature semble beaucoup plus grande que dans la fresque somnambulique d'Uccello. En outre, Dieu et le premier homme ne sont pas seuls, cette scène a des témoins que l'on distingue au second plan. Sans doute des anges, figures déjà tutélaires. Les rochers désolés du *chiostro verde* ont laissé la place à une végétation qui nous rappelle, au cas où nous l'aurions oublié, que nous sommes ici au sixième jour et que les plantes et les arbres ont déjà été créés. Une grande aventure commence où Dieu, même après la chute, ne perdra jamais de vue celui qu'il a créé. Ne lit-on pas un peu plus loin dans la Genèse (3, 9) qu'il recherche Adam qui a tenté de se cacher ? L'œuvre de Ghiberti respire un optimisme théologique qui est aussi, à la même époque, celui des élites intellectuelles de Florence. Autant que ses théologiens, les artistes sont convaincus que Dieu s'est attaché à l'homme et que cet attachement culminera dans l'Incarnation.

Il en allait bien autrement, trois siècles plus tôt, dans la mosaïque du narthex de la basilique Saint-Marc, à Venise[5], où Dieu n'est pas ce

1 Florence, Baptistère Saint-Jean, Porte du paradis.
2 Bologne, église San Petronio.
3 Florence, église Santa Maria Novella, *chiostro verde*.
4 *Métamorphoses*, I, v. 98.
5 Voir Otto Demus, *The Mosaic Decoration of San Marco Venice*, Londres-Chicago, 1988, fig. 65.

Créateur bienveillant aidant l'homme à se mettre debout. Il est assis, mélancolique et solennel, devant six anges (autant que de jours créés) qui lévitent doucement. Celui du sixième jour est descendu d'un degré pour se trouver au niveau d'Adam, petite créature noire, vraiment glébeuse, que Dieu, à gauche, semble tenir par la main. Les mains jouent également un grand rôle dans la gestuelle de l'ange. L'une adresse à Adam un geste d'invitation, tandis que l'autre, élevée devant la poitrine, paume tournée vers le premier homme, semble le mettre en garde. Rien dans le langage des signes ne nous donne la clé de ce geste[1]. Adam serait-il trop petit, trop fruste pour mériter la compagnie des anges ? On ne sait. Une chose est sûre : le dynamisme de la Création, bien présent chez Ghiberti, est absent de cette mosaïque. Invoquer l'influence de Byzance, bien réelle au reste à Saint-Marc, ne nous avancerait pas, sauf à reconduire les clichés qui ont nui trop longtemps à l'intelligence de l'art byzantin[2].

On peut dire, sans risque d'erreur, que Michel-Ange, au plafond de la Sixtine, a renouvelé, et même révolutionné tous les schémas iconographiques existant avant lui. Du même coup, une théologie nouvelle apparaît. La première innovation réside dans l'instant choisi. Adam est un corps bien achevé, il est doué de l'âme végétative puisque ses yeux regardent Dieu. « Il gît nu sur un coin de terre désolé ». D'une façon quelque peu languissante, il tend son bras droit vers le Créateur qui surgit « dans le rugissement de la tempête[3] ». Il nous semble que Dieu et l'homme sont sur le point de se séparer et que l'imminence de cette séparation donne à la scène sa gravité théologique. Le doigt de Dieu dirigé vers Adam, comment l'interpréter ? L'une des plus brillantes analyses est sans doute celle de Jean Paris :

> D'un sublime geste, l'Éternel anime notre jeune ancêtre en lui frôlant le doigt de l'index gauche. Il faudrait évoquer ici un *logos* manuel, toute une sémantique du toucher [...]. De tout temps, le contact a suggéré, favorable ou hostile, la transmission d'un fluide. Dans le *Banquet*, Agathon, Alcibiade s'imaginent hériter des vertus de Socrate en l'étreignant[4].

---

1 Je ne l'ai pas trouvé dans l'ouvrage pourtant très complet de François Garnier, *Le Langage de l'image au Moyen Age, II, Grammaire des gestes*, Paris, Le Léopard d'or, 1989.

2 Voir Tania Velmans, *Rayonnement de Byzance*, Paris, Talia Édition, 2002.

3 Voir H.-J. Pfeiffer, *La Chapelle sixtine*, Rome, Musées du Vatican, 2002, p. 268.

4 *L'Espace et le regard*, Paris, Seuil, 1963, p. 52.

Pour Jean Paris, qui ne tient pas compte de l'accompagnement céleste de Dieu, Adam vient donc tout juste de s'animer. S'il se trompe peut-être sur ce point, il a raison de souligner l'étonnante proximité des deux mains, par ailleurs si différentes. On réduit le geste de Dieu si on ne voit en lui que le signe du commandement. Ces deux mains, elles viennent tout juste de se détacher l'une de l'autre.

Quelque temps après l'achèvement de la fresque, Vasari avait été l'un des premiers à admirer le face-à-face de la créature et de son Créateur. Il ne lui avait pas échappé que Dieu n'était pas seul, mais l'échafaudage de l'artiste n'étant plus là, il n'avait pas regardé de près les figures qui l'entouraient. Il n'est plus possible d'écrire, comme lui, qu' « un groupe d'anges nus et d'âge tendre [...] ont l'air de soutenir non seulement une figure, mais le poids du monde entier[1] ». Pure hérésie : comment les anges, créatures de Dieu, seraient-ils capables de le porter ? Ils assistent simplement à la création d'Adam, restant plus près de lui que de l'homme. Depuis Vasari, l'histoire de l'art s'est intéressée aux visages et aux gestes de tous les êtres enveloppés dans le manteau pourpre et l'on ne compte pas les interprétations de ce groupe mystérieux[2]. Laissons la figure au teint sombre située sous le bras droit de Dieu : il s'agit certainement d'un démon, sur le point de se démener pour détacher l'homme de son Dieu. Il vaut mieux remarquer que le bras droit du Créateur entoure le cou d'une femme dont on voit le haut du buste, mais aussi le genou gauche auquel s'agrippe une figure d'enfant. Autant Adam est seul, autant Dieu possède une suite, ou plutôt un tumultueux cortège dont les corps emmêlés ne sont pas faciles à identifier. On savait bien que le Dieu du christianisme n'était pas solitaire, mais « trine ». On savait aussi que le néoplatonisme lui avait donné toutes sortes d'hypostases. Mais jamais avant Michel-Ange on n'avait vu, pour cette scène, autant de figures énigmatiques.

1 *Les Vies des meilleurs peintres toscans* [...], tr. fr., Paris, Berger-Levrault, 1985, t. IX, p. 220.

2 Il est impossible de donner ne serait-ce qu'une idée de l'immense bibliographie concernant la Sixtine. On la trouvera, arrêtée à la date d'édition, dans le livre de H. J. Pfeiffer cité à la page précédente et que, pour l'essentiel, nous suivons ici. Notons quand même que Edgar Wind, par une toute autre démarche, était parvenu avant Pfeiffer aux mêmes conclusions que lui : la Création du monde, au plafond de la Sixtine, regarde déjà vers la Passion. Voir en particulier son interprétation des neuf épisodes, chiffre sacré puisque le Christ est mort à la neuvième heure. Saint Basile et saint Ambroise avaient réparti en *neuf* sermons leurs commentaires des *six* jours de la Création (Edgar Wind, *The religious symbolism of Michelangelo*, Oxford University Press, 2000, ch IV).

Bien avant le péché originel, l'homme et Dieu se sont en fait séparés. On oublie parfois que l'acte de création implique cette séparation[1]. Et il ne sert à rien de jouer sur les mots pour dire qu'à proprement parler, Dieu ne se sépare pas d'Adam puisque c'est lui qui le fait exister. La *michna* juive est mieux inspirée quand elle allonge à l'extrême la durée de la création[2]. Dieu a eu le temps de s'attacher à l'être qui naissait sous ses doigts de potier. Et l'artiste de Chartres façonne lui aussi dans le temps l'acte créateur. La séparation est donc inséparable de la création. Même si Adam n'avait pas mangé le fruit défendu, il n'aurait pas vécu dans l'intimité de Dieu. Mais celui-ci n'est pas le seul à regarder le premier homme. Il est imité par la jeune femme blottie auprès de lui. De qui s'agit-il ? Pour Marcia Hall[3], elle représente la Sagesse, présente selon les Proverbes (8, 23) lors de la création du monde. Comment, se demande saint Augustin, pouvons-nous croire à celle-ci ? Parce que la Sagesse était là, « par laquelle tout a été créé, sagesse qui se transporte aussitôt dans les âmes saintes, les transforme en amies et en prophètes de Dieu et leur raconte ses œuvres intérieurement et dans le silence[4] ». Reste quand même à expliquer pourquoi un enfant s'accroche à la jambe de cette femme. H.W. Pfeiffer a remarqué l'expression de souffrance de son visage. Il s'est intéressé également au geste de la main gauche de Dieu, souvent négligé, et qui « dessine une figure semblable à celle des bourgeons de l'arbre de vie dans le *Péché originel*[5] ». Si la femme représente Marie, présente de toute éternité dans la pensée de Dieu, l'enfant pourrait être son fils, Jésus lui-même, qui sait depuis l'origine du monde ce qu'on attend de lui. Prévoyant les souffrances de son Incarnation et de sa mort, il se détourne avec effroi de son propre destin.

1 Voir André LaCocque et Paul Ricœur, *Penser la Bible*, Paris, Seuil, 1988, ch I. Les kabbalistes, de leur côté, font remarquer que la première lettre de la Bible, le *beth*, est le signe de la division puisque sa valeur numérale est « deux ».

2 Selon le traité *Genèse Rabba* (IX, 2), le monde créé par Dieu aurait été précédé par vingt-six tentatives infructueuses : « Le Saint béni soit-Il créait des mondes et les détruisait, jusqu'à ce que, ayant créé ceux-ci, Il s'écrie enfin : Ceux-ci me plaisent, les autres ne me plaisaient pas » (Paris, Verdier, 1987, p. 116). Ce traité ne dit pas cependant qu'il en est allé de l'homme comme du monde : Dieu semble avoir trouvé tout de suite pour Adam la forme qui lui convenait.

3 *Michel-Ange et la Chapelle Sixtine*, Paris, La Renaissance du Livre, 2002, p. 58. Voir aussi De Tolnay, *Michelangelo, t. II, The Sixtine Ceiling*, Princeton, 1969, p. 136.

4 *Cité de Dieu*, XI, 4.

5 *Op. cit.*, p. 214.

La démonstration de Pfeiffer repose en partie sur l'idée que Pietro Galatino[1], souvent considéré comme son conseiller théologique, aurait fait connaître à Michel-Ange la *Concordia Novi ac Veteris Testamenti* de Joachim de Flore, à moins que l'artiste ne l'ait découverte par la médiation de Savonarole[2]. Le franciscain calabrais écrit notamment ceci : « Dans sa Passion, [le Christ] a d'une certaine façon pris sur lui la gauche du Père, afin que nous soyons sauvés par [celle-ci] et que nous ne soyons pas touchés par la droite de Dieu[3] ». Michel-Ange aurait donc mis en scène la première création, celle d'Adam, mais aussi la seconde, réalisée par l'Incarnation et la Rédemption. Ce ne serait d'ailleurs pas la première fois que l'Ancien Testament regarderait au-delà de lui-même. Mais la touche personnelle de l'artiste apparaît dans ce détail tragique du genou maternel enserré par l'enfant. Tragique, Michel-Ange l'est devenu de plus en plus au cours de sa vie. Il introduit ici une dimension qu'on chercherait en vain dans les discours triomphants sur la *dignitas hominis*. Adam ne se prépare pas à monter ou à descendre sur l'échelle des êtres. Il n'est même pas debout ; déjà, il s'éloigne de Dieu. Et le propre fils de Dieu se prépare à sa future kénose (Ph, 2, 2), à son abaissement inouï.

La *Création d'Adam* représente donc un double détachement, ce qui, apparemment, ne s'était jamais vu. Il fallait beaucoup d'audace pour suggérer dans le tableau de la Création les futures souffrances du Christ. Acceptons cependant avec prudence l'hypothèse de Pfeiffer : Henri de Lubac, auteur d'une étude importante sur l'influence de Joachim de Flore[4], ne souffle mot de Michel-Ange. Mais d'une manière ou d'une autre, nous sommes loin, avec cette fresque, de l'optimisme de Du Bartas, de la solennité triomphante de Haydn, qui, deux siècles après le poète de *La Sepmaine*, prête à Uriel, dans son oratorio, le cantique de l'excellence de l'homme, « revêtu de noblesse et de dignité[5] » ! Chez le peintre de la Sixtine, Adam entre dans l'existence avec mélancolie, et l'énergie de Dieu n'y changera rien.

---

1 Sur ce personnage, de son vrai nom Pietro Colonna, voir Pfeiffer, *op. cit.*, p. 13.

2 L'influence de Joachim de Flore sur Michel-Ange avait déjà été signalée par Malcolm Bull, « The Iconography of the Sixtine Chapel Celling », *The Burlington Magazine*, n° 130 (1988), p. 597-605.

3 Cité par Pfeiffer, p. 214.

4 *La Postérité spirituelle de Joachim de Flore*, Paris, Aubier, 1979.

5 *« Mit Würde und Hoheit angetan / mit Schönheit, Stärk'und Mut gebabt / gen Himmel aufgerichtet, steht der Mensch » (Die Schöpfung)*

Le Christ, tel que le voit Michel-Ange, songe donc à sa Passion de toute éternité. Les Évangiles nous disent qu'il est resté dans l'intimité de son Père pendant toute sa vie, mais qu'il l'a perdue au moment de sa Passion, ce dont témoigne le cri fameux : « *Eli, Eli lema sabaqthani* », rapporté par Matthieu et Marc (Mt, 27, 46 ; Mc, 15, 34). Qu'est donc devenu l'attachement du Père à son Fils, proclamé notamment lors de son baptême ? La Renaissance chrétienne, persuadée elle aussi que les Écritures doivent s'accomplir, ne se révolte pas contre cet abandon. Mais les fatistes, qui composent leurs œuvres au XVe siècle, estiment qu'elles sont par trop silencieuses sur le deuil du Père et que le silence divin au moment de la Passion n'est pas supportable. C'est un mouvement qui remonte même assez loin, comme l'avait fait remarquer Émile Mâle avec sa perspicacité habituelle[1]. Vers 1260, saint Bonaventure compose un court écrit mystique intitulé *L'Arbre de vie* (*Lignum vitae*). Il s'agit bien sûr de la croix, où le Fils de Dieu est suspendu. Dans l'une des méditations, on peut lire ceci :

> Jette donc un regard, Seigneur, Père saint, de la demeure de ta sainteté, des cieux : regarde le visage de ton Christ ; regarde cette hostie sacrosainte que t'a offerte notre Pontife pour nos péchés, et renonce à faire fondre le malheur sur ton peuple[2].

Laissons la supplication finale. Ce qui la précède laisse à penser que saint Bonaventure n'est pas à l'aise avec le silence de Dieu le jour du Vendredi saint. Il est trop loin, il donne l'impression de ne pas connaître la tragédie du Golgotha. Contemplant ensuite la tunique du Christ souillée de sang, il se souvient de celle de Joseph, maculée elle aussi de sang (en fait, c'est celui d'un bouc), que ses frères rapportent à Jacob. Celui-ci la reconnut, il « déchira ses vêtements, mit un sac à ses reins et prit le deuil de son fils pendant de longs jours » (Gn, 37, 34). Bonaventure ajoute : « C'est ce vêtement, Seigneur, que ton Enfant a spontanément abandonné aux mains de la prostituée égyptienne[3] ». Entendons : le paganisme, l'idolâtrie, tout ce qui fait obstacle au service du vrai Dieu. En bon franciscain, adepte d'une piété affective, Bonaventure se demande

1 Voir *L'Art religieux de la fin du Moyen Âge en France*, Paris, A. Colin, 1931, p. 140 *sq.*
2 *L'Arbre de vie*, texte latin-français, édition J.-G. Bougerel, Paris, Les éditions franciscaines, 1996, p. 61.
3 *Ibid.*, p. 63-65.

peut-être si Dieu a pleuré à la mort de son fils. Absurdité, dira-t-on, Dieu est impassible, et, d'autre part, il a donné son fils pour le salut de l'humanité. Comment pourrait-il se repentir d'une décision prise de toute éternité ? Certes. Mais l'idée de l'impassibilité de Dieu a fait de tels ravages dans le christianisme qu'elle est récusée, actuellement, par certains théologiens, forts de leurs lectures patristiques : François Varillon cite un texte étonnant d'Origène qui la bat en brèche : « Le Père lui-même n'est pas impassible[1] ».

Il est peu probable que les auteurs de *Mystères*, malgré leur grande culture théologique, aient lu Origène. Leur audace n'en est que plus frappante. Le Dieu de Jean Michel, dans la *Passion* représentée à Angers, en 1486, n'est pas le spectateur détaché du drame qui se joue sur terre. Il constate plutôt que le moment de la rédemption est arrivé, et ses anges sont chargés de l'annoncer aux limbes. Mais il cède aussi à la pitié :

> Pitié doit tout cœur esmouvoir
> Et lamenter piteusement
> Le martire et le grief tourment
> Que Jesus mon cher fils endure[2].

Faute de le réconforter lui-même, il envoie saint Michel pour assister le Christ dans sa terrible agonie. Curieusement, il semble que la liberté divine, par essence infinie, soit bridée par la Justice, intransigeante quant à l'exécution du plan rédempteur[3]. Comme si le Dieu chrétien ressemblait aux dieux de l'antiquité, esclaves du *fatum* ! Il n'empêche. Au moment de la mort de son Fils, Dieu demande à ses anges de se lamenter, ce qui, soit dit en passant, remet en cause certaines idées « dionysiaques », au reste peu conformes à l'angélogie de la Bible[4]. Ils ne feront qu'accomplir une prophétie d'Isaïe, cité dans le texte : *Angeli pacis / amare flebunt* (Es, 33, 7). Jean Michel ne dit pas, sans doute, que Dieu le Père s'abandonne aux pleurs, mais c'est tout comme. Mieux même : il devient, en quelque

---

1 *Homélies sur Ezéchiel*, VI, 6 ; cité par François Varillon, *Vivre le christianisme ; l'humilité de Dieu ; la souffrance de Dieu*, Paris, Bayard, 2002, p. 846.

2 Jean Michel, *Le Mystère de la passion*, v. 27.024-27.027, éd. Omer Jodogne, Gembloux, Duculot, 1959, p. 371. Voir l'étude essentielle de Jean-Pierre Bordier, *Le Jeu de la Passion. Le message chrétien et le théâtre français* (XIIIe-XVIe *siècle*), Paris, Champion, 1998.

3 *Ibid.*, v. 27.042-27.043.

4 Voir notre livre : *Diplomatie et théologie à la Renaissance*, *op. cit.*, ch 1.

sorte, maître de chœur lorsqu'il invite ses anges à entonner, en latin, un magnifique chant royal[1] en l'honneur du Christ. Il est donc clair que, dans ce *Mystère*, l'émotion et les larmes gagnent le ciel. Les spectateurs pourront d'autant mieux verser les leurs. Étonnant XVe siècle, qui, sans opposition des théologiens, inventent un Dieu sensible, un Dieu au bord des larmes devant le spectacle des souffrances de son Fils !

Les requêtes de la sensibilité religieuse affectent aussi les représentations picturales. En l'occurrence, celle de la Trinité. Les historiens de l'art connaissent bien ce qu'ils appellent le « trône de grâce » ou le « trône de miséricorde[2] ». Debout derrière son Fils, Dieu soutient sa croix, tandis qu'une discrète colombe, symbolisant le Saint Esprit, plane entre le visage du Père et celui du Fils. L'une des œuvres les plus célèbres de Masaccio, visible à Florence, dans l'église Santa Maria Novella, appartient à ce type. Cette fresque de grande dimension, exécutée en 1427-1428, est une sorte de « méditation songeuse[3] » sur le Jugement qui attend le peintre, d'autant que le registre inférieur, descendant presque jusqu'au sol, contient un squelette anonyme étendu sur son sarcophage. L'inscription qui le surmonte signifie : « Je fus autrefois ce que vous êtes, et ce que je suis, vous le serez aussi ». Si l'on ne peut parler à ce propos d'une inspiration macabre, c'est parce que le croyant, racheté par la croix du Christ, peut s'avancer avec confiance vers le trône de miséricorde (Es, 6, 5 ; Heb, 4, 16). Masaccio nous donne à contempler un mystère théologique, non la Passion proprement dite du Christ. D'ordinaire, le Père est assis. Chez Masaccio, il est debout, mais cela ne change rien à la signification de la fresque. On chercherait en vain une expression de pitié ou de douleur sur le visage du Père. Une sorte de grandeur hiératique domine l'ensemble.

Un peu avant Masaccio, à la fin du XIVe siècle, Jean Malouel, peintre de la cour de Bourgogne[4], avait peint une Trinité ou plutôt une Pieta inédite, qui avait retenu l'attention d'Émile Mâle[5]. Jésus mort se trouve entre les bras de son Père. La colombe classique, bien présente dans le

1 *Le Mystère de la Passion*, v. 28.577-28.578.

2 Voir Louis Réau, *op. cit.*, II, 1, p. 25-26.

3 Voir John T. Spike, *Masaccio*, tr. fr., Paris, Liana Levi, 1995, p. 170.

4 Jean Malouel, né en 1365, meurt en 1405. Voir la notice bio-bibliographique de Grove, *s.v.*

5 *Op. cit.*, p. 143. Millard Meiss (*French Painting in the time of Jean de Berry*, Londres, Phaidon, 1967, t. II, n° 832) reproduit ce tableau en l'intitulant « Trinity with Man of Sorrows », ce qui marque bien l'embarras des spécialistes sur la nature même du sujet.

tableau, se fait si discrète qu'on la remarque à peine. Que pèse-t-elle, comparée à la Vierge serrée contre son Fils et à saint Jean qui pleure, tout comme les anges ? On est passé d'une affirmation dogmatique de la Trinité à la représentation de la tristesse de Dieu. Louis Réau a raison d'écrire à son sujet qu'on pourrait parler d'un « Dieu de pitié si ce terme n'avait été appliqué à l'*Ecce Homo*[1] ». Selon Emile Mâle, ce type iconographique remonte au XIIe siècle[2]. Mais une chose est de montrer que « le Père s'est associé à la Passion du fils », comme c'est effectivement le cas sur un vitrail de la basilique de Saint-Denis[3], une autre est de représenter sa douleur, ce dont la piété affective du XVe siècle s'est montrée capable.

On s'en convaincra encore mieux en regardant deux grandes peintures du Maître des *Heures de Rohan*. On ne sait presque rien du « barbare magnifique[4] » caché sous ce nom. Dans les *Heures* en question, tout ne vient pas de lui, seulement les grandes planches, qui datent des années 1430-1435[5]. La première de ces peintures (f° 135) est une Pieta, bien commentée par É. Mâle, attentif au pathétique des attitudes, mais aussi à la présence, en haut à droite, du visage de Dieu : « Son regard est triste et il semble dire : "Ne me fais pas de reproches, car, moi aussi, je souffre"[6] ». François Avril, qui signe la notice que nous avons citée, récuse pourtant cette lecture : pour lui, Dieu reste « impassible[7] ». Comment trancher ? Il faudrait peut-être tenir compte du geste étrange de Dieu portant la main à son auréole. Traduit-il la surprise ? Dans ce cas, il faut admettre que Dieu découvre la mort, la mort physique, car il a sous les yeux un cadavre, dont on voit mal comment il pourra jamais ressusciter ; un cadavre parfaitement rigide, comme celui d'Holbein qui impressionna tellement Dostoïevski[8]. On comprendra mieux l'inspiration

1 *Op. cit.*, p. 25.

2 *L'Art religieux du* XIIe *siècle en France*, Paris, A. Colin, 1953, p. 182.

3 *Ibid.*

4 « This magnificent Barbarian » (E. Panofsky, *Early Netherlandish Painting*, Harvard University Press, 1958, p. 74).

5 Voir la notice qui leur est consacrée dans *Les Manuscrits à peinture en France, 1440-1520*, Paris, Bibliothèque Nationale-Flammarion, 1993, p. 26.

6 *L'art religieux de la fin du Moyen Âge en France*, *op. cit.*, p. 143. Voir aussi Millard Meiss, *The Limbourg and their Contemporaries*, Londres, Thames and Hudson, 1974, p. 239.

7 *Op. cit.*, p. 96.

8 Ce tableau date de 1521-1522 (voir Oskar Bätschmann et Pascal Griener, *Hans Holbein*, tr. fr., Paris, Gallimard, 1997, p. 88-89). On sait que Dostoïevski, visitant le musée de Bâle où se trouve ce tableau, resta muet devant lui et qu'il évita de peu une crise d'épilepsie.

de ce puissant artiste en regardant un peu plus loin (f° 159) une autre grande planche, intitulée fort justement par Panofsky : « Homme mort recommandant son âme à Dieu[1] ». Millard Meiss propose de son côté : « *Dying man, struggle for his soul and Christ*[2] ». Cette peinture fait partie d'un ensemble consacré à l'office des morts. C'est le mourant qui remet son âme à Dieu en prononçant les paroles du Christ sur la croix. Mais les deux cadavres (celui du Christ dans la première planche et celui-ci) se ressemblent tellement que le rapprochement se justifie. La même vision tragique règne dans les deux compositions, où Dieu, répétons-le, semble découvrir la mort, d'abord en son Fils, ensuite chez les mortels.

Si l'on pouvait encore s'interroger sur la signification du regard de Dieu dans les grandes peintures des *Heures de Rohan*, le doute n'est plus permis au sujet d'une *Trinité* du Maître de Flemalle, exactement contemporaine puisqu'on la date des années 1430-1432. Ce tableau en grisaille[3] faisait sans doute partie, à l'origine, d'un triptyque où l'on trouvait aussi une *Vierge debout* et une *Sainte Véronique*. Dieu, curieusement coiffé d'une sorte de tiare surmontée d'une croix, soutient son Fils que l'on vient de détacher de la croix et qui porte encore la couronne d'épines. La petite colombe de la Trinité est bien là, posée sur l'épaule gauche du Christ, et (si l'on ose dire) presque étonnée de se trouver là. Mais l'important, ce sont les mains pleines de tendresse du Père. La gauche est placée sous l'aisselle de son Fils, la droite, posée sur son bras. Le visage divin est envahi par la tristesse, les yeux sont vides. Jellie Dukstra a bien raison d'écrire qu'ici, Dieu est « éploré[4] ». Si cela était concevable, il laisserait couler des larmes.

Des œuvres plus mineures accréditent la thèse d'Émile Mâle. « À La Chapelle-Saint-Luc, près de Troyes », se trouve un tableau sur bois où un dialogue s'engage entre la Vierge de la Pieta et Dieu le Père. La Vierge lui montre la tunique de son fils, et Dieu répond : « Une bête

---

Le grand romancier russe s'en est souvenu dans l'*Idiot* où le prince Muichkine admire une copie de cette peinture dans la maison de Rogojine : « Sais-tu qu'en le regardant un croyant peut perdre la foi ? », dit le prince à Rogojine (*L'Idiot*, II, 4, Paris, Gallimard, 1957, « La Pléiade », p. 266).

1 *Op. cit.*, p. 74

2 *The Limbourg and their Contemporaries*, *op. cit.*, p. 239.

3 Francfort, Städelsches Kunstinstitut. Voir la reproduction dans *Les Primitifs flamands*, Paris, La Renaissance du livre, 2000, p. 319, et le détail, p. 234.

4 *Ibid.*, p. 191.

féroce l'a dévoré[1] ». Le doute n'est donc pas permis. Il y eut une époque vraiment bénie, qui coïncide à peu près avec le XVe siècle, où Dieu s'est penché vers la terre et, en particulier, vers la Passion de son Fils, dont il n'avait peut-être pas prévu toute la cruauté. Ce siècle, parfois réputé macabre, est bien au contraire celui d'une foi très vive, qui ose poser des questions.

Cette audace sera de courte durée. On le sait, les mystères disparaissent, en France, vers le milieu du XVIe siècle. Catholiques et protestants ne voient pas d'un bon œil les inventions sacrées qui prennent trop de libertés avec le texte évangélique. Puisque Dieu s'est tu pendant le supplice de son Fils, il convient de supporter ce silence insupportable. Ce que feront les tragédies religieuses de l'époque qui raconteront la Passion, aussi médiocres à quelques exceptions près les unes que les autres. De l'aveu même de Raymond Lebègue, qui les a lues de près, mieux vaut oublier ce « monument de pédantisme et de vanité » qu'est le *Theoandrothanatos* (la mort de l'Homme-Dieu) de l'italien Stoa aussi bien que le *Christus xilonicus*[2] du français Nicolas Barthélemy. Ils sont à mille lieues des grandes inventions des *Mystères*, et le titre de la deuxième pièce explique peut-être pourquoi : puisque le Christ a vaincu la mort, pourquoi vivre avec lui ses souffrances, pourquoi auraient-elles le pouvoir de tirer Dieu de son éternité ? Il en ira de même chez les protestants, par exemple chez le hollandais Hugo Grotius, qui publie en 1608 un *Christus patiens*[3]. On chercherait en vain le nom de Dieu le Père parmi les *dramatis personae.*

Dieu est constamment à l'œuvre, comme le dit son Fils dans l'un des Évangiles (Jn, 5, 17). Les prédicateurs et les apologistes ne se font pas faute de le rappeler, car il faut combattre ceux qui prétendent le contraire, ou qui soutiennent que Dieu s'est détaché de sa propre création. L'une des preuves les plus visibles de cette constante activité divine, ce sont les miracles qu'il accomplit. Il existe aussi des signes plus ténus de sa présence au cœur du monde : ce sont les conversions qu'il provoque et que racontent les *Vies* de saints. De leur côté les philosophes expliquent

---

1 *L'Art religieux de la fin du Moyen Âge en France*, *op. cit.*, p. 143-144. Voir *supra*, p. 61.

2 *La Tragédie religieuse en France (...)*, Paris, Champion, 1929, ch XI. Le titre barbare de cette pièce (1531) veut dire que Jésus a vaincu l'Enfer par le bois (*xilon*) de sa croix.

3 Hugo Grotius, *De Dichtworken*, *Christus patiens*, Assen, 1978.

dans leurs livres que la création du monde continue. Fol est celui qui la restreint dans un espace de six jours. Il n'en reste pas moins, comme le dit la Kabbale reprise par bien des penseurs juifs[1], que la création a été, dès la première lettre de la Bible, une séparation. Le drame commence avec celle-ci, non, comme le pense souvent la tradition chrétienne, avec le péché originel. Autre séparation, autre drame : Dieu se détache de son Fils. Et ce détachement-là ne prend fin qu'avec la Résurrection. Ce que Dieu a pu ressentir au moment de sa Passion, nous le devinons grâce aux belles indiscrétions des *Mystères* et aux audaces de la peinture du xve siècle. Après quoi, tout rentre dans l'ordre, à moins que des mystiques ne s'en mêlent et ne soient admis dans l'intimité du Père. La lettre de l'Évangile doit suffire à la piété des fidèles. Michel-Ange ne s'en était pourtant pas contenté. Les grands oratorios baroques, même quand ils sont fidèles aux ordres des différents magistères, n'ont-ils pas aussi pour but d'exprimer la souffrance de Dieu, désarmé par lui-même ?

1 Voir André Neher, *passim*.

L'ART DU CONGÉ

Ne reculant devant aucune audace, les artistes et les écrivains de la Renaissance se sont parfois comparés à Dieu. Eux aussi, après tout, donnaient vie à des inventions. Seront-ils capables de les quitter ? Ne soyons pas trop dupes de leurs manifestations d'insouciance. À les en croire, ils abandonneraient au vent les fils de leur esprit, comme le vanneur sur son aire éparpille les épis[1]. Cette désinvolture, explique Ronsard au besogneux prédicant, distingue le poète du versificateur[2]. Il faut savoir se détacher des vers qu'on a écrits avec l'aisance que l'on met à quitter une maîtresse. Éloge de la légèreté. Soit. Il y a loin pourtant entre les professions de foi de Ronsard et la manière dont il quitte ses poèmes. Et quand il s'agit d'un recueil, l'angoisse ne fait que croître. Que va devenir cet enfant sans l'assistance de son père ? Que lui réserve le vaste monde où il s'aventure sans défense ? Ces angoisses-là sont celles de la Renaissance tout entière. Il en allait autrement, semble-t-il, au Moyen Âge. Effet de l'imprimerie, a-t-on dit. Le livre, naguère manuscrit et destiné à un public choisi, tombe maintenant entre toutes les mains. On le lira de travers, on fera dire à l'auteur ce qu'il n'a jamais pensé, il risquera d'être mal vu par les autorités civiles et religieuses. Pire encore, peut-être : on le démembrera, et ses feuilles dispersées serviront à envelopper les salades du marché. Nouvel Orphée, il sera déchiré par des Ménades ignorantes. N'allons pas trop vite vers ce genre d'explication. La salade du marché a précédé et de loin l'invention de l'imprimerie, comme le prouvent quelques vers de Martial[3]. Et la hantise de la réception de l'œuvre a toujours existé, si bien que certains auteurs ont préféré garder par devers eux les enfants de leurs veilles pour les protéger des outrages.

---

1 Voir Du Bellay, « Vœu d'un vanneur de blé, aux vents », *Divers Jeux rustiques*, éd. V.-L. Saulnier, Droz-Minard, 1947, p. 16-17.

2 « Response aux injures », v. 788, *Œuvres complètes*, édition citée, t. II, p. 1062.

3 Martial, *Épigrammes*, III, 2, v. 2-5.

La poésie médiévale réglait avec soin la manière dont devait se terminer la chanson. Le protocole de la fin était confié à l'envoi, appelé parfois reprise[1]. Qu'elle se rattache ou non à la tradition épistolaire, la chanson devait, dans ses derniers vers, s'adresser à son destinataire, qui était le plus souvent la dame. Mais, aussi importante que celle-ci, il y avait la chanson elle-même, personnifiée. C'est souvent à elle que sont destinées les dernières paroles du trouvère ou du troubadour. Commentant la première chanson de son *Banquet*, Dante nous fournit des indications fort précieuses :

> En dernier lieu [...], je me tourne vers la chanson, sous le visage de mon propre discours et parle à icelle. Et afin que cette partie plus pleinement s'entende, je dis qu'en toute sorte de chanson elle s'appelle généralement « tornée[2] » parce que les trouvères qui premier en établirent l'usage la firent à cette fin que, une fois la chanson chantée, par une certaine partie du chant on retournât sur icelle[3].

Il serait tentant, mais peut-être imprudent, de faire une lecture psychologique de ce retour de la chanson sur elle-même. La reprise signifierait alors le refus de la fin, la chanson redirait une partie de ses vers parce qu'elle ne voudrait pas mourir. Dans ce passage du *Banquet*, Dante explique que, chez lui, cette *tornada* répond au besoin de « dire quelque chose en dehors de ce que [la chanson] avait à signifier[4] ». Nous sommes donc, dans cette ultime strophe, sur un seuil de sortie : toujours dans la chanson, mais aussi un peu en dehors. « Car prenez garde au moins si je suis belle[5] » : tels sont les derniers mots de la chanson, qui se commente. Métalangage. On glisse tout doucement vers le moment de la réception et Dante, sous le masque de la chanson, s'adresse en fait à ceux qui risquent de ne pas bien la comprendre parce qu'elle est difficile. Qu'ils se contentent alors de sa beauté. Commentant plus loin la troisième chanson du *Banquet*, Dante écrit aussi que ce genre d'envoi est une fort belle et utile figure. « On la peut appeler couverture[6] » parce

1 Voir Roger Dragonetti, *La Technique poétique des trouvères dans la chanson courtoise*, Bruges, De Tempel, 1960, p. 307.
2 Italien : *tornada*.
3 Dante, *Le Banquet*, II, 21, traduction André Pézard, *Œuvres complètes*, Paris, Gallimard, 1965, p. 341-342.
4 *Ibid.*, p. 342.
5 *Ibid.*, p. 312.
6 *Le Banquet*, III, 10, p. 404.

qu'il est plus courtois de ne pas s'adresser directement à celui qui va vous lire. La douceur préside à l'éloignement comme à la manière dont le poète organise sa relation au lecteur.

Le départ, pourtant, est inéluctable. La chanson, tout comme la lettre, doit quitter celui qui l'a écrite. Et le souhait du poète est qu'elle parvienne le plus vite possible à son adresse.

> Chançon, va tost et non pas à enviz
> Et salue notre gent de Champaigne[1],

écrit Thibaut. Et, ailleurs :

> Chançon, va t'en, garde ne remanoir[2].

Même conseil de diligence dans cet envoi d'une chanson de Guilhem de Cabestany :

> Jongleur, va, je te prie de ne pas t'attarder[3].

Qu'il parle à la chanson elle-même ou à celui qui la portera, qu'il écrive en langue d'oïl ou en langue d'oc, le trouvère ou le troubadour, dans leur envoi, se séparent de leurs vers. Ils n'ont pas écrit pour eux-mêmes, mais pour un prince, un ami, et surtout une dame qui doivent les lire.

La séparation est d'autant plus nécessaire que la chanson est le substitut du poète : elle se rend là où il ne peut aller.

> Chançon, va t'en pour faire mon message
> La u je n'os trestourner ne guenchir,
> Quar tant redoute la fole gent ombrage
> Qui devinent, ainz qu'il puist avenir,
> Les biens d'amours (Dieu les puist maleïr)[4].

Ce que redoute le Chastelain de Coucy, auteur de ces vers, ce sont bien sûr les affreux « losengiers » de la tradition courtoise et, plus tard, du *Roman de la Rose*, toujours à l'affût, toujours prêts à trahir les amants. Plus raffiné, et déjà précieux, Adam de la Halle écrit de son côté qu'il

---

1 *Les Chansons de Thibaut de Champagne*, n° V, v. 43-44, Paris, Champion, 1925, p. 15.
2 *Ibid.*, n° XV, p. 53.
3 *Anthologie de la poésie française*, Paris, Gallimard, 2000, tr. Gérard Gros, p. 97.
4 Le Chastelain de Coucy, *Œuvres*, édit. Alain Lerond, Chanson n° III, p. 70.

n'enverra pas lui-même sa Chanson à la dame, mais qu'il la confiera à l'amour[1]. Nos trouvères et autres troubadours trouvent pourtant une compensation à leur solitude dans le fait que la chanson, parvenue à destination, sera reprise et chantée. Par la dame, elle-même, selon le vœu de Thibaut de Champagne[2], ou par un autre trouvère, plus fortuné que le poète et qui sera, on ne sait trop comment, dans l'entourage de la dame[3]. Parfois même, c'est toute une courtoise compagnie qui reprend la chanson : « les vrais amans », « les amants sincères », comme dans deux belles chansons d'aube[4]. C'est plus qu'une consolation. On a le sentiment que la dame, en chantant les vers de son ami, comprendra mieux sa souffrance amoureuse que par une simple lecture.

Restons un instant dans la compagnie de la chanson d'aube. Son thème unique, c'est la séparation des amants aux premières lueurs du jour. Dès le début, le départ est inéluctable. La femme le sait depuis toujours, mieux que celui qui la tient encore dans ses bras. Il doit partir, elle restera. Voilà pourquoi elle redit, dans une des plus belles chansons du répertoire :

> Je ne hais rien tant que le jour,
> Ami : de vous il me sépare[5].

Ici, ce n'est plus le poète qui envoie ses vers. Il s'est éclipsé au profit de la dame. Ou bien, disons que son « je » se confond avec le sien. L'envoi est leur œuvre commune. Ce qui sera chanté par d'autres, ce n'est pas toute la chanson, seulement le refrain qui vient d'être cité. La voix de femme s'impose, sans véritable compensation, dans sa tristesse et sa nudité.

Pétrarque, héritier de ces traditions courtoises, termine presque toutes ses *canzone* par un envoi, dont il a su varier les motifs à l'infini. Dans la trente-septième, il imagine un scénario d'une précieuse complexité. La *canzone* à laquelle il s'adresse aura peut-être le privilège de voir sa dame « *al dolce loco*[6] ». Assimilée à un véritable messager, elle devra

1 *Anthologie de la poésie française*, *op. cit.*, t. I, p. 293.
2 Thibaut de Champagne, édition citée, Chansons VI et XV.
3 *Ibid.*, Chanson XVIII ; voir aussi Guilhem de Cabestany, *Anthologie de la poésie française*, t. I, p. 97.
4 *Anthologie* [...], p. 68 et 69.
5 *Ibid.*, traduction de Gérard Gros, p. 69.
6 Pétrarque, *Canzoniere* (*Le Chansonnier*), 37, v. 113, édition bilingue de Pierre Blanc, Paris, Garnier-Bordas, 1988, p. 114.

s'incliner avec respect devant elle. Voici la « belle main[1] » qui se tend vers le pli. « Ne l'effleure pas[2] », recommande le poète qui semble se souvenir du « *Noli me tangere* » de l'Évangile. La chanson, oubliant son être propre, doit se contenter d'un message très simple : le poète sera là bientôt « *o spirto ignudo od uom di carne et d'ossa*[3] ». L'envoi exprime donc un rêve de proximité, suggère des effleurements et maintient la distance nécessaire au désir. Il entre beaucoup de ruse dans la façon dont le poète congédie sa chanson sans toutefois la quitter vraiment. On peut même se demander si elle parviendra jamais chez la dame. Du poète, elle sait tout, si bien qu'elle est capable de dire où il est, ce qu'il fait. Il se trouve « au pied d'un grand rocher / En une vallée close où naît la Sorgue[4] ». Voilà également ce que découvre l'éternel « losengier », déçu dans son attente. Dans cette sombre vallée de la Sorgue, le poète fuit les humains pour ne penser qu'à l'Amour. Ailleurs, voici la chanson allant « *di poggio in poggio*[5] » sans se soucier d'arriver chez la dame. Ce n'est pas à celle-ci qu'elle pense mais à celui qui l'a écrite, qui a « vécu du matin jusqu'au soir » avec elle[6]. Bien étrange envoi, en vérité. La chanson regarde en arrière, elle se cache, se moquant des louanges d'autrui. Il n'est plus question de ravir les « amants sincères ». Seule compte une intimité défaite. Celle-ci prend tant d'importance que, parfois, dans ce qui est le lieu de son envoi, la *canzone* demeure avec son poète :

> Chanson, je sens déjà ma plume se lasser
> du long, doux entretien que j'ai eu avec elle,
> mais non pas mes pensées de parler avec moi[7].

Trois entretiens se concurrencent : celui du poète avec sa dame, celui qu'il noue avec ses vers et le soliloque. Mais le premier dépend du second. Pétrarque pense à sa dame dans le temps de l'écriture. Vient un moment où celui-ci prend fin. Ce qui, en revanche, ne se termine

1 *Ibid.*, v. 116.
2 *Ibid.*, v. 118.
3 *Ibid.*, dernier vers, p. 115.
4 *Canzoniere*, 135, v. 92-93.
5 « De mont en mont », *ibid.*, 50, v. 76.
6 *Ibid.*, v. 71-72.
7 *Canzoniere*, 73, v. 91-92.

jamais, chez ce poète volontiers narcissique, ce sont les soliloques[1]. La *Canzone* est donc un bref moment prélevé sur ce murmure infini, après quoi le poète revient, avec délices, vers son moi. Cette tendance de l'écriture pétrarquienne est trop connue et aussi trop complexe pour qu'on la résume en quelques lignes. Il suffira de dire que l'envoi des *canzone* la confirme. Et c'est ici que le poète se sépare de ses devanciers. Tous ou presque imaginaient le moment où leurs vers parviendraient chez l'objet de leur désir, où ils seraient chantés par une dame ou toute une compagnie. Pétrarque retient par devers lui ce qui devait s'envoler.

L'envoi ne subsiste guère dans la chanson de la Renaissance. Rien de significatif chez Marot, qui pourtant a traduit Pétrarque. Ronsard ne le dédaigne pas absolument, mais il s'en sert à des fins érotiques. Ainsi de cette dernière strophe d'une chanson à Marie :

> Or-va, Chanson, dans le sein de Marie,
> Pour l'asseurer que ce n'est tromperie
> Des visions que je raconte icy,
> Qui me font vivre et mourir en soucy[2].

Aller dans le sein de Marie, c'est bien le rêve du poète. Reste que, comme chez Pétrarque, la chanson peut dire que le poète n'a pas menti et qu'il souffre vraiment les passions qu'il exprime. Ce savoir de la chanson, véritable avocate du poète, nous le retrouvons ailleurs :

> Chanson, l'amoureuse langueur
> A saisi tellement mon cœur
> Que ma langue en est affaiblie ;
> Mon œil morne en est devenu,
> Et mon esprit serf devenu,
> Si ta grâce ne le délie[3].

La personne de la dame est-elle aussi présente dans cette ultime strophe que dans le reste de la chanson ? On peut en douter. La chanson est

---

1 Pétrarque connaissait les *Soliloques* de saint Augustin : voir les *Confessions, et Dialogues philosophiques*, éd. Gallimard, 1998, « La Pléiade », p. 187 et suiv.

2 « Chanson », v. 77-80, *Œuvres complètes*, Paris, Gallimard, « La Pléiade », t. I, p. 181.

3 *Chansons françaises de la Renaissance*, Paris, Poésie/Gallimard, 1991, p. 68. Comme le précise Georges Dottin dans une note (p. 359), cette chanson est une libre adaptation du sonnet 153 de Pétrarque : « *Ite caldi sospiri* ». Il ne s'agit pas d'un envoi proprement dit, puisque le sonnet, dans son ensemble, est construit sur le modèle de ce premier vers.

venue l'éclipser, qui se plaint en somme de la stérilité poétique de celui qui l'a écrite, loin d'elle. Le mot « grâce », au reste, fait allusion à la fois aux qualités esthétiques du poème et à l'accueil de Marie. En réclamant le « don de merci », le poète exerce un discret chantage sur celle qu'il aime. Faute de celui-ci, sa chanson ne sera plus qu'un amer ressassement. Qu'est-ce qui compte le plus : Marie ou la chanson ?

Les chansons d'amour de Ronsard respectent la brièveté du genre. Mais dans ses grandes odes, bien plus longues que celles de Pindare, son maître, il se délecte à tel point dans les flots de ses vers qu'il en oublie (ou feint d'oublier) son sujet. Rien de plus éloquent à cet égard que celle qui fut écrite pour le chancelier de l'Hospital[1]. L'ivresse pindarique a fait perdre au poète le sens de la mesure. Déjà près de sept cents vers, et le terme n'est pas en vue. Le terme, ou plutôt le port si nous filons un peu la métaphore du poème-navire[2]. Brusquement, le poète prend conscience qu'il faut terminer, d'autant que sur le quai, comme dans le dernier chant du *Roland furieux*, il distingue les amis qui l'attendent[3]. Il faut donc se hâter « de plyer / [La] chanson trop poursuivie[4] ». Sinon, les ennemis du poète, aussi vigilants que les « losengiers » de la tradition courtoise, dont ils sont peut-être un avatar inattendu, lui reprocheront son manque de mesure. Oui, mais il est difficile de renoncer aux enchantements de l'ode pindarique, à ses plis et à ses replis, à sa manière inimitable de reprendre son souffle en répétant ses agencements. Qu'importe les critiques ! Ronsard « ourdit[5] » encore un chant, c'est-à-dire quelques strophes, en l'honneur du chancelier. Bien sûr, la louange est inépuisable, mais le poète a sourtout cédé à la pression de l'ode qui ne veut pas mourir. Jusqu'au moment où la « loy de la chanson[6] » lui lance un ultime rappel à l'ordre. Il va donc s'arrêter, non sans promettre une autre ode, destinée celle-là à « Madame Marguerite ». D'envoi, il ne peut être question. Il vient toujours après un chant plutôt bref. Bien entendu, Ronsard sait qu'il sera lu, mais il s'est tellement plu à sa propre manière qu'il ne peut émerger de cette immense vague poétique.

1 Lm, III, p. 118-163.
2 Voir E.-R. Curtius, *La Littérature européenne et le Moyen Âge latin*, tr. fr., Paris, PUF, 1956, p. 157-161.
3 « Ode à Michel de L'Hospital », v. 698-701, édition citée, t. I, p. 647.
4 *Ibid.*, v. 705-706.
5 *Ibid.*, v. 727.
6 *Ibid.*, v. 807.

Montaigne comparait l'art de terminer un discours à la façon dont un cheval est capable de « faire un arrest rond et net[1] ». Et, comme Boccace avant lui[2], il n'aimait pas les mauvais conteurs, qui s'embrouillent dans leur histoire. Il oubliait cependant, comme l'a bien relevé Françoise Charpentier[3], son propre faible pour l'hyperbate, manière discrète et nonchalante de poursuivre une phrase qui paraît terminée. De l'esthétique, et de la beauté des fins nettes, il est possible de passer à autre chose. La fin du *Roland furieux*, déjà évoquée, nous y aidera. Voilà déjà quarante-cinq chants que les chevaliers de l'Arioste rivalisent de vaillance, que les dames les enchantent et disparaissent, et que le navire du poète fréquente toutes les mers connues, et, si on ose dire, tous les continents. Il est temps de conclure. « À présent », dit le poète, « je ne suis point très loin de voir le port[4] ». Il lui est grand ouvert. Voici les amis qui l'attendent sur le quai, qui ont hâte de le serrer dans leurs bras. Il ne faut pas moins de seize strophes pour citer tous leurs noms. Pourtant, au lieu d'aller tout droit vers eux, le poète s'attarde encore dans son histoire. Il est vrai qu'elle n'est pas tout à fait finie. Il faut encore révéler le nom du guerrier qui a combattu Bradamante et célébrer les noces de celle-ci avec Roger ; raconter le combat singulier entre le héros et le terrible Rodomont. La manière dont l'Arioste achève ce dernier récit a de quoi ravir Montaigne : quatre vers suffisent à raconter la mort du fougueux sarrazin. Voilà, s'il en fut, un « arrest net et rond », et la métaphore équestre n'a jamais été mieux justifiée. Remarquons surtout que le poète termine son œuvre dans la compagnie de ses héros et non dans celle de ses amis. Il les a vus sur la rive, et pourtant il n'a eu de cesse de revenir vers ses chères aventures. Il ne faut sans doute pas en conclure que les relations du poète avec la cour de Ferrare étaient plus compliquées que ne le disent les biographes[5]. Mais tout se passe comme s'il avait prolongé le plus possible son immense escapade, tout comme Ronsard oublie l'Hospital, la cour et le reste en

1 *Essais*, III, 9, « Des menteurs », édition citée, p. 35.

2 *Décaméron*, VI, 1.

3 « L'hyperbate, une « maîtresse forme » du « troisiesme allongeail » », *Montaigne et les* Essais, édités par Claude Blum, Paris, Champion, 1990, p. 239-247. Longin avait fait l'éloge de l'hyperbate (conçu d'une manière plus générale) dans son traité *Du Sublime*, XXII, 51 ; édition Rivages/Poche, 1993.

4 *Roland furieux*, XLVI, 1, 2, traduction Michel Orcel, Paris, Seuil, 2000, t. II, p. 1053.

5 Voir Henri Hauvette, *L'Arioste et la poésie chevaleresque à Ferrare au début du* XVI*e siècle*, Paris, Champion, 1927.

plongeant, à l'instar de ses Muses[1], dans les flots de ses mythes. Chez l'un comme chez l'autre, même attachement au poème, qu'on voudrait infini.

Il se pourrait bien que la lettre, réelle ou fictive, confirme les enseignements de l'envoi. En principe, elle est pressée de partir : l'amitié n'attend pas et le messager non plus. On l'entrevoit, debout à côté de l'épistolier, piaffant d'impatience et pressé de remonter à cheval. « *Geschwind zu Pferde* », comme disait Goethe, dans un contexte différent[2] ! C'est du moins la saynète qui clôt plusieurs lettres de Pétrarque[3]. Avec un humour bonhomme, Jean Bouchet multiplie, dans ses suscriptions, les conseils de rapidité : il faut que la lettre vole comme un oiseau vers son destinataire, qu'elle résiste aux vents contraires, qu'elle emprunte les sentiers les plus courts[4]. L'histoire ne dit pas ce qu'elle devient si le messager s'arrête trop longtemps dans une taverne ! A prendre ainsi les choses, on risque d'être quelque peu dupe des apparences. La lettre, en effet, et surtout la lettre familière n'est pas seulement tournée vers le destinataire. Elle est une partie de celui qui l'écrit. Quand elle le quitte, c'est un peu lui qui meurt.

Les humanistes répètent à qui mieux mieux qu'elle est « une sorte de conversation à distance entre les amis[5] ». Elle donne à ceux-ci une forme de présence. Cela vaut surtout pour les lettres familières, les seules à vrai dire qui nous intéressent ici. On peut se détacher facilement d'un grand personnage que l'on félicite pour tel ou tel épisode de sa carrière. Avec les amis, le détachement s'avère plus difficile. Pétrarque en eut beaucoup, auxquels il semble avoir voué une grande affection. L'écriture d'une lettre, c'est vraiment pour lui une conversation avec celui qui n'est pas là : « J'aime m'entretenir longuement avec toi », dit-il à Olympius[6]. Il « chuchote » à l'oreille de Boccace[7]. À ses amis les plus proches, il ne

---

1 « Ode à Michel de L'Hospital », v. 103 et suiv., édition citée, t. I, p. 629.

2 Goethe, « Willkommen und Abschied », v. 1, *Poésies*, Paris, Aubier, 1951, t. I, p. 203.

3 Voir par exemple : *Lettres familières*, XV, 10, XVI, 12, XIX, 10 ; la scène se retrouve dans la *Correspondance* d'Érasme : voir, par exemple, la fin de la lettre 1627 (à Réginald Pole). Dans le cas du courrier diplomatique, l'urgence est plus réelle : voir Daniel Ménager, *Diplomatie et théologie*, *op. cit.*, p. 133 et suiv.

4 Jean Bouchet, *Epistres morales et familières*, n° 56, 57, et 43, éd. Jennifer Bread, Paris-La Haye, Mouton, 1969.

5 Cité par Jacques Chomarat, *Grammaire et rhétorique chez Érasme*, Paris, Les Belles Lettres, 1981, p. 1013. La phrase est attribuée à un certain Turmilius. Cicéron lui assure une partie de sa fortune.

6 *Lettres familières*, VIII, 5, édition Longpré-Dotti, Paris, Les Belles Lettres, t. III, p. 67.

7 *Ibid.*, XVIII, 4, t. V, p. 244.

donne pas seulement des informations : il communique les « mouvements de son âme[1] ». Moins affectif, Érasme n'est pas en reste quand il écrit à ses intimes, comme Thomas More. Ces conversations sont si douces qu'il est dur d'y mettre un terme. La brièveté du *vale* donne le change. Pourtant, il arrive à Pétrarque de chercher pour ses lettres une coïncidence avec l'ordre des choses. Ainsi pour cette lettre à l'évêque de Cavaillon, longue et belle méditation sur le besoin de repos : « Le soir s'en vient, père excellent, il nous faut penser à un gîte avant la nuit[2] ». Fin du jour, fin de la vie, et aussi fin de la lettre. Point de mélancolie, pourtant, puisque cette épître ne fait que précéder son auteur chez l'évêque en question. Il arrive même à Pétrarque d'imaginer que sa lettre arrive au beau milieu d'une réunion amicale[3], devenant alors un substitut de sa présence. Pour écrire aux amis, rien de tel que la nuit qui estompe les distances et procure le sentiment de présences invisibles[4]. Comment pourrait-on se détacher de ces entretiens infinis ? De fait, les lettres *ad familiares* sont souvent très longues.

Envisagée sous cet angle, la lettre n'est qu'un cas particulier d'un phénomène plus général. Lina Bolzoni vient de consacrer des pages fort suggestives à la magie de la lecture pétrarquienne[5], capable de rendre présents les auteurs du passé. Les voici, dans l'intimité de la bibliothèque, devenue ainsi « *luogo magico* [...] *là dove il tempo e lo spazio si contraggono*[6] ». Pétrarque, dit encore Lina Bolzoni, cherche à construire, au delà du temps et de l'espace, une communauté idéale où il trouvera ses interlocuteurs préférés[7] ; une communauté préservée des tribulations de l'histoire.

Pourtant, cette belle et noble idée de la conversation épistolaire risque fort de nous leurrer. Elle veut nous faire croire à la cruauté de l'absence, plus ou moins compensée par la lettre. Pétrarque et les grands épistoliers seraient des êtres inconsolables et qui ne survivent que grâce aux lettres qu'ils écrivent. Il se pourrait, tout aussi bien que, Madame de Sévigné mise à part, ils soient de grands narcissiques. « *Michi scribo* », écrit Pétrarque[8].

1 *Ibid.*, XVIII, 8, t. V, 265.
2 *Ibid.*, XI, 15, t. III, p. 400.
3 *Ibid.*, XVIII, 10, t. V, p. 270.
4 Voir Daniel Ménager, *La Renaissance et la nuit*, Genève, Droz, 2005, p. 124-125.
5 « "Entro nelle antique corti degli antiqui Huomini" : la Letture come incontro e dialogo con l'autore », *Mélanges Fumaroli*, Droz, 2008, p. 37-48.
6 *Ibid.*, p. 41.
7 *Ibid.*, p. 42.
8 *Lettres familières*, VI, 4, édition Longpré-Dotti, t. II, p. 290.

Il voulait dire sans doute, cette fois-là, que peu lui importaient les jugements des autres, ce qui bien sûr était faux. Osons transposer : quand il écrit à ses amis, c'est encore pour lui qu'il écrit. Il ne se sent exister que dans cette relation à autrui. Cela ne veut pas dire qu'il ne pense pas réellement à son cher Socrate[1], à Olympus[2] et aux autres. Mais il ne les aime jamais autant que lorsqu'ils sont loin. S'ils étaient auprès de lui, il ne leur écrirait pas, à moins de faire comme ce précepteur des *Possédés* qui envoie sans cesse des billets à la dame qui l'emploie et qui habite à deux pas de chez lui[3]. Pétrarque ne peut se passer d'écrire, il écrirait sur n'importe quoi, comme il le dit à plusieurs reprises[4]. L'essentiel, dans cette scène étonnamment moderne, c'est le papier, la plume et les rêveries qu'ils suscitent.

Le jeu de la présence et de l'absence prend dans certaines lettres de Pétrarque un tour proprement vertigineux. Son ami Giovanni Colonna, dominicain de son état, lui demande de répéter les propos qu'il lui a tenus lors d'une promenade dans Rome[5]. Impossible, répond Pétrarque, tout a changé, ce loisir n'est plus : « Au lieu de ton visage, je regarde une lettre muette[6] ». Ce qu'on dit de celle-ci n'est donc que vanité : elle ne ressuscite rien, les amis restent absents. Et Pétrarque de s'interrompre sur ce constat pessimiste. Le lendemain, il reprend la lettre interrompue, mais sur un ton tout autre. Quels que soient les lieux où ils se trouvent, écrit-il, ils seront toujours assis l'un à côté de l'autre,

> nous nous promènerons ensemble, nous mangerons ensemble, nous causerons ensemble, ensemble nous discuterons de choses sérieuses. Rien ne pourra nous empêcher de nous voir et de nous entendre. L'amour est ailé (*volucer est amor*), il ne traverse pas seulement la terre mais le ciel et la mer[7].

1 Dédicataire de l'ensemble des *Lettres familières* : voir I, 1. On sait que ce nom littéraire cache la personne de Louis Santas de Beringen, grand ami de Pétrarque, né en Flandres en 1304, mort en 1361.

2 C'est-à-dire Luca Cristiani da Ferentino, compagnon d'études de Pétrarque à Bologne, né en 1300.

3 Il s'agit de Stépan Trophimovitch qui communique ainsi avec Varvara Pétrovna : Dostoïevski, *Les Possédés*, tr. fr., Paris, Gallimard, 1948, p. 18 et *passim*.

4 Voir la lettre « À Pierre, abbé de Saint-Bénigne », XIII, 7 et cette phrase : « *langueo nisi dum scribo* » (t. IV, p. 167). Il faut écrire, même si on n'a rien à dire : voir Cicéron, *Ad Atticum*, IX, 16, 1 ; XVI, 17, 1 ; et III, 5, 1.

5 *Lettres familières*, VI, 2, t. II, p. 252.

6 *Ibid.*, édition citée, t. II, p. 253.

7 *Ibid.*, V, 3, t. II, p. 284.

S'il en est ainsi, la lettre n'a qu'un seul but : professer cette confiance dans la force des affections, victorieuses de l'espace et du temps. L'ami de Pétrarque ne doit donc pas se plaindre : « Il ne tient qu'à toi de m'avoir près de toi, car moi je t'ai près de moi[1] ». Il s'avère pourtant que l'excellent Giovanni Colonna, quoique dominicain, est plus charnel que son ami. Pour lui, rien ne vaut la présence véritable, il veut revoir Pétrarque. Celui-ci lui décrit donc l'itinéraire qu'il doit suivre pour aller de Tivoli aux sources de la Sorgue. Puis, anticipant sur la venue de son ami, il lui raconte son genre de vie. Ce que le dominicain pourrait apprendre de vive voix, Pétrarque lui en fait le récit dans sa lettre. Finalement, cette lettre épargne à l'ami les fatigues du voyage.

> Si en effet tu lis ces lignes et me fais confiance, tu me vois parfaitement. Adieu enfin, car tandis qu'il me semblait converser (*colloqui*) avec toi, j'ai oublié que je t'écrivais une lettre[2].

L'important, ici, n'est pas la comparaison classique entre la conversation et la lettre. C'est plutôt une sorte d'ironie. Pourquoi Giovanni Colonna irait-il jusqu'aux sources de la Sorgue, puisque, de loin, il voit son ami aussi bien que s'il était réellement devant lui ? Aimablement, Pétrarque le tient à distance. Colonna lui a surtout offert l'occasion tant prisée de parler une fois de plus de lui-même, unique et fertile sujet de l'écrivain. À dix, vingt, trente reprises, il ne cesse de raconter à ses amis le détail de ses journées[3]. La lettre devient ainsi le moment favori du retour à soi-même. Comment ne pas parler de narcissisme ? Pétrarque ne parvient pas à se détacher de soi. Voilà pourquoi il a écrit tant de lettres.

S'il pense à lui-même dans le temps de l'écriture, son ami pensera à lui dans le temps de la lecture. Le recueil des *Lettres familières* contient à cet égard des déclarations étonnantes. Celle-ci, par exemple, que l'on trouve dans la conclusion d'une missive à Francesco Nelli, dédicataire, sous le nom de Simonide, des *Lettres de la vieillesse* : « Pourquoi une si longue lettre ? Si j'écrivais à un autre, je n'y mettrais pas tant d'ardeur. Mais puisque j'écris maintenant à mon ami Francesco, c'est comme s'y je m'écrivais à moi-même ». Quel aveu ! Ce n'est pas tout :

---

1 *Ibid.*

2 *Ibid.*, p. 288.

3 Voir par exemple *Lettres familières*, VIII, 3 ; XV, 3 ; XIX, 16 etc.

> Ce que je veux, c'est que mon lecteur, quel qu'il soit, ne pense qu'à moi, non pas au mariage de sa fille, à la nuit qu'il va passer avec son amie, aux embûches de ses ennemis, à ses engagements, à sa maison ou à son domaine ou à son trésor, et, au moins pendant qu'il me lit, qu'il soit avec moi[1]

Voilà une amitié bien possessive et qui refuse à l'autre une certaine forme de liberté. Nous pensions, un peu naïvement, que la longueur des lettres adressées à des amis s'expliquait par le désir de rester le plus longtemps possible avec eux. Nous comprenons maintenant que la véritable explication se trouve dans la volonté de se les attacher. Toute proportion gardée, cette stratégie pourrait faire penser à celle de Montaigne[2], allongeant peu à peu les chapitres de ses *Essais* pour mieux retenir l'attention de ses lecteurs.

Les congés de la poésie courtoise, les envois de la lettre sont autant de variations sur un thème fort ancien, bien repéré par les historiens de la littérature. Les poètes occidentaux (il en va de même sans doute pour ceux de Chine et d'ailleurs) ont toujours mis en scène le moment à la fois espéré et redouté où le livre se sépare de celui qui l'a écrit. Il a beau être retardé par le souci de perfection[3], vient un moment où il s'aventure dans le vaste monde. « *I, liber* », lui dit le poète[4]. Il est aussi difficile de retenir le livre dans le casier où il se morfond que d'empêcher un adolescent de quitter le toit paternel. Le manuscrit d'Horace brûle de connaître le forum et les lieux du commerce des livres, non loin de la statue de Vertumne[5]. À ses risques et périls. Manié par des mains peu soigneuses, il risque de finir sa course dans un coin obscur où il nourrira « en silence les mites ennemies de l'art[6] ». Et le retour chez l'auteur lui sera interdit, alors que le fils prodigue de l'Évangile finit par revenir chez son père. Cependant, les poètes savent aussi décrire des trajets heureux au terme desquels le livre trouvera un ami, un protecteur, plein de bienveillance à son égard. Ou bien, il voyage avec celui-ci, comme dans plusieurs épigrammes de Martial. « Va,

1 *Ibid.*, XIII, 5, édition citée, p. 150.
2 Voir les *Essais*, III, 9, p. 995.
3 Voir, *infra*, le chapitre suivant.
4 Sur ce thème, Michel Jourde a rassemblé un remarquable dossier à plusieurs voix : « *Va, mon livre* : quelques jalons pour une histoire de la destination », *Nouvelle Revue du XVIe siècle*, 21/1, 2003, p. 121-151.
5 Horace, *Épîtres*, I, 20.
6 *Ibid.*, v. 12.

mon petit livre, accompagne l'ami Flavius[1] ». Dans une autre pièce, le poème doit se rendre à Narbonne avec un certain Arcanus[2]. Bon vent, lui souhaite le poète qui le sait en mains sûres. L'angoisse souvent commentée d'Ovide dans la première pièce des *Tristes* a des raisons plus complexes : son *Art d'Aimer* lui a valu une réputation sulfureuse. Chez l'empereur ou les riches lettrés de la capitale, le nouveau recueil devra fuir avant tout le voisinage de celui qui a causé son exil et sa perte[3]. Finalement, le poète ne le retient pas : « *Longa via est, propera*[4] ». Il est aussi des auteurs qui imaginent le trajet triomphal de leur livre et son entrée dans les palais les plus prestigieux. Perrine Galand nous a fait connaître une pièce de Tito Vespasiano Strozzi, « l'un des premiers et grands élégiaques latins du *Quattrocento*[5] », adressée elle aussi au livre qu'il vient de terminer avant son départ chez le dédicataire, le prince Ercole d'Este. « Le cheminement que doit opérer le livre de l'auteur est décrit comme un parcours initiatique ascendant[6] ». Le terme de son voyage ressemble à une véritable apothéose. La crainte n'est pas de mise, d'autant plus que le livre trouvera bien plus qu'un protecteur. Arrivé chez le prince, qui le « soulèvera doucement dans sa main[7] », le livre connaîtra une seconde naissance. Voilà une pièce d'autant plus remarquable qu'elle est plus rare.

La cour est le lieu où le livre rêve de parvenir. On l'apprête, on le pare en vue de cette entrée, décisive pour son avenir. Ici encore, d'Aubigné fait bande à part.

> Entre chez les Rois mal en point
> Que la pauvreté de ta robbe
> Ne te fasse honte, ni peur,
> Ne te diminue ou desrobe
> La suffisance ni le cœur[8].

1 Martial, *Épigrammes*, VIII, 72, 3.

2 *Ibid.*, VIII, 72.

3 Ovide, *Tristes*, I, 1, v. 113-114.

4 *Ibid.*, v. 127 (« la route est longue, hâte-toi »).

5 « Va mon livre », article cité, p. 128. La pièce en question est le liminaire (« *Adloquitur librum* ») de l'édition aldine de l'œuvre de T.V. Strozzi et de celle de son fils Ercole, publiée en 1514.

6 *Ibid.*, p. 129.

7 T.V. Strozzi, *loc. cit.*, v. 44 ; cité par Perrine Galand, p. 130.

8 *Les Tragiques*, « L'Autheur à son livre », v. 3-18, édit. J.-R. Fanlo, Paris, Champion, 1995, p. 28.

Est-il besoin de rappeler que l'idée de cette entrée si peu courtisane est amplifiée par l'apologue du paysan de Danube, trouvé chez Guevara[1] ? En fait, le livre ainsi accoutré aura une mission discriminatoire. Il divisera la cour en deux parts : l'une le condamnera parce qu'il n'est pas assez mondain. Mais l'autre saura reconnaître sa vérité. En ce sens aussi, le livre est prophétique. Il en allait déjà ainsi dans l'Ancien Testament : tout l'art des prophètes est de diviser, pour mieux faire apparaître la vérité. Dans la grande ouverture des *Tragiques*, le poète doit laisser partir le livre pour qu'il exerce ses jugements.

Même dans ces conditions, la séparation est douloureuse. Au moment même où il se décide à publier *L'Adolescence clémentine*, Marot chuchote encore quelque chose à son livre[2]. Après quoi il pourra courir « legier, et delivre[3] » dans le vaste monde. Du Bellay, quant à lui, est beaucoup plus inquiet que Marot. Il envie son recueil qui ira sans lui à la cour, mais redoute les critiques qu'on lui adressera. Si tel est le cas, il devra maudire ceux qui le repoussent[4]. C'en est fini de la pacifique mission assignée par Horace à son épître. Il n'est plus question pour elle de présenter le poète à ceux qui ne le connaissent pas. Finies les petites biographies et tout ce qui relève de la *captatio benevolentiae*. Le livre doit s'imposer tel qu'il est. Pourtant, Du Bellay ne renonce pas tout à fait à excuser le sien. S'il est amer et mélancolique, c'est parce que la destinée n'a pas été facile pour lui. Il a vieilli « en longue servitude », on a mangé son bien quand il était absent[5]. Voilà bien une sorte d'excuse.

C'est donc la crainte qui domine au moment de la publication. Elle prend parfois la forme du fantasme. Après Horace, Martial imagine aussi pour son œuvre des destins dégradants : elle servirait à envelopper dans une cuisine « du fretin de thon », avec son « papier » on fera des « cornets à encens ou à poivre[6] ». Dans une autre épigramme[7], le voilà encore qui enveloppe des poissons. Le livre, réduit à sa matérialité : c'est encore le destin des *Grandes Chroniques*, transformées par Rabelais en

1 *L'Horloge des princes* [...], Paris, 1569, f° 386 *sq.* (source donnée par J.-R.Fanlo, édition citée, note des vers 18-24).
2 « Marot à son livre », v. 1, *Œuvres complètes*, édition citée, t. I, p. 15.
3 *Ibid.*, v. 3.
4 « À son livre », *Les Regrets*, édition Aris-Joukovsky, Paris, Garnier-Bordas, 1993, t. II, p. 39.
5 *Ibid.*, v. 12-14.
6 *Épigrammes*, I, 70, v. 2-5.
7 *Ibid.*, IV, 86.

sinapismes pour les vérolés[1]. Au début du XVIIe siècle, Vauquelin de la Fresnaye imagine que le sien, démembré, finira chez un apothicaire[2]. Beaucoup plus tard encore, dans *Cyrano de Bergerac*, les gentils sonnets du bon Ragueneau serviront à envelopper des gâteaux[3]. Destins peu glorieux. Recyclages douloureux. Un poète tient aussi à la matière de son livre.

Ce qu'il redoute surtout, c'est l'incompréhention. Après Du Bellay, Ronsard exprime très fortement cette crainte dans l' « Élégie son livre » qui clôt en 1556 la *Nouvelle Continuation des Amours*[4]. En apparence, il ne dit pas vraiment autre chose qu'Horace et ceux qui l'ont suivi. Si la pièce est beaucoup plus longue que toutes les précédentes, c'est parce que le poète dicte à son livre ce qu'il devra répondre aux critiques ; expliquer qu'il avait le droit de changer d'écriture poétique. Rien ne l'obligeait à rester fidèle à sa maîtresse. Ces thèmes et quelques autres sont trop connus de la critique pour qu'il soit nécessaire d'insister. Cette longue précaution est inspirée par une idée très pessimiste du goût littéraire des contemporains du poète. On aurait tort cependant d'oublier quelques vers où se trouve peut-être l'essentiel :

> Quant tu seras parti, sans jamais retourner
> Estranger loin de moy te faudra sejourner,
> Car ainsi que le vent sans retourner s'en vole,
> Sans espoir de retour s'eschappe la parole[5].

Verba volant : vieil adage[6]. Ou, dans le langage d'Horace : *Nescit vox missa reverti*[7]. Les mots nous quittent dès que nous les avons prononcés. Mais ici, c'est le recueil qui, tout entier, est assimilé à la parole du poète : « Ma parole, c'est toy[8] ». Ronsard ne fait aucune distinction entre les *verba* et les *scripta*. Ils ont le même destin : dès que les mots ont été imprimés, dès que les paroles ont été formées, ils se détachent du poète sans espoir de retour. Il est toutefois possible de leur prêter assistance. Toute la

1 *Pantagruel*, « Prologue de l'auteur », *Œuvres complètes*, édition citée, p. 214.
2 Texte cité et étudié par Michel Jourde, article cité, p. 148.
3 Edmond Rostand, *Cyrano de Bergerac*, II, 2.
4 *Œuvres complètes*, édition citée, t. I, p. 167-168.
5 *Ibid.*, v. 5-8.
6 Adage toujours en service au XVIIe siècle : voir La Bruyère, *Caractères*, « De la chaire », 17.
7 Horace, *Art poétique*, v.390.
8 Ronsard, « A son Livre », v. 9.

pièce « À son livre » relève de cette idée. Le poète lui dicte ce qu'il doit répondre de vive voix à ceux qui le critiqueront. Bien entendu, il y a là une contradiction : les recommandations du poète sont elles aussi écrites. Elles ne sont pas du ressort de la voix. Il est évident que Ronsard a perçu cette contradiction, mais, avec raison, il ne l'a pas supprimée. Car, telle qu'elle est, elle nous éclaire. Elle manifeste en effet le besoin d'une parole vive qui serait l'avocate de la lettre morte.

Cela se fera mieux entendre avec l'épître adressée par Rabelais au cardinal Odet de Chastillon, grand moment de l'œuvre, au début du *Quart Livre*[1]. Une fois de plus, l'auteur se plaint des esprits chagrins, des « misantropes, agelastes » et autres sorbonistes qui l'ont calomnié[2]. Pour autant, il ne retient pas son livre devers lui. Il le place sous la protection de ce puissant prince de l'Église, favorable aux idées nouvelles. Il veut mieux encore : celle du roi lui-même. François Ier venant de mourir, il évoque avec sa mémoire une scène hautement symbolique[3] dont la cour aurait été le théâtre. « Par la voix et pronunciation du plus docte Anagnoste de ce royaulme[4] », le roi s'est fait lire des passages, peut-être même des chapitres entiers de l'œuvre rabelaisienne. Et rien ne lui a paru suspect. Ce que fut exactement cette lecture, nous ne le savons pas. L'évêque Du Châtel s'est-il contenté de lire clairement les passages incriminés, ou a-t-il assorti cette lecture de certains commentaires disculpant Rabelais de toute accusation ? Pour répondre à cette question, il nous faudrait une autre relation. Rabelais, comme à son habitude, nous mystifie quelque peu en voulant nous faire croire que ses censeurs ont seulement pris un mot pour l'autre, confondant par exemple le « N » et le « M ». Cette confusion, en elle-même, n'était pas sans conséquence puisqu'elle fait allusion, comme l'a bien vu Robert Marichal, à « l'équivoque "asne" pour "ame" qui se rencontre aux chapitres XXII et XXIII des premières éditions du *Tiers Livre* et que Rabelais a corrigée dans l'édition de 1552[5] ». Mais la lecture à haute voix, non contente de corriger des coquilles ou des plaisanteries franciscaines, rétablit aussi la clarté du sens, comme le voulait Guillaume du Mayne, presque à la

1 *Œuvres complètes*, édition citée, p. 517-521.
2 *Ibid.*, v. 520.
3 Il est impossible de savoir si cette lecture a vraiment eu lieu.
4 Le mot, on le sait, veut dire « lecteur ».
5 Le *Quart Livre*, édition Robert Marichal, Genève, Droz, 1947, p. 8.

même date, dans un texte très bien étudié par Emmanuel Buron[1]. La seule différence est, qu'avec Rabelais, il ne s'agit plus de vers mais de prose. C'est donc la voix, la parole vive qui vient au secours du livre. Réduit à lui-même, il ne peut se défendre. Qu'advienne une voix claire, limpide, intelligente, et les ombres de l'erreur s'enfuient. Rabelais redevient innocent.

Les avatars du livre (que ce soit un *codex* ou un livre imprimé) rappellent singulièrement un des plus célèbres passages de Platon : celui où, dans le *Phèdre*, Socrate met en garde son interlocuteur contre les dangers de l'écriture. Pourtant, il est presque certain que les auteurs de la Renaissance n'y ont guère prêté attention. Grâce à Marsile Ficin, ils savaient, à peu près, quelle était la métaphysique de ce dialogue[2]. Le reste ne les concernait pas. Citons pourtant le passage en question :

> Une fois écrit, chaque discours s'en va rouler de tous côtés, pareillement auprès des gens qui s'y connaissent, comme, aussi bien, près de ceux auxquels il ne convient nullement ; il ignore à quelles gens il doit ou ne doit pas s'adresser. Mais, quand il est aigrement critiqué, injustement vilipendé, il a toujours besoin du secours de son père, car il est incapable, tout seul, et de se défendre et de se porter secours à lui-même[3].

Fameux en lui-même, ce discours l'est devenu encore plus grâce à l'exégèse inspirée de Jacques Derrida[4]. La faiblesse du texte écrit, le père (ou l'auteur) tentent de la conjurer grâce à de multiples mises au point, préfaces et postfaces[5]. Il essaie, avec plus ou moins de succès, d'expliquer ce qu'il a voulu dire. Parfois, son angoisse est telle que, pour un peu, il renoncerait à la publication. On n'a guère relevé jusqu'ici les paroles étonnantes adressées par Ronsard au lecteur de la *Franciade* :

> Bref quand tu auras acheté mon livre, je ne te pourray empescher de le lire ny d'en dire ce qu'il te plaira comme estant chose tienne[6].

1 « Lecture et récitation de la poésie dans la seconde moitié du XVIe siècle », in *A haute voix*, sous la direction d'Olivia Rosenthal, Klincksieck, 1998, p. 131-154.

2 Voir la *Théologie platonicienne de l'immortalité des âmes*, édit. R. Marcel, réédition Les Belles Lettres, 2007, I, p. 38, 174, II 259 (les ailes de l'âme) et *passim*.

3 Platon, *Phèdre*, 275 d-e.

4 *La Dissémination*, Paris, Seuil, 1972, p. 69-197.

5 Exemplaire à cet égard est le cas d'Érasme : voir Christine Bénévent, « Va mon livre », article cité, p. 134-136.

6 « Seconde Préface de *La Franciade* », *Œuvres complètes*, édition citée, t. I, p. 1186.

Un comble : pour un peu, le poète souhaiterait ne pas être lu. Son œuvre l'a quittée, elle est dans les mains des uns et des autres qui en disent ce qu'ils veulent. L'auteur, ou plutôt le père, sombre dans la mélancolie.

On a pris l'habitude de faire remonter à l'antiquité l'idée que l'auteur est le père de son livre, ce que révèle la paronomase : *libri/liberi*. En fait, cela n'est pas vraiment exact, comme le montre E.-R. Curtius, toujours bien informé : « Cette image, écrit-il, n'est pas fréquente dans l'antiquité[1] ». L'idée se trouve plusieurs fois chez Ovide, mais sans l'appui du jeu de mots, par exemple dans cette pièce des *Tristes*, où il plaint le sort de ses *volumina*, « *orba parente suo*[2] ». Pétrone pour sa part emploie le mot *partus* pour désigner les créations de son esprit[3]. Pour rencontrer vraiment la comparaison entre les œuvres de l'esprit et celles de la chair, il faut se tourner vers le grec (ce qui, du même coup, fait disparaître le jeu de mots), et notamment vers le passage célèbre du *Banquet* de Platon, où Diotime explique que l'esprit, lui aussi, peut enfanter[4]. Bien entendu, ce passage avait retenu l'attention de Marsile Ficin qui le paraphrase ainsi dans son *Convivio* :

> Dès que l'esprit est adulte, l'amour le pousse par un ardent désir à enseigner et à écrire, pour que la science *engendrée* restant soit dans les écrits, soit dans les âmes des disciples, l'intelligence du maître et de la vérité demeurent éternelles parmi les hommes[5].

Il existe des enfants de l'esprit, comme il en existe, par la « copulation charnelle ». Au Moyen Âge, la fortune de cette idée n'est pas vraiment établie. C'est à la Renaissance qu'elle se répand : chez Ronsard désignant son livre comme son « fils », son « cher enfant », sa « propre geniture[6] » ; chez d'Aubigné, comme on l'a vu ; mais aussi chez Cervantès pour qui Don Quichotte est « *hijo de mi entendimento*[7] ».

---

1 *La Littérature européenne et le Moyen Âge latin*, tr. fr., Paris, PUF, 1956, p. 164.

2 *Tristes*, I, 7, v. 35 ; voir aussi III, 1, v. 65 et III, 14, v.3.

3 « *Neque concipere aut edere partum mens potest nisi…* » (cité par E.-R. Curtius, p. 164).

4 *Banquet, 206c.*

5 *Commentaire du Banquet de Platon, VI, 11*, traduction Raymond Marcel, Paris, Les Belles Lettres, 2002, p. 225.

6 « À son livre », v. 31, 21 et 24.

7 « Fils de mon entendement », *Don Quichotte*, Prologue de la Première Partie, édit. Canavaggio, Paris, La Pléiade, 2001, p. 391 ; cité par E.R. Curtius (qui donne aussi d'autres références

Pourquoi cette soudaine invasion de la métaphore du fils ? Il faut sans doute, ici, faire intervenir la théologie. Dans les Évangiles, surtout celui de Jean, et dans les Épîtres de Paul, le Christ est la parole vivante de son Père, son image parfaite, son reflet resplendissant. Voir le Fils, c'est voir le Père. Tout ce qui est dans celui-ci se retrouve, incarné, chez son Fils. Pas d' « écart » véritable entre la première et la deuxième personne de la Trinité. « Qui me voit voit le Père » (Jn, 14, 9). Les Évangiles rapportent également l'affection extrême du Père pour son Fils : au moment de son baptême, de sa transfiguration. Mais, par ailleurs, le Fils a subi le supplice de la croix, sans que le Père intervienne. Voilà aussi ce qui renforce une analogie quelque peu étrange au départ. Des auteurs chrétiens ont pu ainsi comparer, d'une façon plus ou moins consciente, ce qui advenait au Fils dans son Incarnation et ce qui advenait au livre dans sa forme matérielle. D'autant que le livre, avant de s'incarner, existait lui aussi dans le monde très pur de la pensée, ce qui fait de l'écriture le second stade de l'engendrement du livre. Avant de mettre ses pensées par écrit, l'auteur, et surtout le poète ont vécu avec elles dans un délicieux solipsisme. Le livre connaît donc lui aussi une sorte de kénose (Ph, 2) : cessant d'être une pensée glorieuse, il descend dans la matière. La suite est connue : humiliations de toutes sortes qui préludent parfois à une disparition pure et simple.

Le Père a su se détacher de son Fils. La théologie est muette sur ce détachement-là, qui fait partie des souffrances de Dieu. Les peintres ont été parfois plus audacieux, ainsi que les auteurs de *Mystères*[1]. Il fallait qu'ils donnent forme à la pitié de Dieu, s'ils voulaient le distinguer du premier moteur d'Aristote.

Publier un livre, c'est donc faire l'expérience d'un douloureux détachement. Mais on ne lui donne pas tout son sens si l'on reste prisonnier de l'équation selon laquelle les livres sont les enfants de l'auteur : *Libri/liberi*. Car elle donne à l'écrivain une figure paternelle beaucoup trop réductrice. L'auteur n'est pas seulement le père de ses livres. Il est aussi leur mère. C'est ce que dévoilent, en particulier, les lettres des humanistes, et du premier d'entre eux : Érasme. L'amour d'un écrivain pour ses œuvres ressemble à celui des parents pour leurs enfants. Voilà ce qu'il explique

pour la Renaissance), p. 165.

1 Voir, *inf.*, la fin du chapitre II.

à son grand ami John Colet[1], et à Guillaume Budé[2], qui n'en est pas un : « On dit avec raison que les écrivains aiment leurs œuvres tout à fait comme des enfants ». Dans une lettre à Pierre Gilles, il évoque un certain Antoine Clava, pour qui les *libri* vont même jusqu'à supplanter les *liberi* : « Sa femme n'avait pas eu d'enfants, et pour cette raison, il aimait les livres comme des enfants[3] ». Thomas More n'est pas en reste. Il décrit le poète Brixius faisant circuler ses vers « au fur et à mesure qu'ils naissaient, jour après jour, comme un bébé que l'on a pris de son berceau et que l'on va offrir aux baisers[4] ». Si l'enfant grandit, s'il est persécuté par les censeurs, le père (l'auteur) souffre pour eux comme, dans l'Évangile (Mt, 2, 13-18), les parents des enfants massacrés par Hérode :

> Et maintenant, après m'avoir ainsi achevé par leurs affreux procédés, ils s'acharnent sur mes livres comme sur des enfants très chers, de façon à ce que, me considérant comme vivant à nouveau ou plutôt comme survivant en eux, je périsse de façon plus cruelle encore[5].

Il y a donc une naissance des livres comme il y a une naissance des enfants. L'une comme l'autre s'accomplissent dans la douleur.

> Moi aussi, bien que physiquement stérile, je mets néanmoins coup sur coup, en guise d'enfants, un lot de livres au monde, avec cette réserve que mon sort peut être considéré comme plus dur, et pas de peu[6].

En effet, les livres d'Érasme suscitent l'hostilité, on les censure, on menace leur auteur. Le risque n'est pas qu'ils terminent leur carrière en servant sur le marché de papier d'emballage : les vers de Martial ne trouvent pas d'écho, semble-t-il, dans l'œuvre d'Érasme. Le risque, c'est la critique incessante. Voilà pourquoi, l'auteur les ramène souvent dans son giron pour les reprendre, les corriger, les amender[7]. Ainsi, ils

1 *Correspondance*, lettre 227, sous la direction d'Aloïs Gerlo, Bruxelles, De Graaf, 1967-1984, t. I, p. 240.
2 *Ibid.*, lettre 531, éd. Gerlo, t. II, p. 603.
3 *Correspondance*, n° 2260, t. VIII, p. 428 ; cité, comme la plupart des autres emprunts à la *Correspondance* érasmienne, par Yvan Loskoutoff, « La parturition des clercs », *BHR*, t. LVI, 2, 1994, p. 305-326. Voir aussi Karine Crousaz, *Érasme et le pouvoir de l'imprimerie*, Éditions Antipodes, Lausanne, 2005, p. 91-102.
4 *Ibid.*, lettre 1096, t. IV, p. 284.
5 *Ibid.*, lettre 1342, t. V, p. 258.
6 *Ibid.*, lettre 1365, t. V, p. 363.
7 Voir Christine Bénévent, « Va mon livre », dossier cité, p. 134-136.

retourneront un certain temps sous le toit paternel, ou plutôt sous le toit maternel, preuve qu'il est aussi difficile de se détacher de ses livres que de ses enfants. Érasme sait pourtant que l'œuvre ne gagne rien à être reprise encore et toujours. Il a vanté l'élégance du peintre qui sait poser son pinceau et qui ne cède pas au démon de la perfection[1]. Rien n'y fait : il reprend sa plume et retouche son œuvre pour mieux la dérober aux regards malveillants.

Érasme a donc poussé le plus loin possible la féminisation de l'auteur. Souffrant de la maladie de la pierre comme plus tard Montaigne, il rejette des calculs comme on expulse un enfant, ce qui éclaire la comparaison, à première vue étrange, de la lettre à Albert de Brandebourg. Prêtre, donc voué au célibat, il ne peut manquer de songer à celui qui, malgré son état, l'a engendré. Le voici donc, tout à la fois, père et mère de son œuvre. Au premier, la force créatrice, à la seconde, la tendresse qui couve et s'inquiète.

Rien n'est moins lisse que le discours de d'Aubigné dans la préface en vers précédant les *Tragiques*. Comme s'il avait voulu honorer sa réputation, le bouc du désert, dans la présentation de son œuvre, multiplie les images violentes, prémonitrices de ce qui suit[2]. Mais c'est la mélancolie qui inspire la première strophe où le poète, après Horace, Ovide et tant d'autres, dit adieu à son livre ; une mélancolie funèbre, puisque le fils va vivre alors que le père « s'en va mourir[3] ». Un vocabulaire beaucoup plus féminin apparaît dans les strophes où le poète se compare à une « mere » et à une « nourrice[4] », toujours fières de leurs enfants, même s'ils sont laids. Le grand poème des *Tragiques*, fruit d'un difficile accouchement, s'émancipe en quittant les bras qui le protègent. On a tellement rappelé que le poète portait, inscrit dans son prénom, le souvenir de sa naissance meurtrière[5] qu'on hésite à le redire. Et pourtant, il le faut. Les naissances de ce genre sont légion dans les *Tragiques*, toujours sanglantes, toujours dramatiques[6]. Ce n'est pas un hasard, non plus, si l'épître « À son livre » fait apparaître la grande figure apocalyptique

1 Voir l'adage 219, « *Manum de tabella* », LB, II, 120B et ASL, II, 1, p. 334.

2 « L'Autheur à son livre », vers 1-6, édition J.-R. Fanlo, Paris, Champion, 1995, p. 27.

3 *Ibid.*, v. 6.

4 *Ibid.*, v. 77-78. Sur cette fierté des parents, voir Montaigne, I, 26 (début).

5 « Sa mere morte en accouchant [...], il fut nommé Agrippa (comme *aegre partus*) » (*Sa Vie à ses enfants*, édit. G. Schrenck, Paris, Nizet, 1986, p. 50).

6 Voir « Miseres », v. 495 et suiv.

de la femme enceinte, menacée par un dragon et gémissant dans les douleurs de l'enfantement[1]. En compagnie de cette femme, toutefois, le poète vit une idylle mystique, ce qui ne saurait étonner dans un texte aussi riche en ruptures[2]. Elle rappelle les idylles ronsardiennes, si fréquentes dans les odes vendômoises[3]. Toutes, elles excluent ce qui ressemble à des engendrements, exaltent les belles intimités. L'enfant serait un intrus, il détruirait les entretiens adorables du poète et de sa Muse. La publication d'un livre représente toujours un mouvement vers l'extérieur, alors que l'idylle affectionne les lieux clos. L'épître « À son livre » hésite donc entre un imaginaire douloureux de l'accouchement masculin et l'heureuse stérilité des conversations mystiques.

L'étonnante figure de la « Charité romaine » tente peut-être de concilier ces deux postulations. Rappelons la strophe où le poète s'adresse encore à son livre :

> Encores vivray-je par toy
> Mon filz, comme tu vis par moy :
> Puis il faut, comme la nourrice,
> Et fille du Romain grison,
> Que tu allaicte et tu cherisse
> Ton pere en exil, en prison[4].

Dans cette légende, Valère-Maxime[5], très lu à la Renaissance, rapporte en effet que la jeune Perus (ou Pero) a nourri son père, Cimon, qui était en prison et mourait d'inanition, avec le lait de son sein, comme elle l'aurait fait d'un enfant (*infans*). De la même façon, une femme, également prisonnière, a été allaitée par sa fille. Deux autres anecdotes illustrent le thème général qui fournit le titre du chapitre : « *De pietate erga parentes et fratres et patriam* ». Valère Maxime ne cache pas son admiration pour cette *pietas*, même si elle a pris une forme insolite : l'amour qu'on doit à ses parents l'emporte sur la loi naturelle[6], et (ajoutons-le) sur la pudeur féminine. Très tôt, elle a inspiré des artistes romains, comme l'indiquent

1 Apocalypse, 12, 15-16.
2 Voir Jean-Raymond Fanlo, *Tracés, ruptures. La composition instable des* Tragiques, Paris, Champion, 1990.
3 Voir en particulier, dans le livre IV, les odes 4, 5 et 6 (Lm, II, p. 97-107).
4 « L'autheur à son livre », v. 7-12, édition citée, p. 27.
5 V, 4, 7.
6 « *Putarit aliquis hoc contra naturam factum, nisi diligere parentes prima natura lex esset* » (*ibid.*).

des groupes en terre cuite et des peintures provenant de Pompéi[1]. C'est également au titre de la *pietas* envers les parents que l'histoire de la jeune femme allaitant sa mère trouve place dans le *De claris mulieribus* de Boccace[2]. Une vignette représentant la scène de l'allaitement figure d'ailleurs dans l'édition de cette œuvre parue à Ulm en 1473[3]. Elle réapparaît chez des artistes italiens et, en Allemagne, chez de petits maîtres travaillant à Nuremberg[4]. Mais, de l'avis général, c'est au Caravage[5] puis à Rubens que ce thème doit l'essentiel de sa fortune picturale[6].

D'Aubigné n'a vu aucun de ces tableaux, se contentant du récit de Valère-Maxime que l'on trouvait aussi chez d'autres compilateurs[7]. Il a si bien parlé à son imagination, que, le premier et peut-être le seul, il a fait de l'*exemplum* romain une métaphore de la relation entre l'œuvre et l'auteur. De la *pietas* proprement dite, il ne reste rien. L'œuvre revient vers son créateur pour le nourrir au lieu d'aller vers le vaste monde. Elle semble regretter le temps où elle n'existait que pour lui. L'histoire de Valère-Maxime, transgressive sous la plume de l'auteur latin, devient régressive sous celle de d'Aubigné. L'avenir de l'œuvre compte moins, finalement, que le temps révolu de l'intimité entre elle et le poète. Son destin, au reste, comme l'a bien montré Michel Jourde[8], est d'« identifier deux publics, celui des "bons" et celui des "autres" ». Triste destin, comme toujours quand il faut séparer ; et de surcroît, bien peu évangélique, s'il est vrai que Jésus laisse la mauvaise herbe croître avec la bonne en attendant l'heure de la moisson. C'est donc un poète plus partagé qu'on ne l'a dit qui s'adresse à son livre. Il ne parvient pas à se détacher de l'enfant de ses veilles. Le mythe de Pygmalion n'est pas très loin de ce discours funèbre.

---

1 Voir le catalogue de l'exposition de Caen, *L'Allégorie dans la peinture. La représentation de la charité au* XVII*e* *siècle*, p. 35 et les références données dans la note 36.

2 Boccace, *De claris mulieribus*, LXV.

3 Voir A. de Ceuleneer, « La Charité romaine dans la littérature et dans l'art », *Annales de l'Académie royale d'archéologie de Belgique*, 1919, p. 184.

4 *L'Allégorie dans la peinture*, catalogue cité, p. 42.

5 Dans *Les Sept œuvres de Miséricorde*, peintes en 1607, pour l'église du *Pio Monte della Misericordia* à Naples.

6 Rubens a peint deux versions de cette histoire, dont la première, datée des années 1620-1625, se trouve à Amsterdam.

7 Pline, *Histoire Naturelle*, VII, 36 ; Solin, I, 324 ; Hygin, *Fabulae*, 254 ; Nonnos, *Dionysiaques*, 26, 101.

8 Article cité, p. 150.

Il est difficile d'imaginer deux auteurs plus différents l'un de l'autre que d'Aubigné et Montaigne. Pourtant, d'une manière à première vue surprenante, le second a repris lui aussi l'histoire du « romain grison » ; non dans les *Essais*, mais dans le lieu le plus intime de sa « librairie » : le cabinet qui la jouxtait. Des peintures qui l'ornaient, on saurait peu de choses sans les descriptions des anciens visiteurs et, surtout, les remarquables études d'Alain Legros[1].

> Sur le manteau incliné et quelque peu trapézoïdal d'une cheminée rustique, écrit-il, l'œil exercé parvient à percevoir, au milieu d'une cellule que des barreaux révèlent, un couple étrange : elle est assise, il est agenouillé à ses pieds[2].

C'est bel et bien une « Charité romaine ». Montaigne avait donc sous les yeux, lorsqu'il travaillait dans la fameuse librairie, une représentation de Pero allaitant son père Cimon. Replacée au milieu des autres peintures du cabinet, elle posséderait, toujours selon Alain Legros, une signification biographique.

> Pero pourrait bien être une figure grandie, compensatrice et magnifiée de la première fille de Montaigne, Thoinette, qui ne vécut que deux mois, ou de Léonor, sa deuxième fille, qui venait de naître au moment où l'auteur faisait exécuter la fresque du cabinet, et dont il aurait attendu beaucoup d'affection[3].

D'une manière ou d'une autre, il aurait voulu avoir sous les yeux une scène de piété filiale. On se permettra d'être quelque peu sceptique quant à cette interprétation : les deux filles de Montaigne n'ont aucune place dans les *Essais*. De plus, le chapitre « De l'affection des peres aux enfans » se termine sur des réflexions bien étrangères à l'amitié paternelle et filiale. Toute la fin est une souple variation sur le thème : *libri/liberi*, nourrie d'emprunts à Aristote et à Plutarque[4]. L'idée directrice est parfaitement claire : les vrais auteurs préfèrent les œuvres de leur esprit aux enfants de leur chair. « Il est peu d'hommes addonez à la poësie, qui ne se gratifiassent plus d'estre peres de l'*Énéide* que du

---

1 Voir *Essais sur poutres. Peinture et inscriptions chez Montaigne*, Paris, Klincksieck, 2000 ; et « Montaigne, l'imprimeur Nivelle et la fille qui allaitait son père (scène peinte) », *Journal de la Renaissance*, Brepols-CESR, vol. II, 2004, p. 155-163.

2 Article cité dans la note précédente, p. 156.

3 *Ibid.*, p. 162.

4 Voir la notule et les notes de l'édition « La Pléiade », Paris, Gallimard, 2007, p. 1526-1536.

plus beau garçon de Rome, et qui ne souffrissent plus aiséement l'une perte que l'autre[1] ». Lui-même, a-t-il soin de préciser, aimerait mieux « en avoir produict ung, parfaitement bien formé, de l'acointance des Muses, que de l'acointance de [sa] femme[2] ». Le mythe de Pygmalion[3] intervient dans les dernières lignes du chapitre à l'appui de l'idée selon laquelle les œuvres d'art ont suscité elles aussi des « passions vitieuses et furieuses » comme celles qui « ont eschauffé quelque fois les peres à l'amour de leurs filles, ou les meres envers leurs fils[4] ». Tout cela se situe dans la lignée des réflexions platoniciennes et érasmiennes sur la prééminence des enfants de l'esprit. Dès lors, il est douteux que Montaigne ait voulu avoir sous les yeux l'exemple extrême et presque incestueux de l'attachement d'une fille à son père. Que faisait donc cette peinture dans son cabinet de travail ? Nous ne le savons pas.

Si un écrivain est attaché à son œuvre plus qu'à ses propres enfants, ne risque-t-il pas de l'aimer plus que de raison ? L'ensemble des *Essais* montre, en fait, que leur auteur est tout à fait conscient du danger. Il est même possible de dire qu'il donne le coup de grâce au vieux thème : *libri/liberi*. Par tous les moyens, il s'emploie à triompher de l'idée de possession. Ascèse véritable, même si elle est séculière.

Les avatars du livre une fois quittés les coffres de l'auteur, Montaigne les connaît car il a lu Martial[5]. Mais les injures les plus visibles ne sont pas les plus profondes. Ce qui hante Montaigne, ce sont les calomnies, les médisances, ou les interprétations tendancieuses que peut subir le livre. Avec celui de La Boétie, il en a su quelque chose. Enfant posthume, privé de l'assistance de son père, publié dans des conditions douteuses par les protestants[6], la *Servitude volontaire*, rebaptisée « *Contr'Un* », illustre le destin malheureux de l'écrit prévu par Platon dans la célèbre page du *Phèdre*[7]. Pour défendre le livre de son ami, Montaigne a dû donner de la voix, comme il le dit lui-même dans le chapitre « De l'amitié[8] », mais aussi dans celui « De la vanité ». Il pense à La Boétie lorsqu'il écrit :

---

1 *Essais*, II, 8, éd. Villey-Saulnier, p. 402.
2 *Ibid.*, p. 401.
3 Que Montaigne connaît par l'intermédiaire d'Ovide, *Métamorphoses*, X, v. 243-297.
4 *Essais*, II, 8, p. 402.
5 *Essais*, II, 18, p. 664.
6 Il est sans doute inutile de revenir sur les conditions de cette publication.
7 Voir *sup*, p. 86.
8 *Essais*, I, 28, p. 194.

> Je ne veux pas apres tout, comme je vois souvent agiter la memoire des trespassez, qu'on aille debatant : il jugeoit, il vivoit ainsin ; il vouloit cecy ; s'il eust parlé sur sa fin, il eust dict[1].

Pour empêcher qu'on ne dise n'importe quoi sur lui, Montaigne tentera de tout dire dans les *Essais*. Cela mis à part, il n'a que de l'ironie et des sarcasmes pour les auteurs amoureux de leur œuvre. Il se moque des « œillades » qu'ils lui adressent[2] : pour le livre comme pour l'institution des enfants, il souhaite un peu plus de virilité. Ces attachements langoureux empêchent l'auteur de juger sainement de ses écrits. « Ordinairement je m'aperçoy qu'on faut autant à juger de sa propre besongne que de celle d'autruy[3] ». Tous ces avertissements s'inscrivent sans effort dans la tradition horacienne d'exigence et de lucidité. Un gentilhomme doit se distinguer d'un simple écrivain, et l'on sait que l'auteur des *Essais* ne plaisante pas sur le sujet de sa noblesse. En fait, Montaigne se détache beaucoup moins qu'il ne le dit de ses écrits, mais il renouvelle en profondeur la manière de penser l'antique triade de l'auteur, de l'œuvre et du lecteur.

En bonne logique, le livre ne lui appartient plus une fois qu'il a été publié. « Celuy qui a hypothecqué au monde son ouvrage, je trouve apparence qu'il n'y aye plus de droict[4] ». C'est pourquoi, explique-t-il, il ajoute mais ne corrige pas : demi-mensonge souvent commenté[5]. L'idée d'hypothèque mérite cependant un instant d'examen. Une hypothèque ne supprime pas la possession ou la jouissance d'un bien. Elle lui donne seulement des limites. Montaigne reste toujours le propriétaire de son livre, à charge pour lui de plaire aux lecteurs en ajoutant, ici et là, « quelque embleme supernumeraire[6] ». Il ne s'agit pas d'une propriété d'ordre économique. Laissons également de côté la question tant débattue de la propriété intellectuelle des œuvres de l'esprit[7]. L'important est que Montaigne invente une relation féconde entre lui-même et son lecteur, qui cesse d'être un danger. Il lui arrivera sans doute de mal comprendre le texte des *Essais*, de le dénaturer. Mais il est aussi un auxiliaire, un

1 *Ibid.*, III, 9, p. 982-983.
2 *Ibid.*, III, 13, p. 1069.
3 *Ibid.*, III, 8, p. 939.
4 *Ibid.*, III, 9, p. 963.
5 Voir notamment André Tournon, *La Glose et l'essai*, Presses Universitaires de Lyon, 1983, p. 69.
6 *Essais*, III, 9, p. 964.
7 Voir la note de Karine Crousaz, *op. cit.*, p. 90.

précieux stimulant de l'écriture. Jadis, Hugo Friedrich avait bien vu que Montaigne avait besoin d'imaginer un cercle de lecteurs, plus ou moins vaste, au moment même où il écrit[1]. Mais, persuadé que l'auteur des *Essais* écrit pour lui-même ou pour un public idéal, il avait laissé un peu dans l'ombre une partie de la question. Elle mérite une réponse plus précise, qui est peut-être celle-ci : Montaigne écrit aussi pour retrouver un ami. « Outre ce profit que je tire d'escrire de moy, j'en espere cet autre que, s'il advient que mes humeurs plaisent et accordent à quelque honneste homme avant que je meure, il recerchera de nous joindre[2] ». À cette date (1588), le souvenir de La Boétie est toujours aussi vif, comme le prouve l'exclamation fameuse que l'on trouve peu après la phrase qui vient d'être citée : « O un amy ! ». Que penser du « nous » employé ici ? Pluriel de majesté ? Il n'est guère dans les habitudes de l'auteur. Il se pourrait que le pronom personnel désigne Montaigne et son livre, Montaigne inséparable de celui-ci. Il lui dit tout ou presque, si bien que l'ami espéré aura déjà, lors de leur première rencontre, l'impression de l'avoir déjà vu[3]. S'il est, comme il le dit, « affamé de [se] faire connoistre[4] », c'est pour combler un manque. Ou plutôt deux. Madame de Montaigne n'ayant guère de place dans sa vie affective, Montaigne écrit aussi pour les dames. En s'intéressant à certains vers de Virgile, il espère entrer dans leur « cabinet », car il « ayme leur commerce un peu privé[5] ». Ce qui suit est dans toutes les mémoires : c'est l'admirable phrase sur les « dernieres accolades ». Si les *Essais* n'ont pas permis de trouver un ami, ils ont offert à leur auteur l'alliance de Mademoiselle de Gournay, lectrice de Montaigne avant sa rencontre avec lui, à Paris, en 1588[6]. Une même exigence de vérité préside au commerce des hommes et à celui des femmes. Le lecteur ainsi représenté ne peut que stimuler le désir d'être authentique. Le livre est donc à la recherche de nouveaux attachements. Boccace avait donné à son *Décaméron* le surnom de « Prince Galehault[7] »,

1 Hugo Friedrich, *Montaigne*, tr. fr., Paris, Gallimard, 1969, p. 345-348.

2 *Essais*, III, 9, p. 981.

3 « Tout ce qu'une longue connoissance et familiarité luy pourroit avoir acquis en plusieurs années, il le voit en trois jours en ce registre » (*ibid.*).

4 III, 5, p. 847.

5 III, *Ibid.*

6 Voir la *Copie de la Vie de la Damoiselle de Gournay* [...], *Œuvres complètes*, Paris, Champion, 2002, t. II, p. 1861.

7 Édition Laurens-Clerico, Paris, Gallimard, Folio classique, 2006, p. 31 et la note.

celui-là même qui avait joué le rôle d'entremetteur entre Lancelot et la reine Guenièvre[1]. Boccace voulait simplement consoler et distraire les dames. Montaigne, un peu plus peut-être.

Le lecteur ne se contente pas d'attendre les livres de l'auteur : il se tient constamment auprès de lui dans le temps même de l'écriture. Comme un censeur éventuel, à qui il faut demander la permission d'augmenter le livre : « Laisse, lecteur, courir encore ce coup d'essay et ce troisiesme allongeail du reste des pieces de ma peinture[2] » ; comme un confesseur d'un nouveau genre, invité à entendre les aveux publics d'un auteur inattendu :

> En faveur des Huguenots, qui accusent nostre confession privée et auriculaire, je me confesse en publicq, religieusement et purement[3].

On devine autour de lui un cercle d'honnêtes gens, dont la règle intérieure est de ne pas tricher dans la conduite de la vie. Des *happy few*, si l'on veut, mais qui ne se sont pas contentés de naître. Montaigne écrit grâce à leurs encouragements, à leur regard à la fois net et bienveillant. En leur absence, l'entreprise éthique des *Essais* ne serait pas possible. On ne ment pas plus à ces honnêtes gens qu'on ne ment à un confesseur.

Ils ont aussi l'immense avantage de savoir bien lire. Sans eux, le style de Montaigne aurait été différent. Les *Essais* foisonnent en déclarations stylistiques, aussi éloquentes les unes que les autres sur le rôle du lecteur dans le choix d'une manière d'écrire. Avec des lecteurs « diligents », inutile de tout dire : c'est ennuyeux, et il faut leur laisser le plaisir de faire une partie du chemin pour rencontrer l'auteur[4]. « J'ouvre les choses plus que je ne les descouvre », dit-il encore, en citant l'un des sept sages[5]. Ou bien, il n'aborde qu'un aspect du sujet qu'il a choisi : « De cent membres et visages qu'a chaque chose, j'en prens un tantost à lecher seulement, tantost à effleurer ; et par fois à pincer jusqu'à l'os[6] ». Ce dernier cas est le plus rare. L'image rappelle le chien et l'os à moelle du prologue de *Gargantua*. À ceci près, toutefois, que le chien de Rabelais semble respecter

1 Voir Dante, *L'Enfer*, V, 137.
2 *Essais*, III, 9, p. 963
3 *Ibid.*, III, 5, p. 846.
4 Ajoutons que Montaigne déclare qu'il ne voit le « tout de rien » (I, 50, p. 302).
5 *Essais*, II, 12, 501.
6 *Ibid.*, I, 50, p. 302.

un rituel : il danse autour de son os, le prend, fait mine de l'oublier, et le reprend. Montaigne semble aller droit au but, jusqu'à la moelle précieuse. Avouons que c'est plutôt rare. Le plus souvent, il est un artiste de la caresse. Effleurer, caresser, ce n'est pas simplement toucher un corps ou un objet. C'est prendre légèrement la mesure de son être. La caresse est un accès discret à la densité du sens. Elle invite le lecteur à procéder de même. Sa douceur est contagieuse. Dans la caresse se conjuguent l'attachement et le détachement : une caresse qui dure, cela n'a pas de sens.

On le sait : Montaigne a été lui-même un admirable lecteur, tout comme Amyot qui a si bien traduit Plutarque. Bien lire, c'est d'abord retrouver « l'imagination vraye de l'autheur », « planter vivement dans son âme [par exemple] une générale Idée de celle de Plutarque[1] ». Montaigne n'a jamais cautionné le droit de faire dire n'importe quoi à un auteur. Il réclame un effort d'empathie, sans lequel toute lecture (toute traduction) sera vaine. D'autres phrases des *Essais* feront la part plus belle à la multiplicité des visages d'un même individu, à tout ce qui s'oppose à la synthèse psychologique[2]. Ici, il n'en est rien. On peut saisir l'âme de Plutarque. C'est ce qui permet d'entrer dans ses intentions littéraires et philosophiques. Cette idée d'intention, décriée par une partie de la critique actuelle, mérite un petit plaidoyer. Elle ne se confond pas avec les déclarations de l'auteur dans ses préfaces et autres « avant-dire ». Montaigne la conçoit d'une manière plus profonde. L'intention de l'auteur, c'est ce qui ressort d'une lecture attentive et sans préjugé de l'œuvre elle-même. Balzac, par exemple, sans la préface de la *Comédie humaine*. Elle n'est pas antérieure à l'écriture de l'œuvre. Pour la trouver, il faut partir de celle-ci. Cette unité aléatoire est indispensable à la lecture.

Reste qu'il y a bien des manières d'entendre une phrase. Si Montaigne tout comme Rabelais souhaite des lecteurs diligents, c'est parce qu'ils doivent pouvoir user de leur liberté. Les droits de l'auteur sur son livre s'arrêtent là où commencent les fécondes lectures. Rappelons ici quelques phrases mémorables :

> J'ay leu en Tite-Live cent choses que tel n'y a pas leu. Plutarque en y a leu cent, outre ce que j'y ay sceu lire, et, à l'adventure, outre ce que l'autheur y avoit mis[3].

---

1 *Essais*, II, 4, p. 363.
2 Par exemple, celle où Montaigne évoque les « lopins » dont nous sommes faits (II, 1, p. 337).
3 *Essais*, I, 26, p. 156.

La dernière partie de cette phrase semble contredire ce qui a été dit plus haut. Le lecteur aurait le droit de trouver des significations auxquelles n'a pas songé l'auteur. Oui, mais elles s'accordent avec l'idée profonde que l'on peut se faire de celui-ci. Il s'agit donc, conjointement, d'une philosophie de l'écriture et d'une philosophie de la lecture. On ne relève pas assez, chez Montaigne, le passage où il condamne avec une grande fermeté le « style nubileux et doubteux » affectionné par certains auteurs pour mieux « enbesoigner à soy la postérité[1] ». Il faut condamner ce genre de narcissisme qui veut retenir le lecteur plus longtemps qu'il n'est convenable. Par avance, en quelque sorte, l'auteur obscur se réjouit de voir « nombre d'esprrits, le belutants et secouants », pour en exprimer « quantité de formes, ou selon, ou à costé, ou au contraire de la sienne, qui lui feront toutes honneur. Il se verra enrichi des moyens de ses disciples, comme les regens du Lendit[2] ».

Celui qu'il faut enrichir, ce n'est pas l'auteur, mais bien le lecteur. Toute autre façon de faire est mal séante à un honnête homme. Il y a donc un bon et un mauvais usage de l'obscurité littéraire. Seule est respectable celle qui est justifiée par l'obscurité du monde.

Comment comprendre dans ces conditions que Montaigne s'insurge par avance contre les interprétations tendancieuses des *Essais* ? « Je reviendrois volontiers de l'autre monde pour démentir celuy qui me formeroit autre que je n'estois, fut ce pour m'honorer[3] ». Quelle phrase étrange, presque furieuse ! Mais tout à fait justifiée. Puisqu'il a tout dit sur lui-même, on n'a pas le droit de le manipuler. La Boétie était plus vulnérable parce qu'il n'avait guère parlé de lui. Qu'on le lise, sans le simplifier, c'est tout ce qu'il demande. Il a pris soin lui-même de montrer la complexité de son moi, de se « reciter » le plus fidèlement possible. Il n'a que faire des « formes » qu'on lui imposerait.

L'idée d'intention trouve apparemment sa limite dans l'usage qui est fait des histoires et des citations. Mais ce n'est qu'une apparence. Regardant son livre avec l'éloignement que donne la vieillesse, Montaigne constate dans une addition de l'exemplaire de Bordeaux : « Combien y ay-je espandu d'histoires qui ne disent mot, lesquelles qui voudra esplucher un peu ingenieusement, en produira infinis Essais[4] ». Des « histoires qui ne

1 *Ibid.*, II, 12, p. 586.
2 *Ibid.* Lors de la foire du Lendit, les élèves donnaient des honoraires à leurs professeurs.
3 *Ibid.*, III, 9, p. 983.
4 *Ibid.*, I, 40, p. 251.

disent mot », ce sont des histoires sans commentaire. Voilà qui distingue Montaigne des auteurs médiévaux et, plus généralement, de tous ceux qui commentent leurs *exempla*. Didactisme oblige. L'avantage de la méthode montaignienne, c'est que le lecteur pourra donner tous les sens qu'il souhaite à l'anecdote qu'il vient de lire. La réserve de l'auteur lui assure une liberté incomparable. Mais c'est une liberté voulue, intentionnelle. Cette manière d'écrire offre au lecteur la chance de pouvoir, s'il le souhaite, écrire à son tour des *Essais*. L'usage des citations[1] répond à un souhait analogue.

> Elles portent souvent, hors de mon propos, la semence d'une matiere plus riche et plus hardie, et sonnent à gauche un ton plus delicat, et pour moy qui n'en veux exprimer d'avantage, et pour ceux qui rencontreront mon air[2].

Phrase bien connue et qui mériterait une longue analyse. On se contentera de dire que, pour Montaigne, le texte étranger introduit dans les *Essais*, sous forme de citation, possède une autonomie irréductible à l'usage qui en est fait. Il est une semence échappant au contrôle et capable elle aussi d'engendrer grâce à la discrétion de Montaigne qui ne lui impose pas une lourde signification. À sa façon, il ressemble aux harmoniques d'une phrase musicale. Pour lire Montaigne, il faut avoir de l'oreille. Petit détail : c'est le côté gauche qui est ici valorisé, comme cela convient à tout ce qui est plus ou moins dissident. Quoi qu'on pense de son allure « à sauts et à gambades[3] », Montaigne suit quand il écrit le fil de son sujet, mais il prête aussi attention à ce qui « sonne à gauche ». Il a donc adopté le meilleur dispositif possible pour que le lecteur fût libre tout en restant en connivence avec lui.

Les véritables enfants de Montaigne, ce sont donc ses lecteurs, aussi libres que lui-même à pu l'être lors de son éducation. L'image de la semence prend ici une portée nouvelle. Elle ne renvoie plus seulement à une technique d'écriture, mais désigne la capacité créatrice accordée par la générosité de l'auteur à ceux qui le liront. Pourquoi, dès lors, serait-il soucieux du destin de son livre ? Pourquoi faudrait-il qu'il le retînt par devers lui, anxieux de l'accueil qu'on lui réservera ? Il doit

1 Il a fait l'objet d'un nombre considérable d'études qu'il est impossible de citer. L'essentiel se trouve chez Antoine Compagnon, *La Seconde Main ou le Travail de la citation*, Paris, Seuil, 1979.

2 *Essais*, I, 40, p. 251.

3 *Ibid.*, III, 9, p. 994.

au contraire paraître à la lumière. Sans la publication et la lecture qui suivra, Montaigne échouerait dans son projet. Il a bien des fois répété, sous une forme ou sous une autre, qu'il était aussi le fils de son livre. Citons seulement la phrase la plus connue : « Je n'ay pas plus faict mon livre que mon livre m'a faict, livre consubstantiel à son autheur[1] ». Le livre l'a fait parce qu'il lui a permis de mieux se connaître, d'affermir son « patron ». Il l'a créé également dans un autre sens : l'auteur se sent lié par l'image que le lecteur s'est faite de lui et qu'il ne doit pas démentir. Loin d'être un danger, le lecteur lui permet d'accéder à la vérité de son moi. Dans une perspective plus classique que la sienne, la vérité préexiste au livre, qui doit la dire. Dans celle de Montaigne, c'est l'œuvre qui la crée. Il doit donc se détacher du livre qu'il a écrit, pour mieux s'attacher des lecteurs, et (qui sait ?) retrouver dans leur foule encore sans visage un nouvel ami ou une « fille d'alliance ».

Les *topoi* ne sont pas éternels. La comparaison entre le livre et l'enfant a eu son heure de gloire (l'antiquité classique et la Renaissance qui en est la fille), puis elle a décliné. L'une de ses dernières attestations, selon Curtius, est le passage de *Don Quichotte* qui a été cité[2]. Elle resurgit de temps en temps sous la plume et dans la conversation des grands créateurs. C'est ainsi que Federico Fellini à qui un journaliste demandait s'il avait des enfants, aurait répondu par la négative tout en précisant que ses films étaient ses fils[3]. Ce déclin ne se comprend toutefois pas si on ne fait pas intervenir la concurrence d'un autre modèle. Maintenant, ce qui compte, ce n'est pas la naissance des œuvres, mais celle des hommes.

Cette autre histoire, que l'on ne peut qu'esquisser, et qui engloberait, s'il fallait tout dire, le roman initiatique, commence avec Socrate et sa fameuse maïeutique. Au centre de celle-ci, la relation entre un maître et son disciple. N'importe quel disciple, mais pas n'importe quel maître. Comme il l'explique dans le *Théétète*, Socrate est le fils d'une sage-femme[4]. Lui aussi, il aide à l'accouchement, mais son oeuvre concerne les âmes. De son vivant, on lui a reproché d'être bien long dans son travail, mené selon le rituel des questions et des réponses. Mais cela lui

1 *Essais*, II, 18, p. 665.
2 Voir *supra*, p. 87.
3 Précisons, pour la petite histoire, que Fellini et Giuletta Massina ont eu un enfant, mort prématurément.
4 *Théétète*, 148 a.

importe peu. Il faut du temps pour savoir si le disciple accouche d'une vérité ou d'une simple apparence[1]. Cet insigne privilège, c'est en fin de compte un don du dieu lui-même, et non le fruit de l'hérédité. On passe souvent sous silence la condition qu'il lui a imposée pour avoir le droit de pratiquer son métier philosophique, et qui est peut-être la phrase la plus importante de cet éclatant passage : « Le Dieu me force à pratiquer l'accouchement, tandis qu'il m'a empêché de procréer[2] ». Petite phrase, grands effets. Platon semble dire que l'enfantement des esprits ne peut être pratiqué par ceux qui ont la capacité de procréer selon la chair. Le maître n'aura pas lui-même d'enfants. Il est certain que, dans l'esprit du platonisme, ceux-ci valent moins que les enfants de l'esprit.

La relation entre maître et disciple plonge si loin dans l'histoire de la philosophie et de la spiritualité qu'il est impossible d'en proposer la moindre esquisse. Dans la tradition juive, l'important était bien l'enseignement oral. Si le maître écrivait, il s'intéressait moins à ses œuvres qu'à ses disciples. Libre à ceux-ci de consigner par écrit, sur le champ ou de mémoire, la parole du maître. De Gamaliel, on ne sait rien ou presque. Il n'a laissé aucun écrit. Mais Paul, avant sa conversion, était assis à ses pieds, en vrai pharisien, et il buvait les leçons de ses lèvres (Ac, 22, 3). Après le chemin de Damas, il a écrit les épîtres que nous connaissons. Mais ce qui lui importait, c'étaient ses propres disciples. Tite est son « véritable enfant dans la foi » (1, 4), Timothée, son « enfant bien aimé » (1, 1, 2 et 2, 2, 1). Les deux épîtres de Jean, le plus affectif, peut-être, des quatre évangélistes, multiplient les termes attestant l'amour paternel qu'il a pour ses disciples[3]. On l'aurait sans doute étonné si on lui avait dit que ses épîtres étaient ses véritables enfants. Elles ne servaient qu'à enseigner la foi aux disciples du Christ et à les maintenir dans celle-ci. Cependant, l'Évangile de Jean donne à cette relation une signification étrangère, semble-t-il, à la tradition juive. Dans le grand discours où il annonce à ses disciples qu'il va les quitter, le Christ, les voyant dans la tristesse, compare celle-ci à l'angoisse de la femme au moment de son accouchement : « Lorsque la femme enfante, elle est dans l'affliction puisque son heure est venue[4] ». Mais ensuite,

1 *Ibid.*, 150 a
2 *Ibid.*, 150 c.
3 Voir, par exemple, 1, Jn, 2, 1 ; 2 : 3, 12, 18 etc.
4 Jn, 16, 21.

elle se réjouit car elle a mis un homme au monde. Ainsi des disciples : ils sont maintenant dans l'affliction mais leur cœur se réjouira quand ils reverront le maître. Comparaison bien insolite. Quel est, dans l'ordre religieux, l'équivalent de l'enfant mis au monde par la femme ? Jean ne le dit pas, mais la réponse est relativement simple : les disciples vont accoucher de quelque chose qui n'est autre que la foi. Quand ils retrouveront le Christ, ils auront compris que celui-ci a triomphé de la mort et leur cœur se réjouira. Si l'on reprend la comparaison entre Socrate et le Christ[1], on peut dire que le Christ est lui aussi un accoucheur, mais il passe par la mort pour accomplir son œuvre. Le christianisme fait mourir le maître pour que naisse la foi. Le détachement trouve ici sa forme la plus tragique puisqu'il est synonyme de mort. Par comparaison, les angoisses des écrivains quant au devenir de leur œuvre paraissent, disons-le, quelque peu puériles. Au moment des adieux du Christ, le détachement est double : le Christ se dirige vers la mort et laisse des orphelins[2]. Et les disciples ne voient plus le maître de leurs yeux de chair. D'où leur lancinante question : « Où vas-tu ? ». L'œuvre, elle aussi, allait vers l'inconnu, mais, sauf accident, elle ne mourait pas. En fait, c'est le christianisme qui infléchit la leçon socratique. Si la Renaissance ne s'intéresse pas beaucoup à la maïeutique du philosophe grec, si les *Dialogues*[3] qu'elle invente ne lui font guère de place, c'est bien, parce que, dans sa perspective, l'œuvre maîtresse de Socrate, c'est sa mort, qui accrédite tout le reste. Pour la même raison, la Renaissance accorde beaucoup d'intérêt aux trois dialogues où Socrate fait ses adieux à ses amis : l'*Apologie de Socrate*, le *Phédon* et le *Criton*. Ce sont eux qui mettent en scène l'admirable détachement du philosophe ; eux aussi qui fondent le parallèle entre le philosophe athénien et le Christ. Telle est l'une des directions majeures de la pensée de Ficin, comme on peut le voir dans la *Confirmatio Christianorum per Socratica*[4]. Mais, à force de voir dans la personne de Socrate un précurseur du Christ, on perd de vue sa singularité et les effets créateurs de sa parole. Seule compte

1 Voir notamment l'adage d'Érasme « Les Silènes d'Alcibiade ».

2 Pas pour longtemps, toutefois, puisque le Christ enverra à ses disciples le Paraclet, c'est-à-dire l'Esprit saint (Jn, 14, 16-18).

3 Voir Mustapha Kemal Benouis, *Le Dialogue philosophique dans la littérature française de la Renaissance*, Paris-La Haye, Mouton, 1976 et Béatrice Périgot, *Dialectique et littérature : les avatars de la dispute entre Moyen Âge et Renaissance*, Paris, Champion, 2005.

4 Marcile Ficin, *Opera*, Bâle, 1576, t. I, p. 868.

une vie consacrée tout entière à la recherche de la vérité, insensible aux outrages d'où qu'ils puissent venir, et une mort qui se situe dans le prolongement de cette vie. Véritable chef-d'oeuvre, en vérité, préparé par un « plaidoyer sec et sain, mais quand et quand naïf et bas, d'une hauteur inimaginable, veritable, franc et juste au delà de tout exemple[1] ». Au seuil de la mort, Socrate, contrairement à Jésus, ne dédaigne pas une certaine forme d'éloquence. Il veut que sa fin lui ressemble, car il mourra comme il a vécu. Tout le reste disparaît. Il ne peut se soucier de ses œuvres, puisqu'il n'y en a pas. Socrate : celui qui n'a pas écrit, selon le mot de Nietzsche. Les *ultima verba* de Socrate sont l'exact opposé de ceux d'Épicure, qui fâchent un peu l'auteur des *Essais* : l'illustre philosophe aurait eu la faiblesse, au moment du grand passage, de songer à ses « inventions » et à ses « discours[2] ». Il a pensé également au culte que la postérité devrait lui rendre : vanité que tout cela, tant il est vrai que seule compte la fécondité spirituelle de la parole qui enfante elle aussi. Toute la question est de savoir s'il faut passer par la mort pour authentifier la parole philosophique. Platon ne le pensait sans doute pas, mais Ficin, sur ce point, ne l'a pas suivi.

En fin de compte, il est plus facile de se détacher des biens de ce monde que des œuvres de son esprit. Platon nous a aidés à comprendre les raisons de cet attachement. L'écrit est faible, il a besoin de l'assistance de son père. Derrida l'a si bien dit qu'il est inutile d'ajouter quelque chose à sa leçon. Cette faiblesse explique les efforts désespérés déployés par les écrivains pour rester maîtres de leurs écrits, les innombrables défenses, apologies, justifications dont Érasme (soyons francs !) nous a accablés. Au même moment, Marot s'y prenait d'une manière bien différente. Tout entier dans ses *Épîtres*, il les confie sans angoisse excessive au porteur, au vent, au hasard. L'essentiel a été pour lui de vivre un temps en communion avec ses correspondants. Le reste ne dépend pas de lui. La lettre est bel et bien cet art de l'instant que ne peuvent comprendre les obsédés de la gloire. Elle est aussi un art du détachement : le souhait, ici, c'est qu'elle parvienne le plus vite possible à celui ou à celle qui doit la lire, qui est même déjà là par la vertu d'une obscure télépathie. Le vœu le plus

1 *Essais*, III, 12, p. 1054.
2 *Ibid.*, II, 16, p. 620. Selon Catherine et Michel Magnien (édition « La Pléiade », p. 1635), la lettre d'Épicure à Hermachus est citée d'après Cicéron, *De Finibus*, II, 30, 96.

cher de ces épistoliers est qu'une infime partie d'eux-mêmes, comme un parfum de femme, demeure sur le papier. « Va-t'en vite trouver mon ami, ou celle que j'aime ». Tel est le beau refrain de la lettre et, à plus forte raison, de la chanson, art de la légèreté, art du congé, bien connu du Moyen Âge. Comparé à celui-ci, l'humanisme paraît parfois trop sérieux. Les écrivains se sont mis à croire[1] que leur œuvres étaient, en quelque sorte, leurs enfants. D'où le luxe de précautions dont leur départ est entouré, et les inquiétudes, puériles ou agaçantes, qui accompagnent leur sortie. Socrate avait peut-être deviné que l'écrivain est rarement un être détaché. Pétrarque le savait bien, qui gémit de ces attachements médiocres tout en s'avérant incapable de les dépasser.

1 Dans le dossier de Michel Jourde (voir, p. 81), deux exemples seulement viennent du Moyen Âge, Ils sont remarquablement analysés par Jean-Yves Tilliette et Michèle Gally.

LE DEUIL

Quand il se sépare de ses œuvres, l'écrivain vit donc souvent une petite mort. Elle peut faire sourire ceux qui ont fait l'expérience du véritable deuil. Puéril, cet écrivain qui se tourmente de peu de chose. Qu'en sera-t-il quand il sera affronté à la mort de ses proches ? Curieusement, cette question n'a guère retenu l'attention des spécialistes de la Renaissance. Autant on a parlé de la manière dont elle envisageait la mort, autant on est resté silencieux sur la façon dont elle vivait le deuil. L'enjeu, dira-t-on, est moindre, ce qui est évident. De plus, le deuil possède des règles fixées par la société. À elle de dire combien de temps il doit durer, par quelles étapes doit passer celui qui a perdu un être cher avant de retrouver le rythme quotidien de la vie. L'individu n'est donc pas maître de son deuil. Il s'habillera en noir, ou en blanc tant que la société lui dira de le faire. Si, avec raison, on fait intervenir celle-ci dans la réflexion, il faut aller au bout du raisonnement et se poser la question : est-ce que la société se préoccupe de la mort parce que, autrement, elle pourrait se venger ? Ou bien est-ce qu'elle se préoccupe de la vie, mise en danger par des conduites de deuil excessives ou trop longues ? Nous croyons que la seconde question est plus pertinente que la première. Ce que le présent chapitre voudrait montrer, c'est que la société tolère mal les regrets éternels, qu'elle est habitée par un vouloir-vivre, qui fait parfois violence aux sentiments des individus. Les attachements qui ne meurent pas, ils seront bons pour la littérature, gardienne de l'absolu. Elle donne le droit de parole aux mourants mais aussi à ceux qui demeurent et qui ne veulent pas être consolés. Sans éclats de voix, ils imposent une tristesse dont il faut bien s'accommoder.

Depuis toujours, la littérature accueille les manifestations les plus extrêmes de la douleur devant la mort. Celle de Gilgamesh quand il perd son ami Enkidu prend des dimensions effrayantes[1]. Plus retenu,

---

1 *L'Épopée de Gilgamesh*, huitième tablette, Paris, L'Artisan du livre, 1939, p. 119-120.

Achille se contente de poser ses mains sur le corps inanimé de Patrocle et de sangloter sans répit[1]. Roland ne veut pas se détacher du cadavre d'Olivier[2]. Quant au roi Artus, il devient presque fou en apprenant la mort d'Yvain et de ses compagnons[3]. Le privilège de la chanson de geste est de respecter la démesure de ces deuils, sans souci des convenances. D'une façon discrète mais sûre, la société exerce pourtant un contrôle sur ces conduites estimées dangereuses. L'anthropologie nous explique qu'« une grande part des pratiques funéraires et post-funéraires vise à protéger de la mort contagieuse » et que « la période de deuil correspond à la durée de la décomposition du cadavre[4] ». Il se peut. La perspective freudienne éclaire davantage les phénomènes en question. Si la définition du deuil, donnée par Freud, est classique (il « est régulièrement la réaction à la perte d'une personne aimée ou d'une abstraction mise à sa place, la patrie, la liberté, un idéal[5] »), il n'en va pas de même du reste de son analyse, où deuil et mélancolie s'éclairent mutuellement. Il ne viendrait à l'esprit de personne de conseiller à celui ou celle qui est en deuil de consulter un médecin : « Nous comptons bien qu'il sera surmonté après un certain laps de temps et nous considérons qu'il serait inopportun et même nuisible de le perturber[6] ». Durant ce temps-là, la personne montrera peu d'intérêt pour le monde extérieur, elle abandonnera « toute activité qui n'est pas en relation avec le souvenir du défunt[7] ». À plus forte raison, l'objet aimé ne sera pas remplacé, malgré les pressions, affectueuses ou intéressées, de l'entourage. S'il faut laisser du temps au deuil, c'est qu'il accomplit un véritable travail.

> Chacun des souvenirs, chacun des espoirs par lesquels la libido était liée à l'objet est mis sur le métier, surinvesti et le détachement de la libido est accompli sur lui[8].

Un jour ou l'autre, les visites au cimetière s'espaceront, les bouquets

1 *L'Iliade*, XVIII, 316-317.
2 *Chanson de Roland*, laisses 163-164.
3 Cité par Philippe Ariès, *L'Homme devant la mort*, Paris, Seuil, 1977, p. 144.
4 Edgar Morin, *L'Homme et la mort*, Paris, Seuil, 1970, p. 25.
5 *Métapsychologie*, Paris, Gallimard, « Idées », 1968, p. 154.
6 *Ibid.*
7 *Ibid.*, p. 149.
8 *Ibid.*, p. 150.

de violettes se feront plus rares, ce qui ne signifie pas que le défunt est oublié. Grâce aux anniversaires, les tombes seront toujours fleuries.

Toutefois, la durée du deuil personnel n'a rien à voir avec celle du deuil officiel. Mieux : il est possible de dire que le second combat les désirs du premier. Les *Requiem* demandent à celui qui a perdu un être cher de le confier à Dieu, de croire qu'il le retrouvera dans l'autre monde. Tout passe, il faut renoncer à la demeure, il faut savoir se détacher, doucement, progressivement. Les rites des funérailles, comme l'a bien montré Philippe Ariès, arrêtent ou suspendent les manifestations excessives de la tristesse. Très tôt, les Pères de l'Église se sont insurgés contre le recours aux pleureuses, chargées de rendre le deuil plus intense[1]. Une certaine réserve dans le comportement reste le plus sûr allié d'une tristesse de bon aloi, d'une tristesse vraiment consolatrice.

C'est ce que l'on peut constater, à la Renaissance, avec les œuvres inspirées à Jean Lemaire de Belges par la mort de ses protecteurs. Un destin singulier a voulu qu'il en perdît trois presque coup sur coup. D'abord, Pierre de Bourbon ; ensuite le comte de Ligny ; enfin, Philibert de Savoie, l'époux de Marguerite d'Autriche. Dans ces conditions, il n'est pas étonnant qu'il ait écrit un traité *Des pompes funeralles antiques*[2]. Présent sans doute à celles de Pierre de Bourbon, il l'était aussi à celles qui suivront. Le plus important reste cependant les différentes complaintes inspirées par ces morts, complaintes peu lues avant les grandes études de François Cornilliat[3]. *La Plainte du Désiré*, inspirée par la mort du comte de Ligny, est l'une de ces fictions, mêlées de vers et de prose, où s'épanouit le génie de Lemaire. Un jour, l'attention de l'« acteur » est attirée « par le tumulte d'une tourbe plourante et par la vehemence de leurs trenchantz regretz[4] ». Une « piteuse advenue » s'offre alors à ses yeux : près d'un « noble corps gisant mort tout de fraiz » se trouve Dame

1 *L'Homme devant la mort*, *op. cit.*, p. 145.

2 Sur ce traité, jamais édité de son vivant, voir Marie-Madeleine Fontaine, « Antiquaires et rites funéraires », *Les Funérailles à la Renaissance*, Genève, Droz, 2002, p. 330-335 ; et, dans le même volume, Elizabeth A.R. Brown, « Refreshment of the Dead : *Post mortem* Meals : Anne de Bretagne, Jean Lemaire de Belges, and the Influence of Antiquity on Royal Ceremonial », p. 113-130.

3 *« Or ne mens ». Couleurs de l'éloge et du blâme chez les « Grands Rhétoriqueurs »*, Paris, Champion, 1994 et *Sujet caduc, noble sujet*, Genève, Droz, 2009, p. 67.

4 *La Plainte du désiré*, éd. D. Yabsley, Paris, Droz, 1932. Toutes nos références renverront à cette édition.

Nature « sans mesure esbahie, ayant l'œil immobile et la contenance emouvant a pitié, qui par force d'étonnement ne povoit proferer de sa bouche la profonde tristesse qu'on percevoit en sa dolente face[1] ».

Auprès d'elle, « Paincture » et « Rhetorique », l'une et l'autre en larmes et incapables d'articuler le moindre mot. Voilà le premier temps du deuil, son moment paroxystique, ce qui nous arrive quand nous obéissons à la force de nos attachements. La nature l'emporte sur toutes les invitations de la vie. Nous en perdons l'usage de la parole. Cette situation ne peut durer. « Peinture » parvient enfin à ouvrir la bouche et à prononcer les huitains que l'on peut lire. Laissons de côté, malgré son importance, la question de savoir si les prestiges qu'elle représente l'emportent sur ceux de la rhétorique[2]. Scandant son discours par des répétitions de mots et des assonances, elle proclame que la mort du comte a plongé le monde dans le « deuil douloureux et dolent[3] », et pour toujours. Elle « blâme sa maîtresse, en l'accusant d'avoir laissé mourir le héros[4] ». Puis, elle fait appel à ses peintres qui devront représenter Nature elle-même, « ayant les yeulx mourans », « le chef baissé », insensible au monde extérieur, et telle que fut Andromaque elle-même quand elle vit mourir son époux[5]. Il existe en effet des archétypes du deuil : Andromaque en fait partie, comme Vénus, inconsolable de la mort d'Adonis ou encore Ève elle-même, pleurant la mort d'Abel, l'une et l'autre citées dans cette commande quelque peu étrange. Voilà les figures mythiques qui doivent inspirer les peintres. « Peinture » a-t-elle été efficace ? Il est permis d'en douter. Alors qu'elle a mis un terme à son discours, « Nature » est encore prostrée dans son deuil. La plupart des critiques soulignent en revanche la réussite de « Rhétorique » qui a pris la parole avec cet art du ralenti dont Jean Lemaire semble posséder le secret et qu'André Gendre a si bien analysé[6]. Il est vrai qu'elle fait l'éloge du défunt (strophe XXVIII) et de sa race qui ne s'éteindra jamais : tâche facile, en quelque sorte. Du séjour des bienheureux où il se trouve maintenant, le comte ne cesse

1 *Ibid.*

2 Voir François Cornilliat, *Or ne mens*, *op. cit.*, p. 587-596 et *Sujet caduc, noble sujet*, *op. cit.*, 693-696.

3 Jean Lemaire, *La Plainte du désiré*, strophe IV, vers 25, p. 69.

4 François Cornilliat, *Sujet caduc, noble sujet*, p. 693.

5 *La Plainte du désiré*, strophe XXV, p. 74.

6 « Jean Lemaire de Belges et les modèles déclarés de son Jugement de Pâris », *Mélanges sur la littérature de la Renaissance ; à la mémoire de V.-L. Saulnier*, Genève, Droz, 1984, p. 699.

pas de protéger les siens. Mais Rhétorique a trouvé une précieuse alliée en la personne de la Musique. La fin du deuil extrême, c'est elle qui l'obtient, grâce aux pouvoirs apaisants des sons et des accords. Dans une strophe solennelle à souhait, le grand Josquin des Prés est invité en effet à composer une belle musique funèbre :

> Fais doncq un chant ainsi que de tenebres
> Sans mignotise et sans point d'illecebres
> Remply de deuil en ses proportions :
> Comme on faisoit es grans pompes funebres
> Jadis à Romme, ou aux festes celebres
> D'Isis, querant par troux et par latebres
> Son mary mort, au moins par fictions[1].

Admirable Lemaire, capable de suggérer une musique à la fois lancinante, austère et consolatrice ! Ressemble-t-elle à celle que composait, de fait, Josquin des Prés ? Sans doute, et la poétique de la strophe peut faire songer à la polyphonie savante du grand Bourguignon[2]. Comme Lemaire se réfère aussi à des musiques parfaitement inconnues, jouées à Rome ou dans l'ancienne Égypte, il est difficile de l'affirmer. L'essentiel est cette idée que les deuils les plus fameux (et celui d'Isis recherchant Osiris « par troux et par latebres » en fait partie) peuvent s'apaiser grâce à la musique. L'obscur est vaincu par la proportion et la solennité. La victoire de « Rhétorique » se fait un peu attendre, et, pendant quelques temps, l'assistance reste « suspense entre cessation de pleurs et renouvellement de souspirs[3] ». Toutefois, un calme est né. Nature met un terme à sa prostration, et « tantost apres s'enclina doulcement vers le corps, et puis tourna sa chere assez tranquille et serenée vers les assistans, comme en signe de les saluer[4] ». Grâce à l'intervention de la musique, ou plutôt grâce à la promesse de celle-ci[5], le deuil s'est transformé en tristesse. On ne peut par ses propres forces échapper aux ténèbres. Les pompes funèbres ainsi imaginées ramènent doucement vers la vie celui ou celle qui voulait mourir.

---

1 *La Plainte du Désiré*, p. 81.
2 Déjà célèbre et proche de Marguerite d'Autriche.
3 *La Plainte du désiré*, p. 90.
4 *Ibid.*, p. 91.
5 Il faut bien comprendre que Lemaire ne décrit pas une cérémonie religieuse, mais se contente de la programmer.

L'épitaphe de la Renaissance joue peut-être un rôle analogue. Elle a aimé cette écriture brève à laquelle on ne peut rien changer. Elle l'a aimée dans la réalité des usages sociaux, mais aussi dans l'invention littéraire. En 1561, Scaliger codifie un genre quelque peu indécis. Il le divise en quatre parties : *laudes*, *luctus*, *consolatio*, *exhortatio*[1]. Un peu plus tard, un érudit italien, Thomas Correa, lui emboîte le pas. Déploration, louanges, consolation, exhortation : dans le désordre, ce sont les termes de Scaliger[2]. Mais il attache tellement d'importance à la consolation qu'elle est nommée une seconde fois et conclut son exposé. Il est facile de consoler quand on connaît sa rhétorique. Encore plus facile quand on fait intervenir le défunt lui-même, ou son « Génie », pour déclarer qu'il est heureux là où il se trouve. Ce procédé remonte au moins aux épitaphes funéraires de l'*Anthologie grecque*, mais, comme on va le voir, la parole des morts réserve parfois quelques surprises à ceux qui l'entendent. C'est également de l'*Anthologie* que vient le personnage du « viateur », ou du « passant », héritier du *xeinos* grec.

Marot a fait un pieux usage de la parole des morts. Dans l'épitaphe de Jean Olivier, le défunt déclare, avant même de donner son identité au passant (son semblable, son frère) : « Je pourris / en la terre ». Le passant quitterait la tombe avec des idées bien lugubres si le prélat n'ajoutait que le sort de son « esprit » est sans doute différent. Précision théologique de la plus haute importance : les « ames immortelles » sont réputées dormir en attendant la Résurrection[3]. C'est la foi en celle-ci qui peut consoler les vivants et les morts eux-mêmes. De son côté, Jean de Montdoulcet demande au passant, en beaux alexandrins, de prier pour lui. Sur sa vie bien remplie, il jette d'outre-tombe un regard reconnaissant, car il doit tout à la grâce de Dieu. Son vœu le plus cher est de connaître bientôt la joie de la Résurrection[4]. Citons encore les paroles d'Anne de Beauregard,

---

1 *Poetices libri septem*, III, 121, éd. Luc Deitz, Stuttgart, 1995, p. 9-10. Voir Marie-Dominique Legrand, « Discours et thèmes funèbres chez Jules-César Scaliger », *Les Funérailles à la Renaissance*, *op. cit.*, p. 403-414.

2 *De toto eo poematis genere quod epigramma vulgo dicitur*, Venise, Ziletti, 1569, chap. XIV, p. 67 ; cité par Margaret de Schweinitz, *Les Épitaphes de Ronsard*, Paris, PUF, 1924, p. XVII-XVIII.

3 Marot, « Épitaphe de Messire Jan Olivier », *Œuvres poétiques*, éd. Gérard Defaux, Paris, Garnier, t. II, 1993, p. 397-398. Sur le sommeil des âmes, Calvin professe une opinion assez différente : voir la *Psychopannychia*, *Calvini Opera*, V, col. 165-232.

4 *Ibid.*, t. I, p. 380.

morte très jeune en laissant sur terre « futur Espoux », « beauté », « florissant aage », pour aller au ciel trouver son « Heritage[1] ». Puisqu'elle s'est détachée sans effort des joies de ce monde, le passant peut faire de même. Les épitaphes marotiques ressemblent à de brèves catéchèses, plus riches en quelques vers que les sermons des prédicateurs. Leur discours est d'autant plus crédible que, durant sa vie, Marot n'a cessé de se détacher pour vivre plus légèrement. Il n'occulte pas la réalité du cadavre, mais fait entendre une sorte d'évangile des véritables sans-souci dont personne après lui n'a retrouvé le secret.

Les épitaphes composées par Ronsard nous font changer de monde. Il est rare qu'elles adoptent un ton évangélique. Rare également qu'elles se bornent à consoler les vivants, qu'elles les aident à faire leur deuil. Il arrive même que le regret de la vie l'emporte sur tout le reste et fasse entendre des accents furieux. L'épitaphe d'Anne de Montmorency refuse les « habits noirs » et les « pompes funebres » et réclame les insignes de la guerre : corselet, gantelet, morion, lance et cornette. Il faut que, par leur bruit, les instruments de musique « assomment » la mort elle-même[2]. Le plus étonnant est que, semble-t-il, ces vers furent gravés dans la pierre et placés dans l'église Saint-Martin à Montmorency, près du tombeau construit par Madeleine de Savoie en l'honneur de son époux[3]. Singulier langage et bien éloigné de la poétique du détachement, plutôt de mise lors des funérailles. Si la voix de Louise de Mailly, abbesse de Caen et du Lys, respire la sérénité[4], que dire de celle de Nicolas Vergèce, imprégnée de mélancolie[5] ? Niobé se désole d'être morte deux fois[6]. Parfois, la tristesse du mort céde tout simplement la place à un langage de matamore comme dans l'épitaphe de François de Guise. On ne dira jamais assez ce qu'ont de surprenant les réclamations frénétiques du défunt qui veut pour tombes toutes les villes où il s'est bien battu[7]. Face à cette fureur de vivre, que pèsent les résignations convenues ? On peut même se demander si parfois, le prêtre, autre personnage de

1 *Ibid.*, t. I, p. 85.
2 « Épitaphe d'Anne de Montmorency », v. 249-253, *Œuvres complètes*, t. II, p. 934.
3 Selon Margaret de Schweinitz, *op. cit.*, p. 35.
4 Ronsard, *Œuvres complètes*, t. II, p. 994-995.
5 *Ibid.*, p. 956.
6 *Ibid.*, p. 962. Niobé est morte une première fois quand les dieux l'ont changée en rocher, et une deuxième fois quand Praxitèle l'a sculptée.
7 « Prosopopée de François de Lorraine », *Œuvres complètes*, t. II, p. 916-917.

ces épitaphes dialoguées, n'a pas pour fonction de parler à la place du mort et de cacher sa tristesse ou sa révolte. On est loin de la douceur de certains deuils.

Les morts sont tristes parce qu'ils sont privés de la source du bonheur : l'action. Il faut quand même rappeler les vers bien singuliers de l'élégie « À Philippes Des-Portes[1] ». Loin d'imaginer des passages entre la mort et la vie, Ronsard durcit leur opposition :

> Ce sont poincts opposez autant que l'Occident
> S'oppose à l'Orient, l'Ourse au Midy ardent[2].

Si, comme le croit Philippe Ariès[3], la distance entre la mort et la vie n'était pas sentie, dans les civilisations traditionnelles, comme infranchissable, il est bien clair que Ronsard s'en écarte. La mort, pour lui, c'est l'absence de mouvement, tandis que la vie s'exalte de le posséder, ainsi que tout ce qui s'y rattache : l'exercice des sens, l'imagination, le jugement. D'où ce constat terrible : « Les morts ne sont heureux[4] ». Fait rarissime : Ronsard annote cette déclaration et il écrit : « C'est l'opinion d'Aristote qui est faulse : car les morts qui sont en Dieu sont parfaitement heureux[5] ». Mais si Aristote se trompe, pourquoi s'en être inspiré ? « Le » philosophe, comme disait le Moyen Âge, a de fait écrit cela ou à peu près, dans sa *Métaphysique*[6]. Exploitant cette note, une partie de la critique ronsardienne s'est employée à minimiser le fameux hémistiche. Mais le « mal » était fait, ce qui a été écrit reste écrit. À qui fera-t-on croire qu'une note marginale possède autant d'importance que le texte du poème ? D'autant que cette déclaration s'accorde avec d'autres, en particulier avec la définition ronsardienne de l'épitaphe. Elle est, disent des vers aussi sombres que beaux, « le dernier honneur qu'on doit à l'homme mort[7] ». A-t-elle pour mission de consoler les vivants ? Pas le moins du monde. Elle est destinée aux morts eux-mêmes.

---

1 Sur l'ensemble de cette pièce, voir Ullrich Langer, *Invention, Death and Self-Definitions in the Poetry of Pierre de Ronsard*, Saratoga, Californie, 1986, p. 89 et suiv.
2 « À Philippes Des-Portes, chartrain », v. 11-12, *Œuvres complètes*, t. II, 1994, p. 416.
3 *L'Homme devant la mort*, *op. cit.*, p. 30.
4 « A Philippes Des-Portes », v. 17.
5 *Ibid.*, p. 416.
6 1101a21-1101b4.
7 « A tres illustre et vertueux prince Charles cardinal de Lorraine », t. II, p. 975.

Tel bien memoratif allege leur soucy,
Et se plaisent de lire en si petit espace
Leurs noms, et leurs surnoms, leurs villes et leur race[1].

Ce sont les morts qu'il faut consoler, non plus les vivants. Les morts qui relisent, avec ce qui leur reste de « sens », les mots gravés sur la pierre ; les morts qui se retournent avec nostalgie vers la vie qu'ils ont aimée, vers les surnoms qu'on leur a donnés, vers les races qu'ils ont continuées. De tout cela, Dieu est absent, totalement absent, d'une absence si criante que presque personne ne l'a remarquée.

De ces vers peu cités, passons à ceux que l'on cite, avec raison, très souvent. Craignant sans doute la maladresse des autres, l'orgueilleux Vendômois a composé sa propre épitaphe, mais en deux temps. Dans la première, tout est en ordre. Le poète prend soin de bien distinguer la destinée de l'âme qui va vers Dieu et celle du corps, prisonnier de la terre[2]. Mais dans la seconde, inspirée de la célèbre épigramme latine d'Hadrien, rien ne va plus. L'« Amelette Ronsardelette » descend bien à regret, « pasle, maigrelette, seulette », dans le « Royaume des mors[3] ». Il est demandé à l'éternel Passant de ne pas s'attarder sur cette tombe et de suivre son chemin. Ni fleurs, ni prières. L'édition Laumonier, par ailleurs si remarquable, avait imprimé en italiques ce beau poème[4], en estimant sans doute qu'une traduction n'avait pas l'importance d'un texte original. L'édition « La Pléiade » a eu tout à fait raison de lui donner le même corps qu'aux autres pièces ronsardiennes. Où se trouve le « vrai » Ronsard ? Dans la contradiction. Mais pour lui donner sens, et comme nous y invite l'alexandrinisme des vers « À son ame », il faut passer par l'*Anthologie grecque*, si admirée de la Renaissance.

Les morts de l'*Anthologie grecque* ont toutes les peines du monde à se détacher des spectacles de la terre. Il ne faut sans doute pas oublier les vers de consolation sur le bonheur des héros et des sages, héritiers de l'immortalité. Les auteurs les plus pieux distinguent soigneusement le destin du corps (*sôma/sèma*) de celui de l'âme[5]. Sappho elle-même, la

1 *Ibid.*, v. 6-8, p. 975.
2 « Pour son tombeau », t. II, p. 1104-1105.
3 « À son ame », *ibid.*, p. 1105.
4 Lm, XVIII, p. 182.
5 *Anthologie grecque*, VII, 62. Il s'agit de l'épitaphe tardive de Platon. Les traductions que nous donnerons sont toutes empruntées à Paul Waltz, *Anthologie grecque*, Paris, Les Belles

grande amoureuse, hante maintenant le « bois sacré des bienheureux[1] ». Quant à ceux qui sont morts dans le Christ et qui apparaissent dans les épitaphes les plus tardives, ils ont échangé la lumière grecque, si belle qu'elle soit, pour une autre qui l'est encore bien davantage. Mais ces exemples sont autant d'exceptions. Le plus souvent, les morts pleurent leur destin. On entend d'autant mieux leur voix que les auteurs leur laissent souvent la parole. C'est à regret qu'ils sont descendus « dans la sombre demeure d'Hadès », où règne le « suprême silence de la mort », là où ne parvient pas le bruit des « thiases et des choeurs ». Là-bas, dit l'un d'entre eux, « nous ne sommes plus rien ». Le regard des morts se porte alors vers ceux qu'ils ont aimés : « seul dans l'Achéron, Anacréon s'afflige, non pas d'avoir laissé ici la lumière du soleil pour aller trouver le séjour de l'oubli, mais bien d'y avoir laissé ce Megisteus charmant entre les adolescents ». À l'étranger, il demande « une libation de claire liqueur, pour que le vin égaie {ses} os de sa rosée ». Dans la demeure d'Hadès, le paysan Alcimenès ne se console pas d'être privé de sa fronde qui écartait de son champ « les oiseaux voleurs de semences ». Que dire encore de toutes ces jeunes filles, proches parentes de la Myrto d'André Chénier, qui ne verront jamais flamber les torches du mariage ? Des marins morts en mer et ballottés par les flots, et qui n'ont dans les cénotaphes qu'une creuse sépulture[2] ? Parfois même, l'*Anthologie* nous fait entendre la voix déchirante du mourant ou de la mourante. Elle n'a rien de commun avec la solennité des *ultima verba* attribués aux héros et aux saints. Elle respire une triste tendresse et un amour sans fond pour l'existence : « Père, je n'existe plus, dit la jeune Erato, déjà le noir trépas voile mes yeux bleus : je suis morte[3] ». Inconsolable, Théano descend dans la nuit éternelle « sans la présence de son époux ». « Que j'aurais voulu mourir tenant ta main dans la mienne[4] ! »

Un mot résume la tristesse de tous ces morts, et, par conséquent, celle des vivants : *ouketi*, jamais plus. Léger cliquetis placé au début de l'épigramme, il est aussi discret qu'est solennel le « Nevermore » d'Edgar Poë. Le pêcheur ne jettera plus ses filets, Sappho n'ouvrira plus la porte

Lettres, 1960, t. IV et V. Ces deux volumes regroupent les épigrammes funéraires du tome VII de l'*Anthologie palatine*.

1 N° 407.

2 Respectivement : n°s 466, 588, 524, 25 ; et 558, 568, 711.

3 N° 646.

4 N° 735, t. V, p. 166.

à ses amants. « *Ouketi* » est à la fois élégiaque et tragique. L'épitaphe grecque ne se berce pas de vaines consolations. En quelques mots, elle dit simplement que rien ne sera plus jamais comme avant. On ne revient pas du pays des morts. Il y a bien coupure radicale entre le monde des vivants et celui d'Hadès. On peut même douter que les objets déposés sur les tombes (une nasse pour un pêcheur, une fronde pour un chasseur) aient pour but d'apaiser leurs Mânes. Ils sont là parce que cette Grèce alexandrine a besoin de tendresse pour apaiser le deuil.

Comme l'ont bien montré deux livres très précieux de James Hutton[1], la Renaissance n'a cessé de traduire et d'imiter les pièces de l'*Anthologie grecque.* L'édition Lascaris, en 1494, qui ne donnait pas toutes les pièces érotiques, offrait en revanche au public les épigrammes funéraires. Or, les secondes ont été beaucoup moins imitées que les premières. Il est possible que certains poètes de la Renaissance aient été quelque peu choqués par l'amour de la vie, si visible dans ces pièces. Il fallait inventer un langage de réconciliation entre la mort et la vie. Telle fut la réussite étonnante de Francesco Colonna dans quelques pages du *Songe de Poliphile.* À l'invitation de Polia, le narrateur visite en effet un étrange bâtiment ruiné, appelé le « Polyandron », puis un temple lui aussi détruit où se trouvent toutes sortes de tombes, pourvues d'épitaphes[2]. Colonna les dessine et les décrit. Elles possèdent parfois le laconisme de l'*Anthologie grecque,* se contentant alors de donner au « viateur » les noms de ceux qui reposent sous la pierre. Mais à plusieurs reprises, elles s'affranchissent de leur modèle, et, en même temps, de toute vraisemblance. C'est tout un roman que le viateur est parfois invité à lire, raconté par celui ou celle qui est enseveli devant lui. Léontia aimait Lollius et Lollius aimait Léontia. Les mauvais traitements que lui inflige son père obligent la jeune fille à s'enfuir. Voici la mer et ses pirates. Naufrage. Lollius prend Léontia dans ses bras. Ils nagent : « Es-tu point las, mon âme et mon espoir ? » « Non, disais-je, tu me renforces ». Ils parviennent jusqu'à terre. Survient un lion. Édifié par l'amour des deux jeunes gens, il les épargne. Ils reprennent la mer, mais bientôt, ils n'ont plus de vivres. « Nous ne vivions plus que de baisers,

---

1 *The Greek Anthology in Italy to the year 1800*, Cornell University Press, 1935, et *The Greek Anthology in France*, Ithaca University Press, 1946. Le plus pratique est de consulter l'index des pièces imitées à la fin de chaque volume.

2 *Le Songe de Poliphile*, ch. XVIII-XIX, éd. G. Polizzi, Paris, Imprimerie Nationale, 1994, p. 222-223 et 227-270. Voir aussi l'édition Pozzi-Ciapponi, Padoue, 1964, p. 240 et suiv.

ainsi mourûmes-nous embrassés étroitement ». Leur histoire n'est pas finie. Après toutes ces épreuves, « un doux vent nous amena ici, où nous avons été ensevelis tout accolés[1] ». On se croirait en plein roman grec où abondent, comme on le sait, aventures et naufrages. Comme le prouve l'emploi du « je » et du « nous », tout ce récit est fait par Lollius. Il a gardé intacte la mémoire de sa vie. Mais en la racontant, il s'en détache quelque peu. Selon la formule célèbre de Malraux, la mort a transformé sa vie en destin. Le récit accomplit son œuvre. Rien sur l'Hadès et son silence.

L'histoire de Lopidia, elle aussi gravée dans le marbre, n'est pas moins remarquable. Elle aussi a aimé, avec une belle démesure. Au moment où elle décidait de se donner à Chrysante, voici qu'un serpent s'approche. Elle a le temps de se lever, mais son ami est surpris. Voulant assommer le serpent, elle tue son amant. « Hélas ! hélas ! Malfortunée, je suis perdue[2] ». Finalement, elle tue également le serpent, puis transporte le cadavre de son ami et celui de la bête dans sa cité. Elle monte sur un lieu élevé de la place publique pour raconter son histoire. Autour d'elle, on blâme Fortune et on maudit Vénus. « Alors étant desespérée, en la présence de toute la multitude populaire, je me frappai un couteau en l'estomac, et donnai miserablement ma vie en proie pour être ensevelie avec cet autre corps[3] ». Les amants sont donc réunis dans la mort. Les premiers mots de l'épitaphe invitent le lecteur à condamner de tels excès amoureux. Mais peu importe. Ce qui compte, c'est la vie elle-même résumée dans ce petit roman et l'effacement rapide de la parole moralisatrice au profit de la parole amoureuse et narratrice. « Je, Lopidia[4] » : c'est l'amante qui parle. Histoire tragique sans doute, condensée sur une stèle, ce qui n'est pas le cas de celles que l'on pourra lire, un peu plus tard, en Italie et en France. Mais les regrets s'éloignent au profit de l'amour du destin. Les récits de Lollius et de Lopidia mettent en œuvre une véritable poétique du détachement.

Les nouvelles de la Renaissance savent mettre en scène des morts édifiantes, et il en va de même, souvent, des histoires tragiques[5]. Mais

1 *Ibid.*, p. 248-249.
2 *Ibid.*, p. 255.
3 *Ibid.*
4 *Ibid.*
5 Voir *Théâtre de la cruauté et récits sanglants*, sous la direction de Christian Biet, Paris, R. Laffont, 2006, *passim*, et, en particulier, p. 89, 173, et 489, ainsi que Thierry Pech, *Conter le crime*, Paris, Champion, 2000, ch. XVI.

si les coupables et les criminels sont capables de se résigner à leur mort, ceux qu'ils laissent s'abandonnent au deuil. « Le marquis Niccolo III d'Este trouve son fils et la marâtre de celui-ci en adultère[1] ». Sa décision ne se fait pas attendre : les deux coupables auront la tête tranchée. Le jeune homme, raconte Bandello, a cependant le temps de se repentir et de pleurer sur son crime à chaudes larmes. « Il s'apprêta à subir le châtiment mérité avec une grande contrition et passa toute la nuit à converser pieusement et à exprimer le remords de son péché[2] ». Il persévère dans cette contrition pendant les trois jours précédant son supplice. Le jour venu, il se confesse et communie. Voilà quelqu'un qui espère le pardon de Dieu et qui tourne le dos aux prestiges du monde avec plus de facilité que Polyeucte. Bandello va-t-il terminer sa nouvelle sur de beaux sentiments ? Ce serait mal le connaître. Il prête à la marâtre une fin bien différente. Loin de manifester le moindre repentir, elle ne demande qu'une chose : « Qu'on lui laissât voir son seigneur Ugo[3] ». Et c'est avec son nom à la bouche qu'elle rend le dernier soupir. Beau diptyque, en vérité. D'un côté, les larmes du repentir et tous les signes d'un renoncement parfait. De l'autre, une impénitence farouche, l'attachement passionné au corps de celui qu'on a aimé. Les intentions édifiantes de Bandello, si tant est qu'il en ait jamais eu, ne peuvent résister au désir de montrer de sublimes attachements et le refus de tout deuil.

Marguerite de Navarre, tout évangélique qu'elle fut, a laissé parler la passion amoureuse jusqu'au moment de la mort. Un seul exemple suffira. Rien de plus édifiant que les derniers instants de la dame de Pampelune dans la vingt-sixième nouvelle : elle meurt en prononçant les paroles du Christ sur la croix (*in manus tuas*). Mais cette sainte résignation, loin d'apaiser le jeune seigneur d'Avannes, qui l'a aimée de toute son âme, suscite chez lui une fureur amoureuse, un désespoir qui ont peu d'équivalents dans la littérature de cette époque : « Il courut au corps mort, duquel vivant en craincte il approchoit, et le vint embrasser et baiser de telle sorte que à grand peine le luy peult-on oster d'entre les bras[4] ». Démesure : voilà le mot qui convient pour un comportement si extrême, et bien étrange

1 Bandello, I, 44, in *Conteurs italiens de la Renaissance*, Paris, Gallimard, « La Pléiade », 1993, p. 498.
2 *Ibid.*, p. 504.
3 *Ibid.*, p. 505.
4 *Heptaméron*, XXVIe nouvelle, éd. M. François, Paris, Garnier, 1991, p. 219. Sur cette nouvelle, voir Nicole Cazauran, *op. cit.*, p. 251-252.

manière d'entrer dans le deuil. La narratrice nous apprend au reste que celui du jeune seigneur d'Avannes durera dix ans. Peu importe les réclamations de la société.

Démesure, bienfaisante démesure aussi que celle des amants de Vérone, tels que Shakespeare les met en scène. On le sait : quand il s'empare de leur histoire, Roméo et Juliette ont déjà inspiré Bandello et Boaistuau. Chez le conteur italien, Roméo, avant de se tuer, demande pardon à Dieu pour ses péchés[1], mais Juliette décide de mourir en le serrant « sur son sein[2] ». Dans la nouvelle de Boaistuau, elle se distingue encore de son ami : son vœu de le rejoindre dans l'« éternelle immortalité[3] » n'est pas une véritable prière. Et que dire de Shakespeare, vraiment rebelle aux bons sentiments ? « En un baiser, je meurs[4] », se contente de dire Roméo qui tient embrassé le corps de Juliette. Quant à celle-ci, elle se poignarde sans le moindre regard vers la vie éternelle. Pour elle, l'absolu se trouvait en ce monde, ce qui n'était pas le cas chez Bandello, où la jeune fille s'adressait à Dieu avant de mourir : « O Dieu / Fais que je puisse suivre mon seigneur[5] ». Pour le conteur italien, la démesure n'a que trop duré. Voilà pourquoi il faut des funérailles, célébrées « avec la plus grande pompe, au milieu de l'affliction générale et du désespoir des familles Montecchi et Capelletti[6] ». Il faut aussi une épitaphe, seconde étape du deuil ou du travail du deuil, résumant l'histoire tragique des deux amants. Rien de tel dans la pièce de Shakespeare, qui se termine sur les mots admirables du prince : « Ce matin nous apporte la paix assombrie[7] ». Quelque chose de funèbre[8] flotte dans l'atmosphère, qui n'est pas sans douceur. « Séparons-nous pour nous entretenir encore de ces tristesses », dit le Prince d'une façon énigmatique[9]. Se séparer pour mieux s'entretenir ? Logique étrange, à moins qu'il ne s'agisse de futurs soliloques. Implicitement, le prince oppose la légende en train de naître à la réconciliation des Capulet et des Montaigu, quelque peu secondaire.

---

1 Bandello, II, 9, *Conteurs italiens de la Renaissance*, *op. cit.*, p. 583.

2 *Ibid.*, p. 586.

3 *Histoires tragiques*, édit. Richard A. Carr, Paris, STFM, 1977, p. 583.

4 Shakespeare, *Roméo et Juliette*, V, 3, édition citée, t. II, p. 547.

5 Bandello, édition citée, p. 587.

6 *Ibid.*

7 Shakespeare, *Roméo et Juliette*, V, 3, p. 554.

8 Sur la catégorie du funèbre, voir Michel Guiomar, *Principes d'une esthétique de la mort*, Paris, Corti, 1967, p. 156 et suiv.

9 Shakespeare, *Roméo et Juliette*, *ibid.* (« *go hence, to have more talk of these sad things* »)

C'est de Juliette et de Roméo, qu'il faudra encore et toujours parler, les deux derniers noms de la tragédie. Le deuil commence sourdement son œuvre.

Les deuils extravagants ne sont pas seulement des inventions de la littérature. S'il y en eut un de célèbre, ce fut celui d'Henri III à la mort de Marie de Clèves[1].

> Alors Henri se montre en public avec des vêtements chargés d'emblèmes funèbres : têtes de mort sur ses aiguillettes, sur les parements de son pourpoint, sur les rubans de ses souliers. Il porte la croix de la défunte à son cou ; aux oreilles, les pendants qui venaient d'elle[2].

On passe ici du funèbre au macabre : le roi rappelle ainsi violemment que la mort est présente dans la vie et qu'elle contraint aux détachements les plus cruels. Macabre encore, le cortège nocturne des flagellants où le roi se cache et qui parcourt Avignon à la lueur des torches[3]. On en est maintenant presque sûr : c'est Marie de Clèves, et non Marie de Bourgueil que Ronsard a pleurée dans la *Deuxième Partie du second livre des Amours*[4]. Desportes, Passerat, Jamyn ne restent pas à l'écart de la douleur du roi. Sont-ils capables de la transformer en tristesse ? D'accomplir, par leurs poésies, ce qu'accomplissait Lemaire, en imaginant, dans *La Plainte du désiré*, un office religieux ? Dans ses « Regrets funebres sur la mort de Diane[5] », Desportes reste fidèle à sa manière, qui n'est pas sans charme. Ronsard, quant à lui, tente de s'engager dans la voix de la douceur pour mieux apprivoiser la mort. Ce style, il le connaît depuis toujours, comme l'a bien remarqué André Gendre[6]. C'était le ton, la manière de certaines odes vendômoises, déjà soucieuses de la mort, comme celle qu'il consacra à l'« Élection de son sépulchre[7] », petit miracle prosodique, où le quatrain hétérométrique, comme victime d'une défaillance, semble à chaque fin de strophe proche de sa disparition. Mais il n'est pas possible de célébrer la maîtresse du roi avec des vers aussi brefs, aussi modestes. Le sonnet est donc à l'honneur et avec lui, dans ce recueil, l'élégie, le

1 Le 30 octobre 1574, alors que le nouveau roi venait tout juste de rentrer en France.
2 Pierre Champion, *Ronsard et son temps*, Paris, Champion, 1924, p. 339-340.
3 Voir Michel Desonay, *Ronsard, poète de l'amour*, Bruxelles, Duculot, 1969, t. III, p. 164.
4 Voir *ibid.*, p. 162-164, et la notule de l'édition « La Pléiade », t. I, p. 1326.
5 *Cartels, masquarades, épitaphes*, Genève/Paris, Droz/Minard, 1958, p. 96-108.
6 *Ronsard poète de la conquête amoureuse*, Neuchâtel, La Baconnière, 1970, p. 251 et suiv.
7 *Odes* IV, 4, *Œuvres complètes*, édition citée, t. I, p. 796-799.

dialogue, et l'épitaphe. Souvent célébré, le résultat n'est sans doute pas à la hauteur de ce qu'on pourrait attendre. Disons-le tout net, au risque de briser un mythe : le recueil consacré à la mort de Marie est fâcheusement composite. Le relatif échec de Ronsard n'est pas imputable à un manque de sincérité, comme le croyaient les romantiques. Peu importe que le prince des poètes ait prêté sa plume au nouveau roi de France. Si Ronsard avait été fidèle à la « tristesse douce » dont Marcel Raymond a si bien parlé[1], il aurait emporté notre conviction. Mais le « vase plein de laict » et le « panier de fleurs » dont s'enchantent les anthologies s'accordent mal avec le « noir habit[2] » du désespoir dont il s'habille.

Pour entendre une autre chanson de deuil, il faut se tourner vers l'expérience pastorale. Amateurs d'idées claires et toujours plus ou moins rebelles à l'esprit d'utopie, les Français n'ont jamais vraiment admis qu'il puisse se passer de grandes choses dans le monde des bergers. La critique allemande, avec Ernst Bloch[3] et quelques autres, s'est montrée beaucoup plus curieuse et beaucoup plus lucide. Les vrais maîtres du deuil qu'il faut accomplir, du détachement auquel il faut accéder, ce sont les bergers venus de Grèce et d'Italie, ceux de Théocrite, Bion, Moschos et Virgile. Sans prendre de postures, ils ont trouvé la voie.

Partons d'un texte quelque peu étrange : l'épitaphe de Bion par le poète alexandrin Moschos. Elle est bien connue de la Renaissance car ses oeuvres sont souvent éditées avec celles de Théocrite, fondateur du genre pastoral. Henri Estienne, qui le publie en 1555, fait l'éloge de sa simplicité rustique[4]. Il aurait pu louer sa poétique. « Commencez, Muses de Sicile, commencez à mener le deuil », dit l'un des bergers à l'adresse des autres[5]. A intervalles plus ou moins réguliers[6], ce refrain revient au cours de l'idylle, ce qui ne laisse pas d'intriguer le lecteur : le deuil n'avait-il pas commencé dès le début du poème ? Son étonnement touche

1 *L'Influence de Ronsard sur la poésie française*, Paris, Champion, 1927, t. II, p. 74.

2 « Le jour que la beauté du monde la plus belle », v. 132, édition citée, t. I, p. 261.

3 Voir en particulier dans *Le Principe Espérance* (tr. fr., Paris, Gallimard, 1982) les pages consacrées au « paysage de souhait », t. II, p. 417 et suiv.

4 *Moschi, Bionis, Theocriti elegantissimorum poetarum idyllia* [...], Venise, Paul Manuce, 1955. Voir *La France des humanistes. Henri II Estienne*, édition de Judith Kecskemeti, Bénédicte Boudou et Hélène Cazes, Turnhout, Brepols, 2003, p. 13-14. De larges fragments de la préface sont donnés dans cette édition.

5 Moschos, *Chant funèbre en l'honneur de Bion*, v. 8. Traduction de Maurice Legrand, *Bucoliques grecs*, Paris, Les Belles Lettres, t. II, 1967, p. 158.

6 V. 13, 19, 25, 36, 45, 50, 57, 64, 69, 86, 98, 108.

à son comble lorsqu'il retrouve le même refrain dans les derniers vers[1]. Aucun travail de deuil n'aura donc été accompli par le chant puisque les bergers sont aussi tristes à la fin qu'au début. C'est même tout un avenir de mélancolie qui se profile au moment où le chant prend fin. Éternellement, les bergers seront tristes, ce qui, après tout, est bien dans leur manière, rebelle à la mesure et au principe de réalité. Libre aux autres de vaquer de nouveau à leurs occupations ordinaires après le chant funèbre. Ils seront, eux, des figures de la fidélité.

Il faut pourtant que le deuil ait une fin. Théocrite, qui écrivait avant Moschos, l'avait bien compris. Sa première Idylle[2], consacrée à la mort de Daphnis, est elle aussi ponctuée par un refrain, grâce auquel Thyrsis, son ami, s'exhorte à chanter, à poursuivre puis à terminer le chant funèbre. Dans des mots identiques, une petite différence s'introduit. Sauf à tomber dans la démesure comme les personnages de l'églogue ou de la pastorale baroques, il faut mettre un terme au chant, revenir vers les troupeaux. Il le faut d'autant plus que l'idylle, grecque ou moderne, reste quand même l'ennemie de l'excès. Toutes les souffrances doivent trouver place dans un lieu circonscrit, gage de sérénité. Il le faut encore parce que Daphnis, dont on déplore la mort, a été l'ennemi de la mesure. Il y a loin entre le berger de la cinquième églogue virgilienne et celui qui, chez Théocrite, porte le même nom. Le berger grec, dont les dernières paroles nous sont rapportées, ignore l'apaisement parfois offert aux mourants. Il veut qu'après sa mort la nature tout entière soit bouleversée[3], il n'attend rien des Champs Elysées et de la contemplation de l'Olympe[4]. Qu'est devenue la mesure, si chère aux Grecs ? Puisque Daphnis l'ignore, il faut que ses amis s'en souviennent. Le refrain vivra à la fois du chant et de sa fin prochaine.

La Renaissance, nourrie de ces textes, invente grâce à eux le genre de l'églogue funèbre. Le Moyen Âge avait des pastoureaux, la Renaissance invente les bergers. Rustiques, les premiers ; métaphysiques, les seconds. Ils sont donc à leur place dans les célébrations funèbres, autant que les prêtres, les génies et les passants de l'épitaphe. Leur intelligence du deuil

---

1 *Ibid.*, v. 113. Nous reprenons ici une analyse qui avait été présentée lors du colloque sur *Les Funérailles à la Renaissance*, sous le titre : « L'Églogue funèbre de la Renaissance », Genève, Droz, 2002, p. 403-413.

2 *Bucoliques grecs*, édition citée, t, I, p. 17-29.

3 *Idylle I* (« Thyrsis »), v. 134.

4 À la différence du Daphnis virgilien, *Bucoliques* V, v. 56 et suiv.

vaut largement tous les traités de philosophie. Si nous les devons à la culture des auteurs, ceux-ci ont compris qu'un certain type de discours sur le deuil ne pouvait être tenu que par des bergers. Question d'*ethos*. Devant le cercueil, le prêtre fera de la théologie et de la métaphysique, il parlera des fins dernières. Le berger, quant à lui, évoquera les travaux et les jours, et le besoin de vivre, envers et malgré tout. Il ne brusquera rien, car c'est un être plein de délicatesse. On en voudra pour preuves les trois premières églogues du poète italien Luigi Alamanni[1], pleurant son ami Cosimo Rucellai. Lui ou plutôt deux bergers virgiliens, Tityre et Mélibée. Un choix qui peut dérouter : les deux personnages de la première églogue virgilienne ont-ils quelque expérience de la mort ? Dans le rôle de chantres funèbres, on verrait plutôt Mopsus et Ménalque, les amis de Daphnis. Ce serait oublier qu'à défaut de la mort elle-même, Tityre et Mélibée savent au moins ce qu'est le détachement. À sa façon, la perte d'un champ représente une petite mort. « *Date principio, Muse, al tristo canto* », commence l'un des bergers dans la première églogue[2]. Ce refrain scande les vers suivants presque jusqu'à la fin, où il devient : « *Date homai fine, o Muse, al tristo canto*[3] ». Les bergers se seraient-ils donc rendus au principe de réalité ? Vont-ils soigner leurs bêtes ? Point du tout. On en jugera par le début de la seconde églogue dédiée à Cosimo Rucellai : « *Piangete sempre homai, sorelle Tosche*[4] » . Comment se dégager de cette décision, comment cesser de pleurer sans être parjure ? Ce sera l'œuvre de la troisième églogue, la seule qui soit vraiment consolatrice. Elle nous apprend que le défunt est parvenu à un port tranquille et qu'il connaît maintenant la béatitude[5]. Les bergers d'Alamanni ne boudent donc pas les échappées métaphysiques. Mais la consolation ne vient qu'en dernier, à l'inverse de ce que prescrira Scaliger. Il faut auparavant que l'âme soit apaisée, et l'apaisement viendra du chant lui-même.

Est-on au reste jamais délivré du deuil ? On peut en douter. Marot, qui connaissait peut-être Alamanni, a composé une splendide « Églogue sur le trespas de [...] Loyse de Savoie[6] », mère de François Ier. Ici encore,

1 *Opere toscane*, Lyon, Gryphe, 1532-1533, p. 108 et suiv. Sur Alamanni, voir Louis Hauvette, *Un exilé florentin à la cour de France : Luigi Alamanni*, Paris, Hachette, 1903.
2 *Opere toscane*, p. 108.
3 *Ibid.*, p. 112.
4 *Ibid.*, p. 114.
5 *Ibid.*, p. 115-118.
6 *Œuvres poétiques*, éd. Gérard Defaux, Paris, Bordas, 1990, t. I, p. 224-231.

nous trouvons un refrain, une sorte de refrain, sans aucune régularité arithmétique. Tantôt le poète s'exhorte au chant, tantôt il se dit qu'il doit avoir un terme. Aucune progression linéaire[1]. Il se taira finalement parce qu'il est sûr, lui aussi, que Louise jouit du bonheur éternel. Peut-être aussi parce qu'il aura l'occasion de la célébrer de nouveau à l'occasion des anniversaires.

Les maîtres de l'anniversaire funèbre, à la Renaissance, ce sont les Arcadiens. Et les seuls à mériter ce nom, ceux de Sannazar, auteur, avec l'*Arcadia*, d'une œuvre à la fois étrange et limpide. Apparemment, il ne s'y passe rien[2]. D'un bout à l'autre, ce ne sont que regrets et complaintes. Tout le monde semble porter le deuil : les bergers, Sincero (*alias* Sannazar) qui leur rend visite et qui porte ici le nom qui était le sien dans l'Académie napolitaine de son ami Pontano, et enfin Meliseo, nom académique de ce dernier[3]. Les uns ont perdu un être cher ; les troupeaux d'un autre ont été dérobés ; un troisième regrette le temps d'autrefois. D'où vient donc, malgré tout, l'atmosphère de sérénité mélancolique ressentie à la lecture ?

L'*Arcadie* nous offre deux célébrations funèbres. D'abord, celle que la petite troupe improvise en arrivant auprès de la sépulture d'Androgeo[4]. Libations à la manière antique, regrets en prose et églogue en vers : rien de tout cela n'est original. Ce qui l'est, c'est le ton de Sannazar, l'*ethos* qu'il a choisi et que personne, après lui, n'a su retrouver. « Les Muses te donnent des vers, des vers te donnent les Muses : et nous avec nos flageoletz te les chantons, et chanterons à perpetuité[5] ». Après cette promesse, il ne faut pas s'étonner de trouver une série d'*adynata,* dont le premier donne le ton : « plustost [...] se moissonneront les bledz en yver[6] ». Dotés d'une nouvelle jeunesse, ils sont chargés de dire que les pasteurs n'oublieront jamais leur vénérable aïeul. Consolés par leur chant, les bergers vaquent ensuite à leurs occupations, déjeunent, chantent et racontent des histoires, dans cette atmosphère voilée qui fait le charme de l'*Arcadia*. Le

1 Voir notre article sur « L'Églogue funèbre à la Renaissance », *op. cit.*, p. 410.

2 Pas d'intrigue, comme le note, dans son excellente préface, Gérard Marino, le dernier éditeur de l'*Arcadie* (Paris, Les Belles Lettres, 2004, p. XXIV).

3 Sur l'Académie napolitaine de Pontano, voir Carol Kidwell, *Pontano, Poet et Prime Minister*, Londres, Duckworth, 1991, ch. IV.

4 *L'Arcadie*, traduction de Jean Martin, édition Jean-Claude Ternaux, Presses Universitaires de Reims, 2003, p. 56 *sq.* La traduction de Jean Martin, même si elle est une belle infidèle, sera notre édition de référence dans les pages qui suivent.

5 *L'Arcadie*, édition citée, p. 57.

6 *Ibid.*, p. 58.

deuil semble oublié. Il en va presque ainsi lors de l'anniversaire funèbre de Massilia, mère d'Ergasto, considérée comme une « Sibylle » par tous les bergers[1]. Mais l'ensemble[2] répond à une disposition plus complexe. Le tour de Selvagio est venu. Il doit dans son chant « magnifier le noble siecle de nostre temps[3] ». Sur ces entrefaites, Ergasto, découvrant la sépulture de sa mère, décide de célébrer sa mémoire, si bien que le chant de Selvagio se complique. L'églogue X, mise dans sa bouche et dans celle de Fronimo, hésite entre le bonheur du temps présent, et un chant beaucoup plus mélancolique, prêté en fin de compte à Carraciolo[4], ami de Sannazar, qui énumère avec abondance toutes les raisons d'être triste. Le chant d'Ergasto est donc différé. La mélancolie disparaît avec les jeux de toutes sortes imités de l'*Énéide*[5]. Le plaisir de la compétition, de l'*agon*[6], semble venir à bout de la tristesse. Mais l'églogue XI, où l'on entend enfin Ergasto, est de nouveau scandée par le fameux refrain de Théocrite et de Moschos : « Recommencez, ô Muses, vostre dueil[7] ». Lisons attentivement les derniers vers. Ils expriment l'espoir que les fleuves et les ruisseaux rediront les chants du berger, que les lauriers leur répondront « en doulce melodie[8] ». Orphée n'est pas mort. Il préside à la vie de la nature dont la sympathie est acquise aux sentiments des chanteurs. Remarquons également qu'Ergasto a observé une règle non écrite. Il a su attendre, il a accepté que deux autres bergers chantassent avant lui. Par ailleurs, le plus amer, le plus désespéré, ce n'est pas lui, mais Caracciolo, hébergé par le chant de Selvaggio. Savoir attendre, installer une distance entre le sentiment et son expression : telle est la règle de l'Arcadie. De spontanéité, il ne saurait être question.

C'est peut-être cette leçon que l'infortuné Sincero retire de la fréquentation des Arcadiens. Les critiques n'ont pas assez remarqué ce qu'a d'étrange la façon dont il se fait connaître. Il faut attendre la prose VII pour que le berger Carino lui demande qui il est. Jusqu'à présent,

---

1 *Ibid.*, p. 113. Sur le rôle des figures féminines initiatrices, voir la préface de Gérard Marino, édition citée, p. XXX *sq.*
2 *Ibid.*, p. 113-140.
3 *Ibid.*, p. 113.
4 Sur ce personnage, voir le *Dizionario biografico italiano.*
5 *Énéide*, V, v. 104 *sq.* (jeux funèbres en l'honneur d'Anchise).
6 Voir Jean Caillois, *Les Jeux et les hommes*, Paris, Gallimard, 1958.
7 *L'Arcadie*, Églogue XI, p. 134-140.
8 *Ibid.*, v. 188, p. 139.

sans véritable identité, il se fondait plus ou moins dans un « nous ». Accédant à la demande de son ami, Sincero fait alors le récit de sa vie[1]. De l'amour malheureux pour une jeune napolitaine, reflet d'une certaine Carmosina Bonifacio dont l'auteur était épris[2], il y a peu à dire, tant il paraît topique. Le récit nous apprend beaucoup plus, quand il place la destinée tout entière de Sincero sous le signe du deuil. Né à Naples, « sus l'antique sepulture de la Seraine Parthenopée[3] », il a grandi près de Linterne, où se trouvent les cendres de Scipion l'Africain[4] et vécu dans une propriété (celle de Mergellina) située comme par hasard près du lieu légendaire du tombeau de Virgile[5]. Consciemment ou non, Sannazar a donc choisi de séjourner près des tombeaux, un peu comme Andromaque, autre figure funèbre, exilée en Épire où elle fait revivre Troie grâce à ses vains cénotaphes. Qu'il y ait une relation entre toutes ces tombes et la mélancolie de Sincero, voilà qui paraît probable. Chez lui, elle ne fait qu'un avec le chant. Mais là encore, l'*Arcadie* choisit une sophistication bien éloignée de toute idée de naturel. Carino, ému de compassion, accueille le récit de son ami et lui demande quels étaient les vers qu'il lui a entendu chanter, naguère, « en pleine nuyct[6] ». L'églogue VII répond à cette demande. Sincero reprend donc pour nous un chant qu'il a déjà dit, ce qui est une manière de mettre la spontanéité à distance, et ce sera son seul chant. À la fin de l'œuvre, son deuil est éclipsé par un autre, celui de Meliseo, qui inspire l'églogue XII, la plus complexe de toutes dans son jeu énonciatif. Voici deux nouveaux venus : Barcinio et Summontio. Le nom du premier est celui porté par le poète Cariteo[7] dans l'Académie napolitaine de Pontano. Il ramène tout doucement le lecteur vers les codes de la vie mondaine. Quant à Summontio, *alias* Pietro Summonte, c'est le nom d'un poète bien réel,

1 *Ibid.*, p. 70-75.

2 Voir la notice sur Sannazar des *Centuriae latinae* (*Mélanges Jacques Chomarat*), Genève, Droz, 1997, p. 711.

3 *L'Arcadie*, p. 70. Parthénopé est l'une des Sirènes, « qui dépitées de n'avoir pu arrêter Ulysse par leur chant, se jetèrent dans la mer ». Elle donna son nom à la ville qui, plus tard, fut appelée Naples (Gérard Marino, édition citée, p. 309).

4 *L'Arcadie*, *ibid.*

5 Voir Marc Deramaix et Birgit Laschke, « L'Église et le tombeau de Jacques Sannazar », *Revue de l'Art*, 1992-1, p. 23-40.

6 *L'Arcadie*, p. 75.

7 Benedetto Gareth de son vrai nom, ce poète d'origine espagnole fut l'ami de Sannazar et membre de l'Académie de Pontano.

grand ami de Sannazar[1]. Ce léger changement onomastique répond au voyage de Sincero, maintenant sorti de l'Arcadie. Barcinio et Summontio vont-ils chanter eux aussi leurs amours malheureuses ? Point du tout. Ils vont chanter la douleur d'un tiers, Meliseo[2], quand il perdit son épouse. Tantôt, ils retrouvent ses vers dans leur mémoire, tantôt il les voit écrits sur l'écorce des arbres. Les deux amis sont donc, en quelque sorte, les logographes de Meliseo-Pontano. Par un phénomène d'amicale sympathie, son deuil devient le leur. Jusqu'au moment où Meliseo lui-même fait son apparition, portant un coffret où se trouvent les cheveux de sa femme et chantant sa tristesse[3]. Mais, comme si souvent dans cette *Arcadie*, le chant est entendu de loin. Pas de rencontre entre les trois amis. Une fois de plus, la distance prévaut.

L'ultime prose de l'*Arcadie* confirme peut-être les analyses précédentes. Elle est adressée par l'auteur à l'instrument dont il a joué : une « musette », dans la traduction de Jean Martin, une « syrinx » dans celle de Gérard Marino, qui semble préférable. C'est un adieu, avec toute la tristesse impliquée par ce mot. Il n'est plus temps de chanter : « Nos Muses sont estainctes, nos Lauriers dessechez[4] ». Les princes, croyant avoir mieux à faire, ne s'occupent plus de poésie. Voilà le ton de la mélancolie proprement historique. En fait, cet adieu va beaucoup plus loin. Il est demandé à la musette (à la syrinx) de rester modeste, de ne pas rêver à des succès mondains auxquels elle ne peut prétendre : « Je te prie, et tant que je puis admoneste, que contente de ta rusticité, tu vueilles demeurer en ces solitudes[5] ». Mieux qu'un autre, Sannazar connaît la hiérarchie des styles, illustrée par l'œuvre de Virgile : en bas les *Bucoliques*, un peu au-dessus les *Géorgiques*, au sommet, l'*Énéide*[6]. Ne soyons pas trop dupes de tant de modestie : Sannazar sait fort bien qu'avec son œuvre où se combinent la prose et les vers il a réalisé quelque chose de tout à fait nouveau[7]. Laissons

---

1 C'est à Pietro Summonte (1463-1526) qu'on doit l'Épître-dédicace, adressée au cardinal d'Aragon, de la première édition officielle de l'*Arcadia*.

2 Meliseo, nom littéraire de Pontano, perdit son épouse, appelée Adriana, en 1490.

3 *L'Arcadie*, p. 164.

4 *Ibid.*, p. 166.

5 *Ibid.*

6 Il n'y a pas d'équivalent des *Géorgiques* dans l'œuvre de Sannazar. En revanche, le *De partu Virginis* est une épopée chrétienne.

7 Voir Nathalie Dauvois, *De la* Satura *à la Bergerie. Le prosimètre pastoral en France à la Renaissance et ses modèles*, Paris, Champion, 1998.

cela, qui n'entre pas dans notre propos. Une raison plus secrète commande à la syrinx de demeurer dans les bocages. Comme tant d'autres bergers malheureux, le poète l'a suspendue à un arbre. Pour qu'elle se taise à tout jamais ? Non : pour qu'elle chante encore si le vent joue dans ses roseaux : « Si d'adventure entre ces rameaux le vent te faisant branler, te donnait quelque esprit, ce pendant qu'il durera ne faiz jamais autre chose que crier[1] ». La syrinx, devenue indépendante du chanteur, résonne quand le vent souffle, à la manière des harpes éoliennes[2]. Mieux : elle dicte sa loi à celui qui veut s'en servir. Plaintive elle est, plaintive elle restera. On ne peut la détourner de sa vocation. Le deuil ne fait plus partie des sentiments d'un individu, il devient le propre d'un instrument de musique[3]. Toutes proportions gardées, la phrase de Sannazar fait penser aux propriétés d'un ton musical. Le ré mineur, par exemple, impose ses lois à ceux qui veulent composer dans ce registre. Le choix initial revient au musicien, mais il doit se plier ensuite aux lois de la musique. Ainsi s'opère une première forme de *catharsis* : le pasteur doit se rendre compte que son instrument possède une science du deuil dont il ne sait pas tout. Il en est une seconde. Elle est formulée dans une phrase de la prose finale, véritable sommet de l'œuvre. Si, explique-t-elle, le chant de la syrinx fait pleurer ses auditeurs, ils doivent prier Dieu de bien vouloir les épargner : « Car à la vérité qui se sent des adversitéz d'aultruy, a souvenances de soymesmes[4] ». L'idée magnifique de Sannazar, c'est que la syrinx doit conjurer le risque de la tristesse et du retour sur soi-même chez celui qui entend le chant endeuillé. Il faut que la musique engendre l'oubli de soi[5]. Pour parvenir à cette science du deuil, à cette sublimation, il faut une sorte de grâce : celle de Sannazar dans son *Arcadie*, comparable à celle de Mozart partout dans son œuvre.

Nous possédons l'églogue où Pontano lui-même a déploré la mort de son épouse[6]. À première vue, elle ressemble à tant d'autres. Deux bergers

---

1 *L'Arcadie*, p. 166.

2 La harpe ainsi appelée, suspendue à un arbre ou à un autre support, fait entendre des sons sous l'effet du vent.

3 On pourrait parler du *Geist* d'un instrument.

4 *L'Arcadie*, p. 167.

5 C'est bien ce que disait Kant : « La musique [...] ne laisse point, comme la poésie, quelque chose à la réflexion » (*Critique de la faculté de juger*, tr. A. Philonenko, Paris, Vrin, 1965, p. 155).

6 « *Meliseus, a quo uxoris mors deploratur* », *Carmina*, Bari, Laterza, 1948, p. 34-41.

se répondent : Ciceriscus et Faburnus. Autour d'eux, la nature est en deuil. Il est bon qu'elle le soit car « Ariadna » (nom de la disparue) en était l'âme. Pour l'essentiel, les deux amis de Meliseo ne font que répéter le chant de leur ami, ils orchestrent les thèmes familiers à l'églogue funèbre. Un passage, pourtant, retient notre attention : celui où Meliseus-Pontano évoque ce qui ne sera plus jamais. Plus jamais, Ariadna ne lui offrira des fruits, des légumes et des salades. Plus jamais elle ne le rafraîchira pendant les chaleurs de l'été[1]. *Ouketi.* Il est très rare que, dans ce genre plutôt conventionnel, un personnage tente de faire son deuil en évoquant les aspects les plus familiers de l'existence, en passant en revue chacun des souvenirs qui le rattachent à l'être disparu[2]. Comparée à ce flux d'images, la consolation des deux amis de Meliseo apparaît bien pâle : oui, disent-ils, la vie reprendra ses droits, la bonace succédera à la tempête. Meliseus se souviendra de ses moissons, les travaux quotidiens dissiperont sa douleur. C'est toujours ce que l'on dit, ce que l'on croit devoir dire.

Peut-on, en fin de compte, « faire son deuil » ? Long travail, qui peut prendre des mois, voire des années. Alain Legros a étudié admirablement la manière dont Montaigne tentait de faire celui de son ami[3]. Il a montré en particulier que l'inscription de la bibliothèque, longtemps illisible, indiquait les étapes de ce travail. D'abord accablé par la mort de La Boétie, Montaigne doit attendre un certain temps avant que naisse le désir de transformer en hommage le souvenir de leur exceptionnelle amitié. Lorsque le moment opportun est venu, ce désir peut prendre corps grâce à cette bibliothèque où « les livres des deux amis mêlés, comme "entrelacés", commémorent leur parfaite affinité en ce lieu de mémoire à bon escient privé[4] ». Montaigne est-il pour autant à l'abri d'un retour foudroyant de la tristesse ? Après d'autres, Alain Legros cite le passage du *Journal de voyage*, où vingt ans après la mort de son ami, Montaigne note ceci : « Ce mesme matin, escrivant à M. d'Ossat, je tombay en un pensement si penible de M. de la Boetie, et y fus si longtemps sans me raviser, que cela me fit grand mal[5] ». Quel aveu

1 *Ibid.*, v. 162, *sq.*, p. 39.

2 Voir, *supra*, p. 108.

3 « Travail de deuil et art de vivre : les deux inscriptions votives de la tour de Montaigne », *Montaigne Studies*, vol. XI, oct. 1999, p. 137-154. Voir aussi, du même auteur : *Essais sur poutres. Peintures et inscriptions chez Montaigne*, Paris, Klincksieck, 2000.

4 Alain Legros, article cité, p. 149.

5 *Journal de voyage*, édit. François Rigolot, Paris, PUF, 1992, p. 162.

d'impuissance, aussi, dans cette phrase du chapitre « De la diversion » : « Un sage ne voit guière moins son ami mourant, au bout de vingt et cinq ans qu'au premier an[1] » ? Contre ces retours de l'image, on ne peut (heureusement) rien.

Tolérant mal les mélancolies nées de ces deuils inaboutis, la société invite à plus de retenue ceux qui persistent dans leur tristesse. Ronsard a imité dans sa *Bergerie de Fontainebleau* le grand passage de Sannazar sur la mort d'Androgeo[2]. Il sert maintenant, avec d'autres textes, à déplorer la mort d'Henri II. Mais le malheur ne préside pas longtemps aux chants de ses bergers. Pourquoi faudrait-il pleurer, puisque le roi, comme le Daphnis de Virgile, est devenu un dieu ? Dans son mouvement même, cette grande pièce officielle ramène le discours vers les nécessités de l'heure et se termine en « institution du prince[3] » pour le jeune Charles IX, dont le règne commence sous la surveillance de sa mère. Un dur principe de réalité refoule toutes les puissances du deuil. Catherine de Médicis elle-même illustre à merveille le primat du devoir politique sur les pulsions de la tristesse. Sa fidélité au souvenir du roi a de quoi en imposer, tout comme les vêtements de deuil qu'elle ne quitte jamais[4]. On la compare à Artémise, la veuve inconsolable du roi de Carie. De ce parallèle, naît, entre autres hommages, le grand ensemble de tapisseries voulu par Nicolas Houel et dont certains cartons ont été dessinés par Antoine Caron[5]. Le célèbre mausolée y trouve la place qu'on devine. Mais le mythe nous apprend qu'en fait, il ne contient rien. Il n'est qu'un cénotaphe. Avant de l'édifier, la reine de Carie a pris soin de faire dissoudre les restes de son époux, absorbés ensuite dans un breuvage[6]. Ce moment-là ne trouve pas sa place dans la tapisserie. Après d'autres, Boccace vouait une admiration sans borne à ce geste d'amour fou[7]. Ficin le condamna sévèrement[8]. De sa part, ce n'est guère étonnant. Trop de passion, pas assez de spiritualité. La reine de Carie n'a cessé cependant de frapper les imaginations. Elle fait partie du grand cortège de ceux

1 *Essais*, « De la diversion », III, 4, p. 836.
2 V. 422-513, *Oeuvres complètes*, t. II, p. 154-156.
3 *Ibid.*, v. 986-1195, p. 168-173.
4 Voir Ivan Cloulas, *Catherine de Médicis*, Paris, Fayard, p. 121 et 319.
5 Voir Jean Ehrmann, *Antoine Caron*, Paris, Flammarion, 1986, p. 57.
6 Voir Aulu-Gelle, *Nuits attiques*, X, 18 et Valère-Maxime, IV, 6 (*De amore conjugali*).
7 *De mulieribus claris*, ch. LVII, *Tutte le opere*, Milano, Mondadori, 1967, t. X, p. 228.
8 *De Amore*, VII, 6.

qui récusent les minuties inutiles du travail du deuil et les consolations prodiguées à bon compte. Sans doute ne pleure-t-elle pas. Elle donne le change à son entourage. Ce qu'elle a de plus précieux repose en elle : les cendres de son bien-aimé. D'autres refusent de mettre un terme à leurs larmes. Ce sont les descendantes de Rachel pleurant dans Rama (Jr, 31, 15) et refusant d'être consolée parce qu'on a tué ses enfants. Folle aux yeux de beaucoup, comme celles de la place de Mai, de nos jours, à Buenos Aires.

Les sociétés quelles qu'elles soient n'aiment pas les dissidences. Dissident, à sa manière, est celui qui pleure trop longtemps parce qu'il a perdu un des siens[1]. Dissident et démesuré. Tôt ou tard, il doit faire son deuil, ou bien il est promis à une vie de mélancolie[2]. Perdu dans ses cultes funèbres, il n'est plus bon à rien. Les funérailles religieuses ne peuvent l'avouer, mais l'adieu qu'elles imposent est l'auxiliaire inconscient de la pression sociale. Il faut se détacher du défunt, le remettre à Dieu en attendant le moment où on le rejoindra. Rares sont ceux qui s'insurgent contre cette loi : amants shakespeariens, reine mythique, bergers extravagants. Le plus exemplaire de tous est sans aucun doute Sannazar, si imité, si mal compris. Devant la mort, il ne se livre à aucun excès. Il commémore avec douceur, confiant à la poésie et à la musique le soin de dire une douleur qui très vite cesse d'être la sienne. D'une certaine façon, il invite aussi au détachement. Mais les morts restent présents. On ne leur demande pas de devenir plus discrets et de quitter l'existence des vivants.

Sannazar avait peut-être deviné que le véritable détachement est la tâche d'une vie tout entière. Il est trop tard de s'y résoudre quand survient la mort. Si l'œuvre de la philosophie est de préparer à la mort, comme le disent Montaigne[3] et toute une tradition, elle peut également s'intéresser au détachement pour lui-même, pour la liberté qu'il offre, pour sa propre métaphysique.

---

1 Il aurait fallu évoquer d'autres veuves aussi célèbres et tout aussi fidèles à la mémoire de leur mari, Andromaque par exemple, celle de Racine, mais aussi celle du livre I de la *Franciade* de Ronsard.

2 Telle est du moins l'alternative freudienne.

3 « Que philosopher c'est apprendre à mourir », titre du chapitre I, 29 des *Essais*.

DISTANCES

Quelques concepts ont cerné la notion de détachement : ceux de sérénité, d'abandon, de repos, d'indifférence. Cependant, les concepts sont toujours un peu secs, à moins qu'ils ne soient capables d'ouvrir, tout à la fois, des images et des textes. C'était le cas du deuil. C'est peut-être aussi celui de la notion de distance. Elle sera psychologique comme dans le fameux « *Suave mari magno* » de Lucrèce[1] ; ou plus complexe, avec les dix jeunes jeunes gens de Boccace qui s'éloignent de Florence ravagée par la peste et par la mort, mais aussi, comme l'a bien montré Pierre Laurens, de tout un monde ancien[2]. Le leur sera fait de beauté, de courtoisie, et de détachement. Pas d'utopie sans ce dur mouvement de la volonté, récompensée par l'invention ou la découverte d'un monde idéal. C'est aussi un mouvement de ce genre que Ronsard opère en détachant la barque qui le mènera avec ses amis vers les Îles fortunées de la légende[3]. Couper les liens, rompre les amarres : se détacher au sens propre du terme. C'est le geste inaugural de tout voyage. Il n'a pas forcément bonne presse auprès des moralistes prompts à soupçonner ce désir d'évasion. Les spécialistes de l'âme remarquent, de leur côté, que le voyageur emporte ses soucis avec lui. La mystique de Maître Eckhart et de ses modernes disciples avait l'immense avantage d'associer action et détachement. « *Paulo minora canamus* » : ce chapitre sera consacré à ceux qui ne sont pas capables de respirer à cette altitude mais qui inventent toutes sortes de manières, parfois fort belles, de mettre le monde à distance.

La redécouverte de Lucrèce est un des grands moments de l'histoire intellectuelle du XVIe siècle. Dans son édition de 1563, Lambin exalte les « propos magnifiques » du poète latin sur la maîtrise des passions

---

1 *De rerum natura*, prologue du livre II.

2 Boccace, *Le Décaméron*, préface de Pierre Laurens, traduction de Giovanni Clerico, Paris, Gallimard, 2006, p. 7-11.

3 Ronsard, « Les Isles fortunees », *Œuvres complètes*, t. II, p. 780-785.

et la tranquillité de l'âme[1]. Nous savons maintenant, grâce à Michael Screech, que Montaigne a possédé et annoté un exemplaire de cette édition[2]. Au-delà du système d'Épicure, c'est toute la philosophie qui est mise à l'honneur dans le prologue du livre II, car elle doit procurer à l'âme l'indispensable tranquillité, le détachement dont le sage a besoin. Les vers de Lucrèce trouvent (on le verra) plus d'un écho dans les *Essais*. Et, comme toujours, c'est Montaigne qui les lira avec le plus d'acuité. Le *Suave mari magno* fait aussi apparaître, pour l'homme détaché, la nécessité d'une comparaison. L'ermite dans son désert ou le brahmane dans ses montagnes sont parfaitement détachés de ce qui les entoure. Ils se nourrissent seulement de Dieu ou du néant. Montaigne suggère que le détachement le plus voluptueux est celui que l'on éprouve devant les spectacles violents de la nature et de l'histoire. Toute la question est de savoir s'il entre dans ce plaisir quelque joie maligne. Lucrèce s'était posé la question et avait répondu, sans doute un peu vite, par la négative. « *Non quia vexari quemquamst jucunda voluptas*[3] ». Négation ou dénégation ? Peu importe au fond. En énonçant ce qu'elle nie[4], la simple négation nous a mis la puce à l'oreille : la noblesse du détachement cache peut-être des sentiments impurs.

« Pour chanter la sérénité du sage [...], le poète latin a recours à deux images, celles de la tempête et de la guerre[5] ». Vus du rivage, les orages des passions et ceux de l'histoire procurent au sage un sentiment appréciable de sécurité. Il est doux de « voir à quels maux on échappe soi-même[6] ». Il est également doux de « regarder les grandes batailles de

1 *Titi Lucretii Cari De rerum natura libri sex*, Paris, 1563, p. 101. Le commentaire du livre II est dédié à Ronsard, qui, plus tard, dans la seconde préface de la *Franciade* (t. II, p. 1161-1186) déclarera son admiration pour le poète latin, tout en regrettant qu'il ait développé dans un poème un système philosophique. Sur cette redécouverte, voir Simone Fraisse, *L'Influence de Lucrèce au* XVI*e* *siècle*, Paris, Nizet, 1962 et, à paraître, *La Renaissance de Lucrèce*, Actes de la Journée d'étude organisée par la SFDES en 2009.

2 *Montaigne's annotated Copy of Lucretius*, Genève, Droz, 1998. Ces annotations sont reproduites dans *Les Essais*, édition « La Pléiade », Paris, Gallimard, 2007, p. 1859-1870. Voir sur ce sujet la communication d'Alain Legros au colloque « La Renaissance de Lucrèce », à paraître.

3 *De Rerum natura*, II, 3.

4 Voir *inf.*, note 141.

5 Michel Delon, « Naufrages vus de loin : les développements narratifs d'un thème lucrétien », *Rivista di letterature moderne e comparate*, vol. XLI, fasc. 2, 1988, p. 9I. Les premières pages de ce chapitre doivent beaucoup à cet article.

6 « ... *quibus ipse malis careas quia cernere suave est* » (*De rerum natura*, II, 4). La traduction française est celle d'Alfred Ernout, Paris, Les Belles Lettres, 1948.

la guerre, rangées parmi les plaines, sans prendre sa part du danger[1] ». Ainsi pour tel ou tel écrivain que la curiosité ou le hasard ont transformé en spectateur des combats[2]. Distance, horizontale ou verticale : voilà les conditions de ce plaisir insolite. Dans les vers qui suivent, Lucrèce se fait plus précis, sans pour autant renoncer aux métaphores. Voici maintenant que le philosophe occupe « les hauts lieux fortifiés par la science des sages, régions sereines d'où l'on peut abaisser ses regards sur les autres hommes, les voir errer de toutes parts, et chercher au hasard le chemin de la vie, rivaliser de génie, se disputer la gloire de la naissance, nuit et jour s'efforcer par un labeur sans égal de s'élever au comble des richesses ou de s'emparer du pouvoir[3] ».

Le sage a donc découvert les véritables biens. Ils ne résident pas dans le prestige d'une naissance, dans l'accumulation des richesses ou dans la possession du pouvoir. Le peuple se trompe, qui leur accorde tant d'importance. Le véritable épicurien, content de peu, possède les vrais biens, comme le disait Érasme. Les derniers vers de Lucrèce rappellent, d'une certaine façon, un autre *topos* de l'antiquité : celui de la « panégyrie », repris par de nombreux auteurs, et en particulier par Montaigne :

> Nostre vie, disoit Pythagoras, retire à la grande et populeuse assemblée des Jeux Olympiques. Les uns s'y exercent le corps pour acquerir la gloire des jeux, d'autres y portent des marchandises à vendre pour le gain. Il en est, et qui ne sont pas les pires, lesquels ne cerchent autre fruict que de regarder comment et pourquoy chaque chose se faict, et estre spectateurs de la vie des autres hommes, pour en juger et regler la leur[4].

Chez Montaigne comme chez Lucrèce, le sage s'oppose au peuple. Celui-ci s'agite, celui-là regarde. Mais le spectateur des Jeux n'est pas aussi détaché que le sage du *De rerum natura* : il cherche à comprendre les spectacles qui s'offrent à ses yeux, et à « régler » sa vie en se distinguant des autres. Cette volonté de compréhension compromet le détachement.

---

1 « *Suave etiam belli certamina magna tueri / per campos instructa tua sine parte pericli* » (*ibid.*, v. 6-7).

2 Goethe, par exemple, à Valmy : voir *Campagne in Frankreich*, éd. A. Chuquet, Paris, Delagrave, 1884, p. 77-95.

3 « *Edita doctrina sapientum templa serena, / despicere unde queas alios passimque videre / errare, atque viam palantis quaerere vitae / certare ingenio, contendere nobilitate, / noctes atque dies niti praestante labore / ad summas emergere opes rerumque potiri* » (*ibid.*, v. 8-13).

4 *Essais*, I, 26, éd.Villey-Saulnier, p. 158. Voir R. Joly, *Le Thème des genres de vie dans l'antiquité classique*, Bruxelles, 1956.

Au fond, ce spectateur-là est un intellectuel, avec toutes les qualités et les défauts de son état. Il a pour excuse un souci moral : de l'agitation des autres, il tirera peut-être un profit ; de leur folie, il fera une sagesse. Entreprise risquée. Mieux vaut détourner son regard. Mais le sage de Lucrèce détourne-t-il vraiment le sien ?

Le *Suave mari magno* a inspiré les réflexions les plus prosaïques comme les méditations les plus profondes. C'est là son intérêt. Comme son ami Jan Poisson Griffin, Baïf n'aspire pas aux richesses. Content de peu, ce n'est pas lui qui affrontera les dangers de la mer. Au bord du rivage, il voit de loin l'écume de la mer et savoure, un peu égoïstement, d'être « à seurté de grand naufrage[1] ». Les « mariniers », comme on les appelle au XVIe siècle, ont cédé à l'appât du gain. Tant pis pour eux s'ils connaissent d'effroyables peurs. Dans le *Théâtre du monde* de Pierre Boaistuau, les affres des marchands figurent en bonne place dans le catalogue des misères de l'homme[2]. Pouvait-on encore tenir ce discours à l'époque où les caravelles sillonnaient le monde et rapportaient en Occident les richesses de l'Orient et du Nouveau Monde ? Sans doute pas. Mais Boaistuau se moque de la modernité et puise la plupart de ses exemples dans le *De contemptu mundi* du pape Innocent III, qui vivait quatre siècles avant lui.

Dans d'autres textes, Baïf montre bien qu'avec la Renaissance, les temps ont changé. Celui que la mer tourmente n'est pas toujours le marchand cupide et donc méprisable. C'est aussi l'explorateur hardi dont les livres enrichiront et modifieront la connaissance du monde. Voilà ce que dit un poème adressé à Nicolas de Nicolay pour saluer la publication de ses *Navigations, pérégrinations et voyages faits en Turquie*[3]. Animé du désir de connaître, Nicolay a couru bien des dangers, mais de son voyage, il rapporte un livre

> Où chacun peut de tout danger delivre
> Sans voyager avoir la jouïssance
> De ton labeur et de ta cognoissance[4].

La métaphore lucrétienne intervient juste après ces vers pour comparer

1 J.-A. de Baïf, « A Jan Poisson Griffin », *Œuvres complètes, I, Première Partie, Neuf Livres de Poemes*, éd. Jean Vignes, Paris, Champion, 2002, v. 78, p. 417.
2 Édition Michel Simonin, Genève, Droz, 1981, p. 128.
3 Édition M.-C. Gomez-Géraud et St. Yérasimos, Paris, Presses du CNRS, 1989.
4 « A Nicolas Nicolai », *Poemes*, éd. cit., v. 98-100, p. 294.

la lecture d'un récit de navigation au spectacle de la tempête. Autant le navigateur est tourmenté par les flots, autant le lecteur savoure le calme de sa lecture. On y reviendra.

Si les marchands et les explorateurs rapportent sur le rivage des richesses matérielles et intellectuelles, peut-on condamner leur voyage sans autre forme de procès ? Il ne le semble pas. Remarquons d'ailleurs que, dans certaines reprises des vers de Lucrèce, il s'agit moins de rester sur le rivage que d'y revenir. C'est ainsi que Baïf, dans les *Mimes*, exhorte ses compagnons de voyage à regagner la côte :

> Le grand plaisir d'une falaise
> Voir en l'eau la nef en malaise
> Duquel avons sceu nous sauver[1].

Celui qui apprécie le mieux le repos de la rive, c'est en fin de compte l'ancien marin, rescapé des bourrasques et des tempêtes. Du haut de la falaise, il contemple en bourrant sa pipe les dangers courus par ceux qui sont encore en mer.

Dans le bel article qu'il a consacré au *Suave mari magno,* Michel Delon[2] a justement remarqué que la position du poète n'est plus, bien souvent, celle du riverain. « Il se trouve désormais au milieu des tempêtes, ou, comme le dit un vers bien connu des *Regrets*, "a la mercy du vent / Assis au gouvernail dans une nef percée[3]" ». De la rive où il est parvenu, Ronsard contemple les tribulations de son ami (et rival !) sans émotion apparente. Mais il ne cache pas qu'à plusieurs reprises, il a échappé de justesse au naufrage : entendons par ce terme la prédication protestante. Parvenu en lieu sûr, et comme le véritable marinier, il

> Regarde seurement la tempeste et les vens
> . . . .
> Non-pas qu'il soit joyeux de voir la vague perse
> Porter ses compagnons noyez à la renverse[4],

mais il n'est pas mécontent de voir le danger « sans y estre ».

---

1 *Mimes, enseignemens et proverbes*, éd. J. Vignes, Genève, Droz, 1992, livre III, v. 970-972.
2 Voir *sup.*, note 5, de la page 234.
3 *Regrets*, 34, v. 14. Voir M. Delon, article cité, p. 93.
4 « Response aux injures », v. 685-688, *Œuvres complètes*, t. II, p. 1060.

Telle est l'inspiration philosophique d'un grand nombre d'auteurs. Chez certains d'entre eux, elle prend la forme la forme d'un refus de la vie civile. Dans un passage de *La Sainte philosophie*, écrite vers 1580, Guillaume Du Vair explique qu'il n'aspire qu'à une chose : « s'eschapper des orages et tempestes du monde » pour trouver « le port calme et paisible » d'où il pourra « contempler de loin le naufrage des autres[1] ». Pendant les guerres civiles de Rome, Cicéron se trouvait exactement dans les mêmes dispositions : « *Cupio istorum naufragia ex terra intueri*[2] ». Le démonstratif méprisant de la deuxième personne désigne bien entendu les ennemis de l'écrivain. Frustrant notre attente, Cicéron ne cite pas le fameux prologue de Lucrèce, mais des vers d'une tragédie de Sophocle, maintenant perdue, qui célèbrent le bonheur éprouvé lorsque, « sous un toit, et le cœur en repos, [on écoute] le ruissellement de la pluie[3] ». Une rêverie presque bachelardienne remplace la contemplation quelque peu sadique des marins en danger sur les flots. Pourtant, les vers de Lucrèce insisteront encore longtemps. On n'en veut pour preuve que le discours du XVIIe siècle sur la retraite. Qu'ils soient jésuites ou jansénistes, stoïciens ou épicuriens, les contempteurs de la vie séculière évoqueront presque fatalement les beaux vers du poète latin[4]. Le sage se détache forcément de l'agitation du monde, quelque coupable que soit le plaisir de la contempler encore.

Utopie ? C'est bien ce que semble dire Du Bellay dans quelques vers de sa « Complainte du desesperé », marqués par le plus noir pessimisme. Heureux, s'écrie le poète, celui « qui a fait sa sepulture / dans le ventre maternel[5] ». A celui-là seul sont épargnés les malheurs de l'existence. Autrement dit, le détachement préconisé par Lucrèce n'est qu'une illusion. Dès les premiers jours de la vie, nous flottons au hasard sur l'océan des passions, sans pouvoir aborder au rivage lucrétien. Un autre passage du poète latin, lui aussi célèbre, s'est peut-être présenté à l'imagination du

1 Éd. G. Michaut, Paris, Vrin, 1945, p. 51. Voir notre article : « Le repos et l'action dans la pensée de Guillaume Du Vair », *Politique et littérature en France aux XVIe et au XVIIe siècle*, Colloque de Monopoli 1995, Bari, 1997, p. 161-171.

2 « À Atticus », II, 7, 11.

3 *Ibid.* Les éditeurs de Cicéron ne sont pas en mesure de préciser de quelle tragédie il s'agit. Le plus important, c'est le caractère immémorial de cette rêverie.

4 Voir Bernard Beugnot, *Le Discours de la retraite au XVIIe siècle*, Paris, PUF, 1996. Il est curieux, que, sauf erreur de notre part, les vers de Lucrèce soient absents de l'oeuvre soupçonneuse de La Rochefoucauld.

5 « Complainte du desesperé », v. 475-476, *Œuvres poétiques*, éd. Aris-Joukovsky, t. I, p. 213.

poète : celui où il décrit le malheur de l'homme jeté par sa naissance sur la rive de l'existence comme un naufragé[1]. Ce rivage ne vaut pas mieux que la mer, la sécurité est absente. Il serait préférable de ne pas naître. Ce pessimisme radical rejoint celui du livre de Job.

Le succès des vers de Lucrèce occulte également une autre manière, sans doute moins répandue, d'imaginer la sagesse. Celle-ci ne se trouvera pas dans un lieu sûr, mais dans une certaine façon de composer avec les orages du monde. Dans cette perspective, la mer (entendons : le monde) n'est plus le lieu de tous les dangers. Au reste, elle connaît des moments de calme bienheureux, célébrés par Lucrèce lui-même dans ses vers sur l'apparition de Vénus[2]. Le thème de la *galènè* (la bonace, comme diraient les gens du XVIe siècle) se trouve chez Épicure lui-même et d'autres philosophes de l'antiquité[3]. Nietzsche ne s'est peut-être pas trompé en écrivant que la scène lucrétienne était tout à fait étrangère à l'esprit grec qui donne à l'individu une capacité de rester calme au milieu de l'agitation des flots[4]. Qu'on le dise ainsi ou d'une autre manière, ce calme est bien le résultat d'une ascèse capable de détacher le sujet de ses peurs et de ses angoisses, sans pour autant ressembler au pourceau de Pyrrhon, impassible dans la tempête[5]. Peu importent les havres et les douceurs de la terre. L'autonomie du sujet n'attend pas. Elle est possible au plus fort de l'incertitude matérielle.

Reste, pour Lucrèce, la question qui fâche : de quoi est fait le plaisir éprouvé en regardant de loin, et sans venir à son secours, un navire en perdition ? Le poète avait écarté d'un geste, ou plutôt d'un vers, toutes les interprétations soupçonneuses : « *Non quia vexari quemquast jucunda voluptas* ». Il faudrait que l'homme fût bien méchant pour se réjouir du malheur des autres. En règle générale, les commentaires de la Renaissance ne disent mot de ce vers. Certains, procèdant d'une manière oblique, citent dans la marge quelques passages antiques, dont le sens est bien

1 *De rerum natura*, V, 222-234. Montaigne cite ce passage en II, 12, p. 486.

2 *De rerum natura*, I, 8-9.

3 Voir les textes cités par Hans Blumenberg, *Naufrage avec spectateur*, tr. fr., Paris, L'Arche, 1994, note 9, p. 9.

4 Nietzsche, *Le Gai Savoir*, ch. 45, « Épicure », édition 10/18, p. 121. Voir Hans Blumenberg : « Ce n'est pas le calme et la sérénité de la mer qui, par l'intermédiaire du regard, apaisent le spectateur. Bien au contraire, tout à fait dans le style du sujet idéaliste, c'est le pouvoir de celui qui souffre, c'est le bonheur de son œil devant lequel une « mer de l'existence » métaphorique s'est apaisée » (*op. cit.*, p. 30).

5 *Essais*, II, 12 (« Apologie de Raymond Sebond »), p. 490.

différent. C'est une manière comme une autre de détourner l'attention du lecteur. Lambin, par exemple, rapproche le vers de Lucrèce d'un passage de Callimaque (ou de Ménandre) où il est question du spectacle fourni par la tempête à celui qui se trouve sur la rive[1]. Oui, mais ici, pas de navire menacé de naufrage. Cela change tout. Il semble bien que les humanistes de la Renaissance soient quelque peu effrayés par l'hypothèse lucrétienne. La Rochefoucauld et Sade ne sont pas encore nés.

Montaigne n'éprouve pas cette sorte de gêne. Lucrèce, il le connaît intimement, et le prologue du livre II sollicite souvent sa plume, même s'il n'est vraiment cité qu'une fois : dans le chapitre « De l'utile et de l'honneste » (III, 1). Fait remarquable : la citation n'intervient pas du tout dans un discours sur le détachement, mais dans une réflexion sur les « qualitez maladives » dont « nostre estre est simenté[2] ». Qu'on le veuille ou non, « l'ambition, la jalousie, l'envie, la vengeance, la superstition, le desespoir logent en nous[3] ». On le savait, rétorqueront les tenants du péché originel. Ce qu'on savait moins, c'est que les vertus elles-mêmes ne sont pas pures. Ainsi de la « compassion », « car au milieu [de celle-ci], nous sentons au-dedans je ne sçay quelle aigre-douce poincte de volupté maligne à voir souffrir autruy[4] ». À preuve, les vers de Lucrèce. Sur son rivage, le spectateur croit éprouver de la compassion : Montaigne le déniaise, comme le feront plus tard les moralistes du XVIIe siècle. Il ne sert à rien de se voiler la face. Du piédestal où la philosophie idéaliste l'installe parfois un peu trop vite, Montaigne fait descendre l'homme. Il laisse aussi entendre que Lucrèce a été effrayé par sa découverte et que son « *non quia* » ne rassure que les belles âmes. Du coup, c'est le détachement lui-même qui est en question. Nous nous détachons du monde pour mieux le contempler allant à sa perte.

Aux âmes qui se croient pures, Montaigne, dans un autre chapitre, oppose sa propre expérience. Non seulement, il n'a pas souffert en sa personne des malheurs de son temps, mais il « s'aggrée aucunement de veoir de [ses] yeux ce spectacle notable de nostre mort publique[5] ». Tout

---

1 Éd. cit., p. 101. Le passage en question se trouve dans le *Florilège* de Stobée, qui attribue ces vers à Callimaque (édition Gesner, *Sermo* LVII).

2 Éd. Villey-Saulnier, p. 791 (Montaigne cite seulement les deux premiers vers).

3 *Ibid.*, p. 790.

4 *Ibid.*, p. 791.

5 III, 12 (« De la phisionomie »), éd. cit., p. 1046.

peut devenir spectacle, y compris le malheur. L'expérience théâtrale vient à la rescousse de cette psychologie des profondeurs : « Si cherchons-nous avidement de recognoistre en ombre mesme et en la fable des Theatres la montre des jeux tragiques de l'humaine fortune[1] ». Impureté du plaisir théâtral : voilà qui est nouveau. Le but de la *catharsis*, selon Aristote, était de purifier les passions du spectateur. Il ne disait pas que le public pouvait ressentir de la joie à la vue du malheur d'autrui. Il est dommage que Montaigne, amateur de théâtre[2], n'ait pas poursuivi l'analyse des émotions qu'il lui procurait. Contentons-nous de ce coup de sonde : il va déjà assez loin.

L'auteur des *Essais* a découvert en somme que la jouissance du repos réclame l'agitation extérieure. Sur le rivage où je me trouve, rien ne bouge. Mais au-dehors, la mer roule dangereusement. Voilà qui éclaire aussi le plaisir de l'histoire. Quand celle-ci s'endort, elle perd tout son agrément, et l'historien somnole avec son lecteur. Levez-vous vite, orages désirés !

> Les bons historiens fuyent comme une eau dormante et mer morte des narrations calmes, pour regaigner les seditions, les guerres où ils sçavent que nous les appellons[3].

En d'autres termes, ceux de Péguy[4], ce sont les époques, non les périodes, où rien ne se passe, qui font vivre l'histoire. L'« eau dormante » et la « mer morte » nous emmènent très loin, en apparence, de la tempête lucrétienne. En fait, nous restons dans les termes de son antithèse. Le repos de l'amateur d'histoire appelle, comme son antithèse nécessaire, le tumulte des événements.

Francis Bacon a voulu être une sorte de Montaigne anglais. Nous lisons, au premier chapitre de ses *Essais*, intitulé : « De la vérité », dans une sorte de paraphrase du prologue lucrétien, une invitation à gagner les *templa* sublimes où nous pourrons jouir de la tranquillité du sage. Mais, à la différence de Montaigne, Bacon semble quelque peu choqué par la découverte des abîmes de l'âme. Sans doute est-il doux de regarder un

---

1 *Ibid.*

2 Il rapporte lui-même qu'il a interprété des rôles de théâtre au collège de Guyenne : *Essais*, I, 26, p. 176.

3 *Essais*, III, 12, p. 1046.

4 *Clio. Dialogue de l'histoire et de l'âme païenne, Œuvres en prose*, 1909-1914, Paris, Gallimard, « La Pléiade », 1957, p. 298.

navire aux prises avec la tempête, « à condition », toutefois, « que cette contemplation soit mêlée de pitié, et non d'orgueil et de rengorgement [*Swelling or Pride*] ». « C'est à coup sûr le ciel sur la terre que de voir l'âme humaine [...] se reposer dans la providence et tourner sur les pôles de la charité[1] ». Vocabulaire édifiant et sans doute respectable mais bien éloigné des impertinences philosophiques des *Essais*. Pour Bacon, il faut extirper ce que la Bible appelle le « vieil homme » : tâche au-dessus de nos forces et qui réclame l'intervention de la grâce. Le détachement dont nous sommes fiers est trop impur pour être agréable à Dieu.

Les *Essais* de Bacon datent de 1625. Une dizaine d'années auparavant, Shakespeare écrivait et faisait jouer sa *Tempête*. Du rivage, Miranda, la fille de Prospero, a été témoin d'un naufrage. Elle ne sait pas encore, dans cette deuxième scène, que les ennemis de son père se trouvaient sur le navire :

> Oh ! Comme j'ai souffert avec ceux que je voyais souffrir ! Un beau vaisseau-et qui portait sans doute de nobles créatures rompu en mille pièces ! Oh ! Ce cri m'est venu heurter en plein cœur : j'eusse abîmer la mer dedans la terre plutôt que de la voir engloutir ainsi ce bon navire et sa cargaison d'âmes[2]

Chez Miranda, c'est la compassion qui prime et le refus du détachement. Si elle l'avait pu, elle aurait porté secours aux naufragés, comme Diderot dans le rêve du *Salon de 1768*[3]. Miranda est une âme pure selon le cœur de Bacon. Il eût été vraiment trop facile, pour Shakespeare, d'opposer un Prospero cruel à sa tendre fille. Le mage n'éprouve aucun sentiment à la vue de la tempête, pour la bonne raison qu'elle a été déclenchée par lui. Il a fait en sorte qu'elle n'engloutît pas ses ennemis. Mais il existe bien des zones d'ombre dans l'âme de Prospero, qui prépare pour ceux qui l'ont détrôné une rude pénitence[4]. Prospero est un mage sans pitié, un dieu parfaitement détaché de ceux qu'il fait souffrir. La signification de la pièce est sans doute trop complexe pour qu'on s'y attarde. Mais si le monde est un théâtre dont Dieu est le metteur en scène, comme le

1 Francis Bacon, *Essais*, tr. fr., M. Castelain, Paris, Aubier, 1964, p. 4-5.
2 Shakespeare, *La Tempête*, I, 2, *Œuvres complètes*, Paris, Gallimard, 1959, « La Pléiade », t. II, p. 1477.
3 Voir Michel Delon, article cité.
4 L'interprétation du personnage de Prospéro divise toujours les spécialistes de Shakespeare. Pour un état de la question en 1959, voir la notice d'Henri Fluchère dans l'édition « La Pléiade », t. II, p. CCXIX-CCXXVIII.

dit souvent la littérature baroque[1], on peut se demander quelle image de Dieu Shakespeare a voulu donner dans son ultime pièce.

Les artistes médiévaux ne représentent la mer que si l'histoire et la Bible les y obligent. Et comme Lucrèce reste inconnu, on chercherait en vain dans leurs œuvres des personnages regardant une mer démontée ou un navire en train de sombrer. Ceux de la Renaissance, quant à eux, préfèrent regarder la terre. Les *Cosmographies* de cette époque manifestent une véritable prédilection pour les ports vus de la mer, où naviguent tranquillement des galères ou des bâteaux aux voiles gonflées par la brise[2]. À cette époque encore, la mer inspire toutes sortes de craintes. Il n'est que de lire, pour s'en persuader, les récits de navigation ou ceux de pèlerinage[3]. Celui qui doit s'embarquer recommande son âme à Dieu et rédige son testament. Il faut être humaniste et ignorer quelque peu les choses de ce monde pour faire de la tempête vue de la rive une métaphore de la tranquillité de l'âme.

Brueghel représente donc une notable exception. Dans un premier temps, il a été attiré lui aussi par les havres et les jetées. Il est difficile de savoir quand fut peint le *Port de Naples*, mais « il est raisonnable de dater la peinture du palais Doria des années 1560-1562[4] ». Le peintre avait dû admirer la ville lors de son voyage en Italie en 1551-1553. Mais si l'on peut reconnaître sur sa toile certains édifices napolitains vus du large, c'est une image idéalisée qu'il propose au spectateur. Naples ressemble à une conque harmonieuse. Dans les eaux limpides de son port croisent de beaux voiliers. Qui ne rêverait d'un tel refuge ? Et pourquoi regarderait-on la mer, moins belle à coup sûr que la ville et son port et tellement plus dangereuse ?

Quelques années plus tard, avec sa *Tempête*[5], Brueghel décide pourtant de peindre une mer effrayante, où toute une flotte, plongée dans l'obscurité, affronte une violente tempête. Tout est si sombre, l'eau

---

1 Voir Jean Jacquot, « Le *Théâtre du monde* de Shakespeare à Calderon », *Revue de littérature comparée*, 1957, p. 340-372.

2 Voir Sébastien Münster, *Cosmographie universelle*, tr. fr., Paris, 1575, t. II, p. 64, 68, 225, 1394-1395 etc.

3 Pour ceux-ci, voir Marie-Christine Gomez-Géraud, *Le Crépuscule du grand voyage. Les récits des pèlerins à Jérusalem*, Paris, Champion, 1999.

4 *Brueghel*, texte de Wolfgang Stechow, Paris, Éditions Cercle d'art, 1974, p. 66.

5 Vienne, Kunsthistorisches Museum. La bataille fait rage entre les spécialistes au sujet de l'attribution au peintre flamand de ce tableau non signé. Stechow, qui figure parmi les plus connus, est persuadé qu'il est bien l'œuvre de Brueghel (1568-1569).

comme le ciel, que le triangle vert qui déchire la toile en son milieu retient encore plus l'attention. Il représente le *castoreum*[1] répandu par les marins sur les flots pour effrayer la baleine, visible en bas vers la droite. Autre mesure de diversion, elle aussi bien connue : le tonneau lancé à la mer et chargé de détourner l'attention du monstre. La baleine peut alors figurer la stupidité des hommes prompts à jouer avec des bagatelles. Il est possible aussi que Brueghel ait voulu rendre hommage à l'habileté des navigateurs capables de détourner les dangers les plus menaçants. En choisissant de voir la mer, si l'on peut dire, du dessus, Brueghel prive le spectateur du confort que pourrait lui offrir un port. C'est une manière de l'embarquer pour qu'il sente lui aussi la présence du danger. Pas de détachement. S'il en était resté là, Brueghel serait un peintre tout à fait tragique. Il a pourtant indiqué un espoir, assez difficile à distinguer. Au fond, à droite, se dresse une minuscule église, éclairée par une trouée de lumière. C'est là que les navires trouveront le salut. Comme dans un dessin presque contemporain (« Anvers vu de la mer »)[2] qui montrait lui aussi une mer fort agitée : un navire se dirigeait vers une église, après avoir évité un récif surmonté d'un gibet[3].

Franchissons un siècle, allons juqu'à l'époque où les marines sont devenues un genre à part entière de la peinture hollandaise[4], où les vaisseaux des Pays-Bas sont, avec les anglais, les maîtres de la mer. Ludolf Bakhuizen[5], bien introduit dans la société des armateurs et des riches compagnies maritimes, n'a cessé de peindre le port d'Amsterdam et la mer du Nord, vue de la côte. Ses compositions, après 1660, évoluent dans un sens de plus en plus dramatique. L'un des ses tableaux, qui se trouve au Louvre, et auquel le XIXe siècle a donné le titre de « Coup de vent », représente au premier plan un homme vu de dos et coiffé d'un grand chapeau, donnant la main à deux enfants. Devant lui, une mer

---

1 Le *castoreum* est une substance secrétée par les glandes se trouvant sous la queue du castor. On en faisait un usage médical et on la mélangeait à de l'eau pour effrayer les monstres de la mer.

2 Collection Comte Antoine Seilern, Londres. Voir la reproduction dans le *Brueghel* de Stechow, *op. cit.*, p. 152.

3 Détail relevé par Philippe et Françoise Roberts-Jones, *Pierre Brueghel l'Ancien*, Paris, Flammarion, 1997, p. 286.

4 Voir L. J. Bol, *Die holländische Marinenmalerei der 17 Jhr.*, 1973.

5 Sur ce peintre hollandais d'origine allemande (1636-1708), voir la notice de *l'Encyclopédie Herder*, t. II, p. 84-85 et la monographie de H. Nannen, *R. Backhuyzen*, 1985.

fort agitée où voguent plusieurs vaisseaux. Cependant, ils n'ont pas l'air en danger. Leur fort tonnage interdit sans doute de craindre pour la vie de ceux qui sont à bord. Rien d'hugolien dans la contemplation de l'homme, il ne cherche pas à se fondre dans la nature, à deviner les forces qui l'agitent. La tempête en mer : voilà un beau spectacle, que ne doivent pas manquer ses enfants ou ses petits-enfants. C'est pourquoi il les a emmenés promener en leur donnant solidement la main. Les contours des figures ne sont pas assez nets pour qu'on puisse dire avec certitude si l'un des enfants, quelque peu effrayé, ne tourne pas le dos au spectacle qu'on a voulu lui montrer. Le spectateur de Backhuizen croit autant à la puissance de la marine hollandaise qu'à celle de l'affection familiale.

Avec Ruysdael, auteur d'une vingtaine de tempêtes en mer, celle-ci devient plus effrayante et la nature plus cosmique. La scène est presque toujours la même : sur le bord inférieur du tableau, des pieux, des brise-lames, parfois quelques rochers[1]. Au fond, imperceptible, aussi mince qu'un trait de pinceau, un rivage que, bien souvent, les navires tentent de gagner. Il se pourrait bien que nous soyons dans l'embouchure mouvementée d'un grand fleuve : le Rhin, la Meuse. La plus grande partie de la toile est occupée par la mer et le ciel. L'homme semble perdu dans cette immensité. Regardons cependant de plus près deux tableaux. L'un se trouve au musée de Fort Worth, au Texas[2]. Dans le décor rituel de Ruysdael, il est possible de percevoir, au premier plan, sur une jetée terminée par un phare, deux petits personnages, une gaffe à la main. Ils ne regardent pas la tempête pour y trouver du plaisir, mais pour venir en aide à d'éventuels naufragés. Le *Suave mari magno*, ce n'est pas leur devise. Mais ce qui frappe aussi chez eux, c'est leur calme. Point de grands gestes à la manière du futur XVIIIe siècle, aucun pathos. Ce qui sans doute les rassure quelque peu, c'est la présence du phare près duquel ils se tiennent et qu'un habile pilote ne peut manquer de repérer. La maîtrise de la navigation est le plus sûr moyen d'échapper au naufrage. Le salut du marin viendra aussi de Dieu. Dans l'âme hollandaise, les deux confiances ne s'excluent pas : elle attend tout de l'habileté du pilote et de la protection divine. Voilà pourquoi, nos deux petits personnages se tiennent sur le rivage sans inquiétude excessive.

---

1 Voir Seymour Slice, *Jacob van Ruisdael, A Complete Catalogue of His Paintings, Drawings, ant Etchings*, Yale University Press, 2001, p. 449.

2 Voir la notice et la reproduction dans Slice, *op. cit.*, p. 454.

Dans le tableau du Louvre[1], qui, avec d'autres, a inspiré Turner[2], les données ont changé. Seul de toute la série, il montre, sur la droite, une solide maison, surmontée d'une cheminée rouge et entourée d'arbres : lieu idéal pour entendre le déchaînement de la tempête tout en savourant une profonde impression de sécurité. Aucun personnage ne s'aventure près des flots. La tempête aura beau mugir, la maison hollandaise, bien protégée par les brise-lame, ne craint rien de la montée des eaux. Les habitants de cette demeure auraient-ils perdu le sens de la solidarité ? Disons plutôt qu'ils n'ont aucune raison d'être inquiets. Il ne peut rien arriver de fâcheux aux deux navires de fort tonnage qui, toutes voiles avalées (ce qui signe l'habileté du pilote), naviguent près du rivage. Remarquons par ailleurs que les fanions des deux navires sont de la même couleur (rouge) que la cheminée de la maison. De gauche à droite, le tableau est scandé par cette note de couleur, qui ignore la différence entre mer et terre. Il y a longtemps que les Hollandais maîtrisent aussi bien la première que la seconde. Dans ces conditions, le pathétique est indigne de l'homme. Rien ne semble devoir arrêter la tempête. Mais quand elle se déclare, l'homme la regarde tranquillement, sans détachement, ni émotion.

Ce genre de spectacle est pourtant promis à la disparition. L'idée de la sécurité du spectateur, bien à l'abri des vagues, ne peut contenter la spiritualité du XVIIe siècle, marquée notamment par l'augustinisme. Le *Theatrum mundi* doit aboutir à la connaissance de soi : *cognitio mundi*, *cognitio sui*[3]. L'idée qu'un philosophe puisse être à l'abri des passions qui se déchaînent autour de lui était incapable de satisfaire une époque affamée d'intériorité. Destiné aux orgueilleuses sagesses païennes, le *suave mari magno* devient déplacé à l'époque de Pascal. Nous sommes tous des voyageurs dans la tempête[4]. Dieu seul en est exempt. Le goût du spectacle théâtral au siècle classique dément-il cette idée ? Oui, si on pense que le spectateur ne connaît aucune passion. On sait bien cependant qu'il n'en est rien, et que les vertus du théâtre dépendent de

1 Reproduction dans Slice, *op. cit.*, p. 461.

2 Voir en particulier celui que Turner a intitulé lui-même « Port Ruysdael », New Haven, Collection Paul Mellon.

3 Voir Louis Van Delft, *Les Spectateurs de la vie. Généalogie du regard moraliste*, Les Presses de l'Université Laval, 2005, p. 41.

4 L'éloquence sacrée entend bien démontrer, parfois d'une manière pathétique, que personne n'est à l'abri des passions, c'est-à-dire du péché.

son aptitude à en ressentir. Tel est bien le grand apport de la pensée d'Aristote et de sa conception de la *catharsis*. Ce serait une erreur, en outre, d'imaginer que le spectateur de cette époque est isolé de la scène. Il a existé au Moyen Âge des théâtres en rond[1]. Celui de Shakespeare, le fameux Globe, s'inspirait de ce modèle. Frank Lestringant a rappelé de son côté que, dans bien des cas, sur d'autres scènes, notamment italiennes, les rangs du public formaient une sorte de demi-cercle, de telle sorte que beaucoup d'entre eux ne la regardaient pas de face[2]. Ils se trouvaient dans une proximité spatiale avec les acteurs qui souffraient, pleuraient, criaient. Le spectateur était impliqué dans l'action qui se déroulait devant lui. Il faut donc que le détachement emprunte d'autres voies. Puisqu'il est difficile de regarder le monde sans souffrir avec lui, il reste à prendre ses distances, à gagner un monde meilleur. Faut-il taxer de lâcheté ceux qui s'y décident ? Sans doute pas, d'autant que leur départ traduit une aspiration à une vie plus noble.

Les dix jeunes gens du *Décaméron* ont d'abord voulu fuir la peste qui ravage Florence en l'an de grâce 1348[3] . Rien de déshonorant dans cette fuite. Le soulagement des corps appartient aux médecins, celui des âmes aux religieux. Ils ne font partie ni des uns ni des autres. La sage Pampinée peut donc dire à ses amies :

> Le droit le plus naturel, pour quiconque naît au monde, c'est d'assister, de conserver et défendre sa propre vie autant qu'il est possible[4].

Il faut donc fuir. S'ils n'avaient fait que cela, les merveilleux jeunes gens de Boccace ne mériteraient guère notre attention. Ce qu'ils fuient encore, c'est la mélancolie, le chagrin, l'omniprésence de la mort, dont profitent les prédicateurs pour rappeler à chacun, dans de grands assauts d'éloquence, sa condition mortelle. Ils récidiveront à Venise, dans des

---

1 Voir Henri Rey-Flaud, *Le Cercle magique. Essai sur le théâtre en rond à la fin du Moyen Âge*, Paris, Gallimard, 1973.

2 « Le spectateur est de la sorte placé devant un espace concave qui le déborde et où il entre malgré lui » (*Lumière des martyrs*, Paris, Champion, 2004, p. 146). C'est notamment le cas dans les dispositifs scéniques de Serlio et de Bibiena, et chez les graveurs qui s'en inspirent.

3 *Le Décaméron*, traduction nouvelle de Giovanni Clerico et préface de Pierre Laurens, Gallimard, Folio, 2006, p. 38 ; texte italien, édition V. Branca, classiques Mondadori, 1976, p. 10. Nous donnerons toujours les deux références.

4 Clerico-Laurens, p. 48-49 ; Branca, p. 20. Branca fait remarquer que la recherche d'un air plus pur est aussi un moyen d'éviter la redoutable contagion (p. 23, note 1).

circonstances analogues, en 1576 et 1577[1]. Mais Pierre Laurens a montré d'une façon convaincante que la petite compagnie de Boccace refuse par là même toute une culture du repentir et de la mort, telle qu'elle s'était exprimée « une dizaine d'années plus tôt, au beau milieu de la période la plus faste de la culture pisane[2] », dans « l'immense fresque du *Triomphe de la mort* au *Campo Santo* de Pise[3] ». Voilà déjà qui donne au projet des sept jeunes femmes et des trois jeunes gens une envergure philosophique que ne supposait pas le seul désir de protéger leur vie.

Pour renaître, point n'est besoin d'aller très loin. La campagne toscane est là, qui les invite et qui les aime déjà. Son appel est si connu, si beau qu'il suffit de quelques lignes pour envoûter le lecteur :

> On entend là-bas les oiselets chanter, on y voit verdoyer les côteaux et les plaines, et dans les champs comme la mer ondoyer les moissons, on y voit mille sortes d'arbres, et le ciel plus à découvert[4].

Que fera-t-on dans la merveilleuse villa de Pampinée ? La question est posée par l'insouciant Dionée[5].

> Je ne sais pas, moi, ce que vous comptez faire de vos soucis ; pour les miens, je les ai laissés derrière la porte de la cité quand j'en suis sorti avec vous tout à l'heure ; aussi, ou bien vous vous apprêtez à vous distraire, à rire et à chanter avec moi [...]. Ou bien vous me donnez licence de m'en retourner à mes soucis et de me tenir dans la ville affligée[6].

Pour lui, tout est facile, un peu comme dans une opérette viennoise. Rire, boire (modérément) et chanter : voilà qui doit mettre en fuite les soucis. Le juvénile Dionée a l'imprudence de croire que ceux-ci ne voyagent pas[7]. De son petit discours, retenons pourtant ceci : dans un premier temps, il n'est pas du tout question de raconter des nouvelles. La distraction viendra d'ailleurs. Pampinée abonde dans son sens. Il faut pourtant que la joie

---

1 Voir Paolo Preto, *Peste e Societa a Venezia, 1576*, Vicenza, N. Pozza, 1978.
2 Édition citée, p. 9.
3 *Ibid.*, p. 8.
4 Clerico-Laurens, p. 51 ; Branca, p. 23.
5 Son nom rappelle celui de Dioné, fille de Vénus ; voir Clerico-Laurens, note 6, p. 53, et Branca, note 1, p. 25.
6 Clerico-Laurens, p. 55-56 ; Branca, p. 27.
7 Voir Montaigne, *Essais*, I, 39. (« De la solitude ») et les références antiques données dans ce chapitre.

demeure. Le long *andante* du début de la Première Journée a pour but d'inventer la fameuse règle de vie : chaque journée aura son roi ou sa reine ; la couronne passera de l'un à l'autre selon les formes de la plus exquise courtoisie[1]. Ordre et plaisir seront toujours liés. La meilleure manière de quitter Florence, où règne l'anarchie la plus complète, se trouve dans l'invention de cette règle du jeu, dont le but est moins de distraire, de détourner la vue des objets qui l'attristent, que de créer un petit monde nouveau. Voilà pour la forme, qui vaut toute une métaphysique.

Et voici pour le fond. Avec une belle prudence, Pampinée écarte les passe-temps qui supposent un vainqueur et un vaincu. On ne jouera pas aux échecs ou aux dames[2]. Rien de tel, en revanche, que de raconter des nouvelles[3]. À condition que le conteur ait du talent[4], elles réjouiront tout l'auditoire. Sous-entendu : rien ne devra se rapporter à la peste de Florence. Boccace joue d'ailleurs sur le mot *novella* qui désigne d'une part ce qu'on peut apprendre des uns et des autres et d'autre part le genre littéraire en train de se constituer en Italie. Pampinée a formellement interdit à ceux qui, pour telle ou telle raison, sortiraient de la villa, de rapporter « des nouvelles du dehors[5] ». En même temps, et sans aucune contradiction, elle recommande à ses amis de raconter des nouvelles. Celles-ci, même quand elles se rapportent à un passé récent, ne mettront pas en danger le détachement auquel chacun aspire. Le petit monde de la villa restera fermé sur lui-même. Oubliée, la peste.

La *brigata* se contente de ces règles. Le récit, quel qu'il soit, semble en mesure d'engendrer le plaisir, ce qui permet d'ouvrir la porte aux histoires tragiques. Toute une Journée (la quatrième) leur est consacrée. Ainsi l'a voulu Philostrate, « celui qui est abattu par l'amour[6] », dont le souhait ne rencontre aucune opposition. Tout au long de cette Journée, les larmes ne manquent pas de couler[7]. À défaut, auditeurs et surtout

---

1 Voir V. Branca, *Boccacio medievale*, Florence, Sansoni, 1956.

2 « Au jeu l'une des deux parties est amenée à se fâcher » (Clerico-Laurens, p. 59 ; Branca, p. 30).

3 Sur la théorie de la nouvelle en Italie, et, en particulier, sur la nouvelle comique, voir Nuccio Ordine, *Teoria della novella e teoria del riso nel Cinquecento*, Naples, Liguori, 1996.

4 Le contre-exemple est fourni par la première nouvelle de la Sixième Journée, qui met en scène un conteur ridicule.

5 Clerico-Laurens, p. 57 ; Branca, p. 29 (« *Niuna novella altra che lieta ci rechi da fuori* »)

6 Rappelons que *Philostrato* est le titre du poème de Boccace qui raconte les amours tragiques de Troïle et Crésidée.

7 Voir par exemple à l'issue de la première nouvelle de la Quatrième Journée, p. 365.

auditrices ressentent de la compassion[1] pour les victimes des amours malheureuses. Ce n'est qu'au terme de la neuvième nouvelle de cette Journée, que Dionée, fidèle à son tempérament, proteste contre ces « affligeants récits[2] ». On craint si peu cette tristesse que la chanson clôturant cet ensemble est confiée à Philostrate lui-même[3]. Elle lui ressemblera. Pour comprendre cette étrange concession faite à l'histoire tragique, on peut avancer l'explication de Fiammette : puisque Philostrate n'aime que celles-là, il faut faire la part des choses[4]. On se rattrapera avec les autres. Mais cela n'explique pas le plaisir éprouvé par ceux qui les entendent. Faut-il alors supposer que Boccace, intuitivement, découvre l'idée aristotélicienne de plaisir tragique[5] ? Restons plus près du texte, et, en particulier, du commentaire de la cinquième nouvelle de cette tragique Journée, racontée par Philomène. Rien de plus horrible que le sujet :

> Les frères d'Elisabeth tuent son amant. Il lui apparaît en songe et lui montre le lieu où il est enterré. Elle déterre la tête en secret et la met dans un pot de basilic ; alors qu'elle pleure longuement dessus chaque jour, ses frères le lui enlèvent, et elle meurt peu après de douleur[6].

De cette histoire, on a fait une chanson qui se chante encore « de nos jours[7] ». Et le narrateur, d'en citer les deux premiers vers. Cette nouvelle ne suscite aucun sentiment de compassion. Les dames sont plutôt heureuses de connaître l'origine d'une chanson si connue, et Boccace, cet amoureux des femmes, n'a sans doute pas voulu égratigner leur curiosité. Ce qu'il suggère est beaucoup plus intéressant. Il y a eu d'abord un cruel fait divers. Ensuite, une chanson, inspirée par ce fait divers et dont l'auteur est inconnu. Elle a déjà neutralisé la sauvagerie de l'histoire. Enfin, la nouvelle racontée par Philomène, qui double la distance. Cette histoire mérite bien le nom de nouvelle puisqu'elle met en échec la science de Vittore Branca qui ne lui trouve aucune source[8]. Le sentiment de l'inédit

---

1 *Décaméron*, Clerico-Laurens, p. 391 et 413.

2 *Ibid.*, p. 419 ; Branca, p. 423.

3 *Ibid.*, p. 431-432 ; Branca, 435-437.

4 *Ibid.*, p. 430 ; Branca, p. 435.

5 Hypothèse bien improbable : la *Poétique* d'Aristote est pratiquement inconnue du Moyen Âge (voir Michel Magnien, introduction à la *Poétique*, Paris, Le Livre de Poche, 1990, p. 52).

6 *Le Décaméron*, p. 390 et Branca, p. 392.

7 *Ibid.*, p. 395 ; Branca, p. 396.

8 Mis à part, peut-être, deux passages d'Apulée (VIII, 8 et IX, 31), un auteur très apprécié de Boccace.

explique, mais seulement en partie, le bonheur des dames. Elles sont passées d'une chanson à un récit. Et celui-ci a apporté avec lui le plaisir de l'explication associé à celui du narré : des événements se sont agencés avec un début et une fin, comme le veut tout récit[1]. Que demander de plus ? Voilà qui fait oublier le tragique de l'histoire. La sérénité de la petite compagnie est pleinement sauvegardée.

Et ce ne sont pas les discussions qui la mettront en danger. Le *Décameron* est à mille lieues de l'*Heptaméron*, de ses disputes, de ses sous-entendus, de ses ressentiments[2]. Le plus souvent, une phrase suffit pour noter les réactions de l'auditoire à la nouvelle qui vient d'être racontée. Il arrive que l'un des jeunes gens se mette quelque peu à part, à l'instar de Philostrate, le plus souvent songeur durant la Quatrième Journée. On sourit, on rit, et quand une nouvelle a bravé l'honnêteté, le visage des dames rougit légèrement. Il ne viendrait à l'esprit de personne de sonder les reins et les cœurs, comme le font les devisants de Marguerite de Navarre. Point de psychologie : elle mettrait en danger la sérénité de la compagnie. Dans les cités italiennes, la Fortune mène la danse[3]. Mais dans la villa et ses alentours, elle disparaît devant les exigences de l'ordre.

En bonne poétique, celle de H. Weinrich[4] par exemple, le repos de ces jeunes gens est la condition nécessaire au déroulement des récits, qui réclament toujours une certaine détente. Le grand théoricien allemand donne comme exemple le début d'une nouvelle de Maupassant : « L'Horrible ». « Un malheur terrible est arrivé la veille ». Cependant, rien n'est plus tranquille que l'atmosphère présidant au récit qui va suivre : « La nuit tiède descendait lentement. Les femmes étaient restées dans le salon de la villa. Les hommes [...] fumaient[5] ». Transposons : un grand malheur s'est abattu sur Florence. Cependant, quelque part dans la campagne, des jeunes gens et des jeunes femmes racontent tranquillement des histoires, en s'abstenant soigneusement de « commenter » le monde, de porter des jugements sur les uns et les autres. Si l'on « commente » le monde, toujours selon Weinrich, c'en est fini de la sérénité et du détachement[6].

---

1 Voir Paul Ricœur, *Temps et récit*, I, Paris, Seuil, 1983 ; et, *inf.*, le chapitre VII, p. 209.

2 Voir Gisèle Mathieu-Castellani, *La Conversation conteuse. Les Nouvelles de Marguerite de Navarre*, Paris, PUF, 1992.

3 Sur son importance dans les récits, voir Pierre Laurens, édition citée, introduction, p. 14-15.

4 *Le Temps*, tr. fr., Paris, Seuil, 1964.

5 *Ibid.*, p. 32.

6 *Ibid.*, 2, 5 (« le monde raconté »).

Dans son ascèse souriante, la *Brigata* est allée finalement plus loin que le philosophe de Lucrèce, obnubilé par l'agitation des autres et par sa sécurité intérieure. La hauteur du projet boccacien ne peut échapper au lecteur attentif, surtout s'il se souvient du dialogue inaugural entre Pampinée, Néiphile et Philomène. La première vient d'inviter les trois jeunes gens rencontrés dans l'église à se joindre à ses compagnes et à partir pour la campagne. Tant de hardiesse effraie quelque peu Néiphile, parfaitement informée des sentiments amoureux qu'ils éprouvent pour certaines d'entre elles. Voici la noble réponse de Philomène :

> Cela n'a aucune importance ; dès lors que je vis honnêtement et que ma conscience ne me reproche rien, aura beau dire le contraire qui veut : Dieu et la vérité prendront les armes pour moi[1].

Langage cornélien, et d'une magnifique indépendance. Libre aux médiocres de colporter des ragots : Philomène n'en a cure. Dans une œuvre où Dieu trouve peu de place, ce langage de la conscience sûre d'elle-même et de son Créateur ne peut manquer de frapper. Le détachement sera sa récompense, alors que les devisants de Marguerite de Navarre, malgré le temps consacré aux offices religieux dans l'abbaye de Serrance, le chercheront en vain.

Pourtant une menace pèse sur cette belle sérénité. Elle ne vient pas des nouvelles, mais, par un curieux paradoxe, des chansons de la fin du jour. C'est aux chants que, pour inventer leur *vita nova*, les jeunes gens de Boccace ont d'abord pensé. « Rire » et « chanter », était – on s'en souvient – le programme de Dionée. Lorsque le soleil commencera à décliner, on chantera avant d'aller dormir. D'emblée, le rituel se met en place. Il est fait aussi état des chansons entonnées spontanément par l'un ou par l'autre à la fin de chaque Journée[2]. Mais la chanson « officielle » est vespérale. À plusieurs reprises, le texte insiste sur le respect de cette règle. Personne n'a le droit de se dérober à cette courtoise obligation.

---

1 *Décaméron*, p. 54 ; Branca, p. 25. Philomène est qualifiée de « très sensée » (*discretissima*). Son nom signifie : celle qui aime les chants. Elle les aime peut-être plus que l'amour lui-même.

2 Notamment à la fin de la Troisième Journée où « Flammette et Dionée commencèrent à chanter *Messire Guillaume* et *La Dame du Verger* » (*Décaméron*, p. 341 ; Branca, p. 340). La première chanson est inconnue ; la seconde se rapporte au célèbre poème du XIIIe siècle, qui a inspiré de nombreux auteurs, jusqu'à Marguerite de Navarre (*Heptaméron*, 70e nouvelle).

À Laurette qui prétend que son répertoire est pauvre, il est seulement permis de chanter les airs qu'elle connaît le mieux[1]. Dionée lui aussi chantera, à condition de renoncer à son inspiration paillarde[2]. Toute la question est de savoir si, malgré la retenue courtoise des uns et des autres, les voix ne vont pas émouvoir dangereusement auditeurs et auditrices. Car les jeunes femmes ne renoncent pas à l'expression des sentiments. Emilie chante « amoureusement[3] », Laurette « d'une voix suave », tout comme Elissa[4], mais d'« une manière plutôt poignante », Néiphile enfin d'une « voix claire et joyeuse[5] ». Autant de chansons, autant de questions. À sept reprises, Boccace prend soin de les noter[6]. Chacun est persuadé que, d'une façon voilée, la ballade réflète les sentiments de celui ou de celle qui l'a chantée. C'est ainsi que les paroles d'Emilie donnent à penser à certains[7] ; qu'Elissa, dont le prénom s'explique sans doute par une allusion à Didon[8], termine sa chanson sur un « soupir plaintif[9] » : serait-elle amoureuse ? Malgré sa curiosité, la brigade ne parvient pas « à deviner qui lui avait donné sujet de chanter ainsi[10] ». On forme aussi quelques hypothèses après les chansons de Laurette, de Philomène et de Pamphile[11]. C'est peut-être au sujet de celui-ci que les dangers de la curiosité sont dénoncés le plus clairement.

> Personne ne manqua, avec une curiosité plus inquiète qu'il ne convenait, d'être attentif à ses paroles, chacun s'ingéniant à deviner ce que n'avait laissé percer la bienséance du chanteur[12].

Voilà donc des jeunes gens qui ont voulu oublier la peste et son cortège de souffrances et qui risquent, faute de s'en détacher complètement, d'être rattrapés par leur histoire personnelle. À leur insu, l'atmosphère

1 *Décaméron*, p. 342 ; Branca, p. 340-341.
2 *Ibid.*, p. 516 ; Branca, p. 528.
3 *Ibid.*, p. 110 ; Branca, p. 90.
4 *Ibid.*, p. 342 et 560 ; Branca, p. 341 et 580.
5 *Ibid.*, p. 792 ; Branca, p. 844.
6 Voir par exemple le début de II, 3, p. 125, Branca, p. 108 ; ou le début de II, 8, p. 197 ; Branca, p. 185.
7 *Décaméron*, p. 111 ; Branca, p. 90.
8 Édition Branca, note 3 de la page 20 (Elissa est le second nom de Didon).
9 *Décaméron*, p. 561 ; Branca, p. 581.
10 *Ibid.*
11 Respectivement p. 343, 634 et 738 ; Branca, p. 342, 665 et 779.
12 *Décaméron*, p. 738 ; Branca, p. 770.

s'assombrit, devenant même vraiment mélancolique à la fin de la Troisième Journée. Au terme de la sixième, il faut qu'un simple serviteur, Tyndare, dissipe grâce à sa cornemuse, instrument rustique s'il en fut, les sentiments de tristesse suscités par le chant d'Elissa[1]. Pourtant, la petite compagnie revenait d'une excursion enchanteresse dans le « Val des Dames », encore plus beau et surtout plus mystérieux que son séjour habituel[2]. Singulier pouvoir du chant qui ébranle ainsi les puissances de l'âme !

Ces chants, on les connaît bien, grâce à la science de Vittore Branca et des autres spécialistes de Boccace. Ils fourmillent de réminiscences dantesques et pétrarquiennes, sans même parler des propres poésies de Boccace. Ils appartiennent tous au *dolce stil nuovo.* Il est probable que les chanteurs sont accompagnés par un instrument, même si Boccace ne prend pas toujours soin de le noter. Avec ou sans musique, les chants possèdent une vocation lyrique, au sens le plus ancien de cet adjectif. Lyriques, ces ballades le sont aussi grâce à l'emploi du « je ». « De ma beauté si fort je suis ravie » : tel est l'incipit de la première chanson[3] qui donne le ton des suivantes. « Aucune infortunée ne souffre autant que moi », déclare de son côté Laurette[4]. Qu'il s'agisse de bonheur ou de malheur, le discours est toujours à la première personne.

Rares sont aujourd'hui les critiques donnant une signification personnelle au « grand chant courtois » et à sa descendance. On nous a appris à voir dans le « je » courtois une simple convention[5]. Parmi les modernes, Käte Hamburger est presque la seule à contester ou à nuancer cette perspective[6]. Pour la plupart des spécialistes, les contemporains de Pétrarque ou de Boccace ne donnaient aucune signification biographique aux énoncés lyriques de la première personne[7]. Ce n'est qu'au XVe siècle que des lecteurs de Pétrarque chercheront à écrire sa vie en se servant de

1 *Ibid.*, p. 561 ; Branca, p. 582. C'est la seule fois où, dans la *cornice*, les classes sociales se mélangent.

2 *Décaméron*, p. 557-559 ; Branca, p. 576-579.

3 *Décaméron*, p. 110-111 ; Branca, p. 90.

4 *Décaméron*, p. 342 ; Branca, p. 341.

5 Voir Paul Zumthor, *Essai de poétique médiévale*, Paris, Seuil, 1972 et Nathalie Dauvois, *Le sujet lyrique à la Renaissance*, Paris, PUF, 2000.

6 *Logique des genres littéraires*, tr. fr., Paris, Seuil, 1985, p. 238 *sq.*

7 La notion d'« énoncé de réalité », proposée par la critique allemande (*ibid.*, 236-237), pourrait permettre de comprendre pourquoi les auditeurs et les auditrices des chansons ont l'impression qu'elles renvoient à une expérience vécue.

ses poèmes[1]. La réception des ballades du *Décaméron* pourrait nuancer ce point de vue. Voilà en effet des chants en tout point semblables à ceux de Pétrarque et de Boccace lui-même qui sont envisagés ici comme des expressions du moi. Si bien que le lyrisme, loin de se détacher de l'expérience vécue, loin de la mettre entre parenthèses, reconduit chacun à sa vie amoureuse ; rappelle des visages et des sentiments à ceux qui les croyaient oubliés. Ceux-là même qui n'ont pas aimé entendent parler de l'amour.

Ce qui complique encore les choses, ce sont les indications contradictoires fournies par Boccace sur la relation entre le chanteur et son chant. Laurette a avoué qu'elle ne connaissait pas « les chansons d'autrui[2] ». Que faut-il entendre par là ? Qu'elle en a composé elle-même, mais qui sont indignes d'être chantées ? Vittore Branca, remarquable dans son commentaire, ne nous dit pas si, à l'intérieur de la fiction, les chansons sont l'œuvre du chanteur ou s'il reprend des airs connus de tout le monde. La question est pourtant d'importance. Si la première hypothèse est juste, les talents de la Brigade seraient encore plus grands que nous ne le pensions. À l'appui de cette hypothèse, le fait que jamais les auditeurs des ballades ne reconnaissent une chanson à la mode. Pourtant, il ne semble pas que les chanteurs aient composé leur texte. Tout se passe comme si chacun possédait une anthologie personnelle dans laquelle il puisait le moment venu. On pourrait interpréter dans ce sens la dernière strophe de Philostrate :

> Si jamais, Ballade, on ne t'apprend guère,
> Point ne m'en soucie ; tel que moi aucun
> Ne saurait te chanter[3].

Des chants existent, tombés peut-être en déshérence, jusqu'au jour où l'un des dix les reprend et les interprète d'une manière qui n'appartient qu'à lui.

Cependant (autre paradoxe) il est dit plusieurs fois que ces ballades sont reprises en chœur. Par exemple, à la fin de la Première Journée : « Cette

---

1 Voir François Lecercle, « La Fabrique du texte : les commentaires du *Canzoniere* de Pétrarque à la Renaissance », in *Études de littérature ancienne III. Les représentations du texte*, PENS, 1987, p. 167-180.

2 *Décaméron*, p. 342 ; Branca, p. 340-341.

3 *Décaméron*, p. 432 ; Branca, p. 437.

petite ballade achevée, et tous l'ayant gaiement reprise[1]… ». Même scénario un peu plus loin : « Pampinée chanta, reprise par les dames, la chanson qui suit[2] ». Dans ce cas, « je » devient un autre. Le bonheur et le malheur d'aimer, lot de tout le monde. C'est peut-être ici que se trouve la fine pointe de l'utopie boccacienne. Au moment où les émotions personnelles reprennent le dessus, où chacun risque d'être renvoyé à son propre moi, les caroles se mettent en place, les chants se dépersonnalisent, des chœurs se forment où s'effacent toutes les différences. Bientôt, la nuit viendra abolir les contours de chacun. On peut alors regagner sa chambre sans crainte de la voir occupée par la mélancolie. Les rituels immuables du *Décaméron* n'ont donc pas pour seul but de décrire des formes et des gestes charmants, comparables à l'élégance quelque peu alanguie du gothique tardif. Ils visent beaucoup plus haut : donner au moi la possibilité de se détacher de lui-même. Ce n'est pas de distraction qu'il s'agit, comme Dionée le pensait au début, mais de l'accès à une vie plus haute, privilège des âmes bien nées. Le dépouillement esthétique va de pair avec le rêve éthique.

Plus de deux siècles après Boccace, ce n'est plus la peste que fuient Ronsard et ses amis dans le grand poème des « Isles fortunees[3] », mais la guerre, la division de la chrétienté, et la menace turque. Le Vendômois aurait pu imaginer un de ces séjours d'honneur goûtés par la Grande Rhétorique et rassembler sous de pâles ombrages des silhouettes éthérées, uniquement soucieuses de belles manières. Il suffisait d'un songe et le tour était joué. À cette fiction quelque peu fatiguée, il a préféré le mythique séjour des « Isles fortunees[4] » qui, depuis longtemps, exerçaient l'imagination de tout un peuple de rêveurs. « Parton[5] » : telle est l'invitation lancée à Muret, l'un de ses amis les plus proches, et à une brigade de poètes dont certains seraient bien oubliés si Ronsard ne les

1 *Ibid.*, p. 111 ; Branca, p. 90.

2 *Ibid.*, p. 240 ; Branca, p. 230. Pour être plus précis, les dames ne reprennent que le refrain : « Qui chantera, si ce n'est moi qui chante / Puisqu'en mes désirs je me vois contente ».

3 *Œuvres complètes*, t. II, p. 780-785. Ce poème apparaît dans la seconde édition des *Amours*, de 1553. Pour une étude plus complète de cette pièce, voir notre article : « Conflits et évasion dans les *Isles fortunees* », *Essays in honour of Malcolm Quainton*, Durham, Durham University, 2008, p. 21-36.

4 Sur ces îles, que l'on peut assimiler aux Îles Canaries, voir Frank Lestringant, *Le Livre des îles*, Genève, Droz, 2002, p. 234-236.

5 « Les Isles fortunees », *op. cit.*, v. 31. Les raisons de ce départ sont énumérées dans une immense période scandée par des « puis que », qui va du vers 1 au vers 30. Elle était encore plus longue dans la première édition, Paris, STFM, t. V, p. 175-191.

avait fait monter sur son navire. Voilà la première différence entre le *Décaméron* et les « Isles Fortunees ». Les élégants jeunes gens de l'Italien sont remplacés par une cohorte de poètes plus nombreux et plus hétéroclites. L'essentiel pour eux est de fuir un monde devenu mauvais[1].

Le poème de Ronsard, d'autre part, se contente de cette invitation. Il est tout entier au futur. Si le présent intervient dans la description, c'est pour rendre plus enviable le séjour en question[2]. Le beau voyage est pour demain. Puisque les invités du poète ne connaîtront pas l'épreuve de la réalité, il n'est pas nécessaire d'organiser un quelconque emploi du temps, d'assigner à chacun des devoirs et des tâches. Boccace s'engageait dans la voie utopique. Ronsard semble croire que, pour se détacher du monde ancien, il suffit d'avoir autour de soi un paysage enchanteur, une terre généreuse, des chênes où distille le miel, des ruisseaux où coule le lait, et des prés parsemés de fleurs[3]. En somme, tout ce que l'âge d'or, survivant par miracle dans ces îles de légende, offrait aux premiers hommes. On se détache du présent grâce au passé. L'éthique était beaucoup plus présente dans les villas de Boccace. Pour Ronsard, le changement de lieu mettra fin d'un seul coup au malheur. Il suffit de prendre ses distances. Finis les chagrins d'amour : la « belle Marguerite », aimée de Muret, ne fera plus de manières et « d'elle-même » se pendra au cou de son ami[4]. Cassandre sera enfin docile[5]. Disparues, les jalousies et les enchantements des magiciens. Tout respirera la transparence et la bonne volonté. « *Ipse* » : c'était l'un des mots-clés de la description de l'âge d'or chez les élégiaques latins. Il traduisait la bonne volonté de la nature, sa façon d'aller au-devant des désirs de l'homme et de l'exempter ainsi du travail. Il trouve ici un équivalent dans tous les adjectifs évoquant la merveilleuse spontanéité des êtres et des choses.

Ce n'est pas un hasard si le poète a décidé de voguer vers une île. À la Renaissance, support de tous les mythes et de toutes les chimères[6], elle visite régulièrement les rêves de Ronsard : Sicile[7], Crète[8], Grande-Bretagne

1 Et sans doute dangereux pour Marc-Antoine Muret, soupçonné de « mœurs contre-nature ».
2 En ce sens, il participe d'une rhétorique de l'hypotypose.
3 « Les Isles fortunees », v. 81-94.
4 Texte de la première édition, v. 165-167, Lm, t. V, p. 185 ; passage supprimé en 1584.
5 *Ibid.*, v. 169-170.
6 Voir Frank lestringant, *op. cit.*
7 Les Sirènes vivent dans les eaux de la Sicile : voir les *Odes*, V, 3, premiers vers, t. I, p. 858.
8 Voir *La Franciade*, livres II et III.

apparaissent plusieurs fois dans son œuvre. Se fait-il une idée précise de la naissance des îles ? On n'oserait le dire. À coup sûr, il a lu Pline. Il sait donc qu'il existe des îles errantes[1], peut-être aussi, comme nous le pensons plus volontiers, des îles qui se sont détachées de la terre à un moment lointain du passé. L'un des mythes les plus intéressants à cet égard est celui qu'il développe à l'intention de la reine Elizabeth d'Angleterre, au moment où s'esquisse un rapprochement diplomatique entre la France et la « perfide Albion ». À l'origine, raconte-t-il, la Grande Bretagne « alloit libre sur l'onde / Comme Delos errante et vagabonde[2] ». Survient Protée qui s'en éprend et veut en faire son séjour. Il serait sans doute peu convenable que le dieu marin, habitant de l'île, dérivât lui aussi à l'aventure. Voilà pourquoi il prie Jupiter de donner à sa demeure une assise solide. Aussitôt dit, aussitôt fait, mais l'intervention de Jupiter est plus complexe que ce qu'on attendait. Il commence par détacher un morceau du rivage français puis il le réunit à l'errante Bretagne. Le tout, bien maçonné, forme le royaume où règne Elizabeth[3]. Détachement/rattachement. Neptune est un dieu habile. Il a compris que l'Angleterre devait se rattacher à la terre ferme, qu'elle devait sortir de son splendide isolement. Pour cela, il lui crée une histoire complexe suggèrant qu'une partie de la terre ferme subsiste en elle. Les diplomates feront le reste. Ils sauront rappeler aux Anglais qu'ils ne sont pas aussi séparés du continent qu'ils le pensent.

L'une des îles les plus célèbres de la littérature, celle d'Utopie, n'a pas toujours été entourée d'eau.

> D'après des traditions confirmées par l'aspect du pays, la région autrefois n'était pas entourée par la mer avant d'être conquise par Utopus, qui devint son roi et dont elle prit le nom. Elle s'appelait autrefois Abraxa. C'est Utopus qui amena une foule ignorante et rustique à un sommet de culture et de civilisation qu'aucun autre peuple ne semble avoir atteint actuellement. Après avoir vaincu [ses adversaires] à la première rencontre, Utopus décida de couper un isthme qui rattachait la terre au continent et fit en sorte que la mer l'entourât de tous côtés[4].

---

1 Voir Pline, *Histoire naturelle*, VII, 95, et Frank Lestringant, *Le Livre des îles*, Genève, Droz, 2002, p. 24-25.

2 « Discours à [...] la Royne d'Angleterre », v, 20, t. II, p. 51.

3 *Ibid.*, v. 87 *sq.*, p. 53.

4 Thomas More, *L'Utopie*, tr. fr., Marie Delcourt, Paris, Garnier-Flammarion, 1987, p. 138. Sur cette coupure, voir Louis Marin, *Utopiques, Jeux d'espace*, Paris, Éditions de minuit, 1973, p. 142-143.

L'acte du roi ne relève pas du caprice. Pour que naquît une nouvelle civilisation, il fallait que fût rompu le cordon ombilical rattachant cette terre au continent. La nouveauté radicale avait besoin de cette séparation, ce qui se vérifie avec les Utopies ultérieures. Cette coupure marque l'entrée de l'espace sauvage dans la culture.

Les choses se sont-elles passées ainsi pour les « Isles Fortunees » ? Rien, dans le poème de Ronsard, ne permet de le dire. L'idée qu'elles aient pu appartenir, jadis, à un continent n'est guère compatible avec le fait qu'elles n'ont pas d'histoire. Elles sont le séjour du *ver aeternum* des élégiaques latins et subsistent par elles-mêmes, sans commerce et sans navigation, parfaitement isolées du reste du monde. Mais, par un curieux paradoxe, ces îles sans histoire sont appelées à en avoir une. Que lit-on à la fin du poème ? Que les compagnons de Ronsard, las peut-être de leur *otium* perpétuel, fonderont des villes et les appelleront par leur nom[1]. Voilà de fameux étourdis ! Aller si loin pour céder au plus banal des rêves héroïques ! Il est impossible que les villes ainsi fondées soient étrangères à l'histoire. L'âge d'or les ignore car il est avant tout agricole, peut-être même agreste.

Un lecteur attentif ne peut manquer d'être surpris par ce soudain prurit de fondation. S'il a bien lu les vers précédents, il sait que Ronsard et ses invités consacrent une partie de leur temps à lire les poètes anciens. Parmi eux, les latins Catulle, Ovide, Gallus, Properce, Tibulle, le grec Anacréon[2]. Soit : ils ne mettront pas en danger l'oubli du monde ancien. Mais les heureux insulaires lisent aussi l'*Iliade*, et, en particulier : les combats de Pâris et de Ménélas, de Patrocle et d'Hector, et la mort de celui-ci[3]. Avec ces lectures, la violence est de retour. Violence de papier, dira-t-on, et qui ne prendra pas racine dans un paysage aussi doux. Voire. Il est des lectures puissamment suggestives, capables de faire oublier la paix que l'on recherche. Les amis de Muret ont emporté avec eux leurs vieux exemplaires car ils ne peuvent s'en passer. Et ce qui leur arrive est vraiment édifiant : repris par le désir de vaincre, les voilà qui luttent[4], sacrifiant ainsi à l'esprit de l'*agon*[5] soigneusement proscrit par

1 « Les Isles fortunees », v. 195-196, p. 784.
2 *Ibid.*, v. 149-152.
3 *Iliade*, III, 370-381, XVI, 777-867, et XXII.
4 « Les Isles Fortunees », v. 179-180.
5 Voir Roger Caillois, *Les Jeux et les Hommes*, Paris, Gallimard, 1958.

Boccace dans la fiction de sa villa[1]. Ronsard a réintroduit le loup dans sa bergerie, montrant du même coup les failles de son rêve et la difficulté du détachement.

Reste à comprendre pourquoi la paix de la *Brigata* boccacienne n'était pas contaminée par le tumulte urbain des nouvelles alors que les amis de Ronsard et Muret retombent si facilement, si banalement dans ce qu'ils voulaient fuir. La vérité, c'est qu'ils ont été imprudents. Comme le confirment tous les récits d'exploration, les mondes nouveaux ont besoin de règles. Les jeunes gens de Boccace ont d'abord et avant toutes choses défini des codes et un emploi du temps. Ce sont eux qui les sauvent. À leur manière, ils se montrent aussi prudents que des moines, ce qui leur permet d'accéder au bienheureux détachement, tandis que les autres échouent. Échec inscrit au reste dans la formulation même du texte, littéralement obsédé par la négation. Plutôt que d'exprimer, directement, la beauté des îles, Ronsard prend soin de dire d'abord ce qu'elles ne sont pas. Le retour grammatical du « ne… pas » ramène le malheur dans le texte. « Là comme icy l'avarice n'a pas / Borné les champs[2] ». Oui, mais en français comme dans d'autres langues, ce que savent bien les linguistes, on rappelle toujours ce qu'on veut nier[3]. On est loin de l'appel paisible lancé par Pampinée à ses compagnes : « On entend là-bas les oiselets chanter[4] ». Finalement, ces Argonautes d'un nouveau genre ne sont jamais partis.

Terminons ce chapitre avec le motif d'ouverture : les vers de Lucrèce, mais tels que les a compris un admirable lecteur : Amyot. D'où vient, se demande-t-il, le plaisir procuré par les livres d'histoire ? Du fait que tout est « représenté si vivement, qu'en les lisant nous nous sentons affectionner, comme si les choses n'avoyent pas esté faites par le passé mais se faisoyent presentement, ne plus ne moins ou presque que si nous estions sur le faict, sans estre en aucune façon en danger, ains avec le contentement qu'apporte la recordation en seurté des maux qu'on a autrefois andurez, et avec l'aise que decrit Lucrece en ces vers[5] ».

---

1 Voir *sup.*, p. 149.

2 « Les Isles fortunees », v. 95-96. Le passage allant du vers 81 au vers 140 entrelace les énoncés négatifs et les énoncés positifs.

3 « La négation est d'abord admission » (Émile Benveniste, *Problèmes de linguistique générale*, Paris, Gallimard, 1966, t. I, p. 84).

4 Boccace, *Le Décaméron*, édition citée, p. 51 ; Branca, p. 23.

5 Jacques Amyot, *Vies des Hommes illustres*, Préface.

Suit la traduction du début du livre II[1]. Belle et infidèle lecture ! Car il n'y a qu'un lointain rapport entre l'intention du poète latin et ce que l'évêque d'Auxerre lui fait dire. Sous sa plume, le *Suave mari magno* devient l'une des meilleures manières de défendre le plaisir procuré par les livres d'histoire mais aussi celui que nous donnent les romans. À qui fera-t-on croire que les narrations et les descriptions des seconds diffèrent, par essence, de celles des premiers ? Les représentations y sont également vives, comme le réclame la rhétorique de l'*enargeia*[2]. Amyot parle ici en connaissance de cause, car, à cette date, il a déjà traduit l'*Histoire de Théagène et Cariclée*[3]. S'il a pu se montrer sévère à l'égard des fictions[4], il a commencé sa carrière par la traduction de ce roman grec, dont les tempêtes, les rebondissements et les multiples aventures font honneur à l'invention d'Héliodore[5]. Tout cela, nous le lisons dans une parfaite tranquillité. Il est doux de lire les tempêtes d'un bon romancier. Le détachement n'est plus cette disposition héroïque réservée à quelques-uns. Il est benoîtement offert à tous les lecteurs de romans. Toutes ces aventures sont celles des autres. Nous naviguons par procuration.

Amyot dit aussi beaucoup plus : que la « recordation » des maux que nous avons jadis nous-mêmes endurés peut également apporter de la douceur. A-t-il songé à l'épopée et aux récits faits à leurs hôtes par Ulysse et Énée ? C'est possible. Mais en ce cas, il a oublié les larmes du premier[6] et le douloureux reproche adressé à Didon par le second : « Tu me demandes, reine, de revivre une peine indicible[7] ». Ni l'un ni l'autre ne parviennent à se détacher de leur tragique passé. Le détachement, comme dans une thérapie, sera peut-être l'œuvre du récit lui-même. Peu importe, au reste, l'erreur éventuelle du grand traducteur. Ce qui

1 Il se pourrait bien que nous ayons ici la première traduction française de quelques vers du *De Natura rerum*.

2 On accorde une grande place à l'*enargeia* dans les descriptions de la poésie. Mais il ne faut pas oublier qu'elle a toute sa place dans celles des romans.

3 Publiée en 1547. On sait que, dans son *Quart Livre* (ch. XLIII), Pantagruel sommeille en ayant dans les mains « un Heliodore grec ». C'est faire injure à ce roman que de lui prêter un tel pouvoir soporifique !

4 Voir Marc Fumaroli, « Jacques Amyot and the Clerical Polemic Against the Chivalric Novel », *Renaissance Quarterly*, 1985, p. 22-40.

5 Voir l'édition de Pierre Grimal, *Romans grecs et latins*, Paris, Gallimard, 1958, « La Pléiade », p. 517-589.

6 *Odyssée*, VIII, v.55.

7 *Énéide*, II, v.3, traduction Jacques Perret.

est remarquable dans sa réflexion, c'est la manière dont la distance spatiale est assimilée à la distance temporelle. Dans le temps comme dans l'espace, il y a du lointain. La distance temporelle reste cependant une variable de la conscience. L'essentiel, c'est l'alchimie du souvenir.

Il est enfin possible que Jacques Amyot, en écrivant ces lignes, se soit souvenu des manipulations temporelles de l'épopée. La plus fameuse se trouve dans un passage de l'*Énéide* qui a inspiré un très beau commentaire à Jacques Chomarat. Nous sommes au chant I, les compagnons d'Énée ont essuyé une terrible tempête, beaucoup sont morts, et les vaisseaux ont été disloqués. Parvenu sur un rivage dont il ne sait rien, le héros aperçoit une bande de cerfs, il en abat sept qu'il distribue avec du vin à ses compagnons, puis il leur parle : dans le passé, dit-il, ils ont triomphé de bien des maux. Leur présente détresse, un dieu y mettra fin[1]. Peut-être même que, plus tard, ils se souviendront avec plaisir de leurs épreuves. *Olim meminisse juvabit*[2].

> « On saisit ici, écrit Jacques Chomarat, un mouvement de la sensibilité assez fréquent chez Virgile, qui consiste à vivre l'instant présent comme s'il était déjà écoulé, en jetant sur lui, par anticipation, un regard rétrospectif[3] ».

Stratégie « consolante lorsqu'elle bondit hors du malheur[4] ». On ne saurait mieux comprendre la poésie virgilienne. Ce « bond » vers l'avenir est créateur de liberté, de détachement. De cette façon, le présent devient une sorte de futur antérieur. Ronsard procède ainsi avec les malheurs de son temps[5]. Les tragédies du XXe siècle nous ont montré, hélas !, que, dans les cas extrêmes, ce détachement-là excédait les forces des hommes.

Que de distances, et que de différences entre elles ! Si le détachement est synonyme de liberté intérieure, tous les personnages invités dans ce chapitre n'y parviennent pas de la même façon. Les dix jeunes gens de Boccace sont allés très loin sur le chemin de la purification, si loin que,

---

1 Nous résumons les vers 180-208 du chant I de l'*Énéide*.

2 *Ibid.*, v. 203.

3 Jacques Chomarat, *Présence du latin*, Genève, Droz, 1991, p. 6.

4 *Ibid.*

5 Voir en particulier la « Continuation du Discours des miseres de ce temps », v. 437-440, Lm, XI, p. 60 ; passage supprimé en 1578.

malgré d'innombrables imitations, ils n'ont pas eu de véritables héritiers[1]. Personne ne retrouvera la beauté éthique qui distingue leur manière de vivre. Seuls peut-être, en définitive, ils ont entendu, pour parler comme Ernst Bloch, l'appel de l'espérance, laïque dans leur cas[2]. On aimerait faire l'éloge du philosophe de Lucrèce. Sa contemplation des flots est trop semblable à celle des dieux pour qu'on s'y décide vraiment. Les éthiques sécuritaires ne sont jamais convaincantes. Quant à la barque de Ronsard, il est tentant d'y monter comme dans toutes celles qui voguent vers des mondes merveilleux. Il manque pourtant à l'évocation ronsardienne les couleurs estompées de Watteau. Finalement, les jeunes marquis et les jeunes femmes tout habillés de soie de *L'Embarquement pour Cythère* sont les seuls qui soutiennent la comparaison avec l'invention de Boccace. Avant de partir, ils ont rêvé, intensément. Ils ont commencé, à leur insu, à se détacher de leurs vieilleries psychologiques. Osera-t-on dire : du vieil homme ? Voilà pourquoi ils réussiront sans doute dans leur entreprise, alors que la brigade de Ronsard retombe dans ce qu'elle voulait fuir. Partir, ou lire, tout simplement. C'est une manière comme une autre de couper les amarres et de vivre dangereusement, mais à bon compte. Ce n'est pas un hasard si, au Moyen Âge, on parlait de la « mer des histoires ».

1 Les devisants de l'*Heptaméron*, empêtrés dans leurs sentiments et leurs ressentiments, en sont vraiment bien loin.

2 Voir Marc Bloch, *Le Principe Espérance*, tr. fr., Paris, Gallimard, 1982.

ÉTHIQUES MONDAINES

Se détacher du monde, se cacher dans un cloître, ou encore voguer vers des « Isles fortunees », où l'on fondera des villes nouvelles : rien de plus facile. Il est des détachements plus subtils, plus exigeants, parfois plus « artistes ». Leurs inventeurs ne quittent pas le monde. Ils y demeurent, mais comme s'ils se trouvaient sur une terre quelque peu étrangère. À leur comportement, on ne peut rien trouver à redire. Fidèles serviteurs du prince, ils lui répondent quand il leur fait signe. Grands capitaines, ils préparent soigneusement les batailles du lendemain mais, quand tout est prêt, ils se retirent sous leur tente pour rêver à la vanité du monde. Dans les salons, ils se montrent à leur avantage : toujours courtois, bienveillants, spirituels, mais en même temps quelque peu lointains. C'est la Renaissance qui invente ce type d'hommes, à vrai dire inclassables. D'une certaine manière, ils rappellent, mais en bas de soie, la tradition médiévale du *contemptus mundi*. Désormais, il est possible de demeurer dans le monde, en pratiquant la sécession intérieure. Sont-ils alors des hommes divisés, malheureux des « bonnetades » qu'ils donnent à droite et à gauche, et incapables de couper les ponts avec l'univers du relatif ? Beaucoup l'ont affirmé. C'est en partie à leur sujet qu'on a parlé de culture maniériste, ou de sensibilité baroque. Provinciaux idéalistes, comme le célèbre jeune homme de d'Aubigné, ils ne se consolent pas d'avoir découvert une société si différente de l'image qu'ils s'en faisaient[1]. Retourneront-ils dans leur province pour être en harmonie avec eux-mêmes, quitte à recevoir, comme le personnage d'Enay dans *Les Avantures du Baron de Faeneste*[2], des éventés de cour ? Pas forcément. La cour, ils continueront à la fréquenter, mais sans illusion, comme, un peu plus tard, tant de seigneurs jansénistes. Toute la littérature du *desengaño*[3] varie à l'infini

1 *Les Tragiques*, « Princes », v. 1107-1142.

2 Agrippa d'Aubigné, *Œuvres*, Paris, Gallimard, 1969, « La Pléiade », p. 669-830.

3 On a proposé bien des traductions de ce terme, presque aussi intraduisible que celui de *sprezzatura* que notre lecteur va rencontrer, par exemple : désenchantement, désillusion.

les thèmes du désenchantement. Il est la seule parade que l'individu ait trouvée pour ne pas succomber aux sirènes du monde et mettre un peu d'ordre à l'intérieur de lui-même[1]. C'est ce qui le sauve de l'aliénation, dont on a parlé un peu vite à propos de l'âge maniériste[2]. Le malheur de cet homme-là n'est pourtant pas si sûr. Il peut trouver un singulier plaisir à jongler avec les apparences, à les « manier delicatement » selon la belle formule de Canaye de Fresne, ambassadeur à Venise au début du XVIIe siècle et merveilleux épistolier[3]. Il ne parviendra pas à réenchanter le monde. Mais, sans aucun doute, il accédera à une certaine maîtrise. La piété protestante reste elle aussi dans le monde, sans succomber à ses prestiges. La proximité intérieure de Dieu lui permet d'y vivre beaucoup plus sereinement que ne l'a écrit Max Weber.

Ce nouveau détachement a été inventé « sur les pentes de l'Apennin, presque au milieu de l'Italie [...], dans la petite cité d'Urbino[4] ». C'est à la cour du duc et à la lumière des chandelles, qu'ont eu lieu, dans la fiction de Castiglione, les mémorables conversations du *Cortegiano* ; là qu'est né un nouveau type d'homme, celui qui donne son titre à l'œuvre. Il est inutile de répéter ce que tant d'autres ont dit sur le succès inouï de ce livre, partout traduit, souvent imité, rarement compris. Réduire ce chef-d'œuvre à un manuel de bonnes manières a été la tentation la plus courante. Il fallait être bien étourdi pour ne pas remarquer le voile de nostalgie enveloppant, d'emblée, les souvenirs de Castiglione. La cour d'Urbin est bien morte. « Mon cœur se trouble pour la perte de tant d'amis et de seigneurs qui m'étaient chers et qui m'ont laissé dans cette vie comme dans une solitude pleine d'ennuis[5] ». Pour l'auteur, c'est une

1 Il est évident que la figure majeure de cet univers est celle Don Quichotte : voir *inf.*, p. 193.

2 Notamment Arnold Hauser : *Der Manierismus*, Munich, 1964. La notion marxiste d'*Entfremdung*, que l'on peut traduire par « aliénation », joue un rôle central dans l'idée qu'il se fait de la culture maniériste. C'est méconnaître entre autres choses la place qu'elle accorde à l'ironie et à l'humour.

3 *Lettres et ambassade de Messire Philippe Canaye, avec un sommaire de sa vie*, Paris, Robert Regnault, 1635-1636, t. I, p. 136. Nous avons inversé l'ordre des mots. On lit en effet : « delicatement manier ».

4 *Le Livre du Courtisan*, version de Gabriel Chappuys, présentée par Alain Pons, Paris, Garnier-Flammarion, 1987, p. 19. Nos citations seront toujours empruntées à cette traduction. Quand la référence à l'italien sera indispensable, nous renverrons à l'édition de Vittorio Cian : Florence, Sansoni, 1916.

5 Édition citée, p. 9.

manière, sans doute, de rendre hommage à ses princiers protecteurs et à leur art de vivre raffiné, mais aussi de placer hors d'atteinte le monde qu'ils représentaient. Le voile du souvenir, c'est l'équivalent de l'idée platonicienne. Et c'est encore le néoplatonisme qui inspire l'admirable finale et l'ascension spirituelle où s'engagent les hôtes de « Madame Emilia » au moment où le soleil se lève[1]. En revanche, on ne réduit pas la signification de ce chef-d'œuvre en disant que le Courtisan est, d'abord, un conseiller du prince, dont il doit capter la faveur non pour son avancement personnel mais pour le bien de la cité qu'il dirige[2]. Il y parviendra s'il possède la *grazia*[3], ce je-ne-sais-quoi qui défie les préceptes et qu'on tente pourtant de définir[4]. La *grazia*, et, encore plus, la fameuse *sprezzatura*[5], un mot qui existait avant Castiglione, mais auquel il donne un sens nouveau. Depuis, il est devenu le tourment des traducteurs. Alain Pons a choisi de le rendre par « désinvolture[6] », ce qui est sans doute la moins mauvaise des traductions possibles, mais ce mot possède une connotation légèrement méprisante, étrangère à la pensée de l'Italien. Car son « Courtisan » s'applique justement à ne pas choquer son entourage. Ce mot de « désinvolture » a aussi l'inconvénient de faire disparaître toute l'élégance de l'homme de cour, qu'il parle, qu'il marche ou qu'il danse. Le meilleur parti est peut-être de ne pas traduire un terme intraduisible.

La *sprezzatura*, il faut surtout la voir à l'œuvre. Le premier à en parler est le comte Ludovico de Canossa, et ce n'est pas un hasard. Il est le type même du gentilhomme humaniste. De surcroît, et à deux reprises, il a été ambassadeur : d'abord au service du pape Léon X, ensuite à celui de François Ier[7]. Comme tous les ambassadeurs, il savait qu'on ne parvient à rien sans faire impression sur les autres. Aussi surprenant que cela

1 *Ibid.*, p. 404-405.

2 La fonction est si noble que Le Tasse, à la fin du siècle, lui consacrera un dialogue.

3 *Le Livre du Courtisan*, I, 14, p. 38-39 et I, 24, p. 51-52.

4 Sur le « je-ne-sais-quoi » à l'époque classique, voir Montesquieu, *Essai sur le goût*, *Œuvres complètes*, Oxford-Naples, t. IX, 2006, p. 501-502 et, au XXe siècle, les admirables réflexions de Vladimir Jankélévitch, *Le Je ne-sais-quoi et le presque-rien*, Paris, PUF, 1957.

5 *Le Livre du Courtisan*, I, 26, édition Cian, p. 63 : « *una certa sprezzatura* ». L'emploi des mots « *una certa* » nous rapproche beaucoup du « je-ne-sais-quoi » classique.

6 Au XVIe siècle, Chappuys avait traduit ce mot par « mépris et nonchalance », ce qui n'était guère satisfaisant.

7 Piètre ambassadeur si l'on en croit Émile Picot (*Bulletin italien*, I, 1901, p. 270 *sq.*) mais homme de cour accompli.

puisse nous paraître, les traités de l'époque demandent à l'ambassadeur d'être beau[1]. À défaut, de posséder une sorte d'ascendant physique qui entraînera les cœurs. Le comte Ludovico dépasse donc, d'emblée, le courtisan ordinaire, ce qui lui permettra d'élever le débat. On lui reconnaît aussi, semble-t-il, une certaine indépendance d'esprit, et la capacité de dire « toute chose au contraire de ce qu'elle est[2] ». En deux mots comme en mille, il cultive volontiers le paradoxe. Le début de son discours ne justifie pourtant pas sa réputation. Que le Courtisan « soit né noble et de bonne famille[3] » semble aller de soi. Le comte est plus original quand il lui demande de ne pas faire sonner ses éperons devant les dames, et d'être en toute circonstance « humain, modéré et posé, fuyant plus que tout l'ostentation et l'impudente louange de soi-même[4] ». C'est à la faveur d'une question que son discours progresse. Qu'a-t-il voulu dire lorsque, en passant, il a parlé de la « grâce » de son personnage ? Obstinément, le dialogue revient sur ce mot, si difficile à définir, surtout pour un homme. La grâce ne s'apprend pas. On la possède ou on ne la possède pas. Aimablement acculé à plus de précision, le comte finit par dire que la grâce est l'ennemie jurée de l'« affectation », et qu'elle donne, « pour employer un mot nouveau une certaine désinvolture (*sprezzatura*), qui cache l'art et qui montre que ce que l'on fait et dit est venu sans peine et presque sans y penser[5] ». Castiglione s'est souvenu ici de sa rhétorique et, en particulier, des pages où Cicéron recommande à l'écrivain d'effacer de son œuvre toute trace d'effort[6]. Il faut qu'elle donne l'impression d'une naissance facile, même si elle est la fille de longues veilles. La notion de *facilitas* est aussi stylistique. Que cet idéal rhétorique serve maintenant à définir le *modus vivendi* du courtisan, voilà qui donne une haute idée de ses exigences intérieures. Nous ne sommes pourtant pas encore parvenus à son art du détachement, à cette « désinvolture nonchalante[7] » qui est son secret. Castiglione a-t-il pensé à sa manière de danser ? On le jurerait, bien que, dans ce passage, il ne soit pas fait d'allusion précise à la danse. Celle-ci exige en effet une aisance de tous

1 Voir notre livre, *Diplomatie et théologie à la Renaissance*, Paris, PUF, 2001, p. 108.
2 *Le Livre du courtisan*, I, 13, p. 35.
3 *Ibid.*, I, 14, p. 37.
4 *Ibid.*, I, 17, p. 43.
5 I, 26 ; voir *sup.* la note 13.
6 Cicéron, *De oratore*, II, 157.
7 *Le Livre du Courtisan*, I, 26.

les instants, un abandon contrôlé et souriant au mouvement[1]. En fait, la *sprezzatura* doit imprégner chaque moment de la vie du courtisan. Mais elle doit garder la mesure sous peine de tomber dans l'affectation, qu'il faut fuir comme la peste[2]. Sa plus sûre compagne, ce sera donc une « aimable simplicité[3] » qui a le privilège de gagner les cœurs. Ajoutons enfin que, sans la douceur, le Courtisan n'est pas agréable. Castiglione la mentionne, sans trop s'arrêter[4]. Mais il est facile de retrouver la pente de sa pensée. La douceur, c'est l'un des caractères frappants de l'art de Raphaël, son ami et son portraitiste. Elle enlève à la *sprezzatura* et au détachement ce qu'ils peuvent avoir de dédaigneux[5].

Les notions de *sprezzatura* et de grâce sont si riches, si subtiles qu'elle défient l'analyse, faisant naître métaphores et comparaisons sous la plume des critiques. Citons ce beau passage de Mercedes Blanco :

> La fameuse grâce [de l'homme de cour] réside dans l'effacement de la discipline qui l'a conduit à maîtriser ses actes et ses paroles [...]. Le but manifeste de cette dissimulation est de restaurer le vernis lisse d'une nature, de danser, de monter à cheval, de parler, de jouer d'un instrument avec la facilité insouciante d'un enfant qui sourit, d'un animal qui court, d'une très jeune fille qui montre un visage nu et intact[6].

Cette *sprezzatura* n'aura aucune postérité dans les manuels de belles manières[7]. Obnubilé par l'idée de respect, Giovanni della Casa l'exclut de sa *Galatée*[8]. Il a beau être l'adversaire de l'étiquette espagnole, il n'en règle pas moins le comportement de son gentilhomme sur l'attente des autres. Celui-ci doit « tempérer et ordonner ses façons de faire non selon [sa] fantaisie, mais selon le plaisir de ceux [qu'il fréquente »][9]. Finies les heureuses saillies que le courtisan de Castiglione pouvait se

1 Voir, *inf.*, les pages consacrées à Gracian.
2 *Le Livre du Courtisan*, I, 27, p. 56.
3 *Ibid.*
4 I, 14, p. 38.
5 Voir *Le Doux au XVIe et au XVIIe siècle*, *Cahiers du GADGES*, n° 1, Genève, Droz, 2004.
6 « Les discours sur le savoir-vivre dans l'Espagne du siècle d'or », in *Pour une histoire des traités du savoir-vivre en Europe*, sous la direction d'Alain Montandon, Université Blaise Pascal, Clermont-Ferrand, 1994, p. 141.
7 Sur ceux-ci, voir l'ouvrage collectif cité à la note précédente ainsi que *Traités de savoir-vivre italiens*, également sous la direction d'Alain Montandon, *ibid.*, 1993.
8 *Galatée ou Des manières*, d'après la version de Jean de Tournes, revue par Alain Pons, Paris, Quai Voltaire, 1988.
9 *Ibid.*, chap. II, édition citée, p. 39.

permettre à condition qu'elles aient de la grâce[1]. Dans l'univers tridentin et quelque peu engoncé de l'évêque de Bénévent, personnage au reste peu aimable, on ne marche pas sur les banquettes pour porter son manteau à un ami, comme le fait Saint-Loup dans une page célèbre de Proust[2]. Stefano Guazzo[3], quant à lui, est en quelque sorte « bloqué » par l'importance démesurée qu'il donne à l'*aptum*. Les paroles, les gestes, les comportements doivent tenir compte du temps, du lieu, et de toutes sortes de circonstances qui sonnent le glas du détachement. Comment pourrait-on être détaché alors qu'il faut, sans cesse, être sur ses gardes ?

En revanche, la *sprezzatura* inspirera deux écrivains qui n'ont jamais écrit de traités sur les belles manières, mais qui ont bien mieux compris que leurs petits auteurs l'œuvre de Castiglione. Le premier n'est autre que Ronsard. Le secret de sa *negligentia diligens*, il le doit sans doute à Cicéron et aux héritiers de celui-ci[4]. C'est toute une tradition rhétorique qui respire dans les escapades des grandes odes[5], et dans les méandres des poèmes vendômois, aussi négligents que le Loir, aussi naturels que sa course. Très tôt aussi se met en place dans son œuvre un imaginaire de la légèreté, dont l'équitation, plusieurs fois célébrée[6], peut donner une idée. Le monde et le style sont menacés par la pesanteur : allégeons-les. Mais il faut attendre la « Response aux injures[7] » et la magistrale leçon infligée aux malheureux prédicants pour que cette philosophie du détachement donne toute sa mesure. Détachement vis-à-vis d'une Église où on prétend l'enfermer. Certes, explique-t-il en termes suaves, il serait bien marri que la Réforme l'emportât sur le catholicisme, mais il n'en mourrait pas. « J'ay quelque peu de bien qu'en la teste je porte / Qui ne craint ny le vent ny la tempeste forte[8] ». En revanche, le prédicant fait

1 Della Casa est plutôt réservé au sujet des mots d'esprit : voir les chap. XX et suiv.

2 Proust, *La Recherche du temps perdu*, « Du côté de Guermantes », Paris, Gallimard, collection blanche, 1920-1921, t. VIII, p. 40-41. Selon Jean-Yves Tadié (*Marcel Proust*, Paris, Gallimard, 1996, « Biographies », p. 465-466), cette scène aurait été inspirée par une courtoisie de Félix Fénéon à l'égard de l'auteur lui-même. Je remercie vivement mon ami Pierre-Louis Rey de m'avoir retrouvé la scène, enrichie par la référence au livre de Jean-Yves Tadié, dans l'œuvre de Proust.

3 Voir Stefano Guazzo, *La Conversation civile*, tr. fr., Paris, 1574.

4 *Orator*, XXIII, 78.

5 Notamment dans l'ode « A Michel de l'Hospital », *Œuvres complètes*, t. I, p. 626 *sq.*

6 Voir, parmi d'autres pièces, l'ode « Au seigneur de Carnavalet », *ibid.*, p. 617 *sq.*

7 *Ibid.*, t. II, p. 1044 *sq.*

8 *Ibid.*, v. 895-896, t. II, p. 1065.

corps avec son Église, il ne peut vivre sans elle. Le détachement préside encore à la page fameuse où il décrit la manière nonchalante dont il conduit sa journée, tantôt dehors, tantôt chez lui ; dans la solitude ou en compagnie[1]. Est-ce un hasard si l'un de ses passe-temps favoris est l'art de la voltige ? On la retrouve aussi dans l'écriture même de cette « Responce » et dans la légèreté de ses parataxes. Nonchalance encore dans la manière dont il répond aux invitations de la Muse et dont il éparpille ses vers « comme fueilles au vent[2] ». Jamais son adversaire ne connaîtra la beauté de cet « art caché » qui, en tous ses moments, fait profession de détachement. Celui-ci règne en maître aussi bien dans les convictions du poète que dans sa façon de vivre et dans son style. Au moment où Du Perron a voulu faire de Ronsard le grand écrivain catholique de sa génération, il n'avait peut-être pas lu de près la « Response aux injures », ni observé ses secrètes dissidences.

Le second héritier de Castiglione, ce fut Montaigne. On sait qu'il a lu le *Cortegiano*[3]. Il le cite à deux reprises. La première de ces références se trouve, comme par hasard, dans le chapitre « Des Destriers[4] ». De nouveau, l'équitation, art de concilier la discipline et l'aisance[5]. Mais, comme toujours dans les *Essais*, c'est la présence cachée de l'écrivain italien qui est la plus importante. On en jugera par cette phrase au reste bien connue :

> J'ay volontiers imité cette desbauche qui se voit en nostre jeunesse, au port de leurs vestemens : un manteau en escharpe, la cape sur une espaule, un bas mal tendu, qui represente une fierté desdaigneuse de ces paremens estrangers, et nonchallante de l'art[6].

L'autre nom de cette nonchalance, c'est la *sprezzatura* de Castiglione. Aux jeunes gens, trop poudrés et parfumés, Montaigne enseigne un autre type d'élégance, tout aussi jeune mais plus libre, qui vaut aussi

1 *Ibid.*, v. 477-652, p. 1055-1057. Sur ce thème, voir Jean Starobinski, « Les journées plurielles de Ronsard », in *Poikilia, Études offertes à Jean-Pierre Vernant*, Paris, 1987, p. 407-433 et Max Engammare, *L'Ordre du temps*, Genève, Droz, 2004, p. 181-185.

2 « Response aux injures », v.798, t. II, p. 1062.

3 Voir *Les Essais*, Paris, Gallimard, 2007, « La Pléiade », note 7, p. 313.

4 I, 48, édition citée, p. 292.

5 Voir Jean Balsamo, « Montaigne, le style (du) cavalier et ses modèles italiens », *Revue du XVIe siècle*, 17/2, 1999, p. 253-267.

6 *Essais*, I, 26, p. 172.

pour l'art d'écrire. Le meilleur, à ses yeux, est celui qui se moque des « paremens », c'est-à-dire des citations. Si elles abondent dans les *Essais*, ce n'est pas pour enjoliver le style, mais pour le stimuler. Le comble de l'art, c'est la culture d'une certaine négligence. Elle aurait fait horreur à Della Casa, s'il avait pu lire les *Essais*. Traduisons Montaigne dans le langage de notre modernité : on peut être élégant avec un jean troué, mais à condition de savoir le porter. Le tout, c'est de dédaigner le qu'en-dira-t-on. L'auteur des *Essais* tient tellement à cette forme de liberté qu'il renchérit dans l'Exemplaire de Bordeaux :

> Toute affectation, nommeement en la gayeté et liberté françoise, est mesadvenante au cortisan. Et, en une monarchie, tout Gentil-homme doit estre dressé à la façon d'un cortisan. Parquoy, nous faisons bien de gauchir un peu sur le naïf et le mesprisant[1].

Nonchalance dans le style, nonchalance dans le vêtement : on va de l'un à l'autre comme chez Ronsard que Montaigne a lu sans doute plus qu'on ne l'a dit. La nonchalance s'apprend, à condition qu'on en ait le désir. Montaigne l'a trouvé en lui-même, et Castiglione l'a aidé à le formuler.

L'avenir de la *sprezzatura* se trouve aussi, peut-être même surtout, dans la théorie de l'art à l'époque maniériste, notamment chez Vasari. « Le trait distinctif de la théorie de Vasari prise dans son ensemble, écrit ainsi Anthony Blunt, est l'apparition d'une nouvelle qualité : la grâce, la *grazia*[2] », préférée à la beauté, jugée trop sèche, et peut-être trop dure. On parvient à la grâce si on cultive la facilité d'exécution. Ici encore, l'apprentissage est roi. Mais toute trace d'effort doit disparaître dans le tableau achevé. Voilà qui nous ramène au *Cortegiano*. « En fait, poursuit le critique anglais, l'exposé de Castiglione sur la grâce (au sens social du mot) est si proche de la conception que Vasari applique aux arts que l'on peut en déduire qu'il avait directement puisé celle-ci dans *Le Courtisan*[3] ». Avec Vasari, la peinture apprend « les belles manières ». Cette expansion de la civilité en direction de l'esthétique est le triomphe posthume du gentilhomme d'Urbin, si fervent de peinture. Mais, d'une

---

1 *Ibid.* Le mot « courtisan » ne possède pas de majuscule. Mais il est probable que Montaigne pense au *Courtisan* de Castiglione.

2 Anthony Blunt, *La Théorie de l'art en Italie de 1450 à 1600*, Paris, Gallimard, 1966, « Idées/arts », p. 160.

3 *Ibid.*, p. 164.

autre façon, elle signe un relatif échec. Car la *sprezzatura* abandonne le domaine où elle était née. Castiglione avait visé trop haut. Sa conception de la grâce et de l'élégance, liée par ailleurs à une philosophie de la beauté de type platonicien, ne convenait qu'à une élite. La société qui se forme sous l'influence des idées tridentines ignore le charme de la liberté. L'heure n'est plus au détachement, mais, qu'on le veuille ou non, au conformisme.

Il faut attendre presque un siècle, pour que, de nouveau, un auteur trace un portrait de l'homme du monde qui soutienne la comparaison avec celui de Castiglione. Cet auteur, c'est Gracian, dans *L'Honnête Homme*, *L'Oracle manuel et Art de Prudence* et *Le Héros*[1]. Précisons quand même que le célèbre jésuite espagnol ne s'adresse pas à ceux qui vivent à la cour. Il songe en général aux meilleures manières de se comporter en société. Ce qui rappelle la *sprezzatura*, c'est la notion de *despejo*, traduisible par : aisance, désinvolture, et même détachement. Amelot de La Houssaye le rend par l'expression classique : « Le je-ne-sais-quoi[2] ». Heureuse inspiration ! Le *despejo* lui aussi est rebelle à l'analyse, il irrite le rationaliste car il échappe à son scalpel. On peut se rapprocher de sa signification en relevant, chez Gracian, les nombreux éloges de l'aisance. Celle-ci, explique-t-il dans l'*Art de prudence*, est « charme de la vie, elle tire d'embarras avec rare bonheur[3] ». Elle « suppose liberté et ajoute perfection ; sans elle, toute beauté est figée et toute grâce disgrâce[4] ». Nul ne l'a mieux compris que Vladimir Jankélévitch. Le je-ne-sais-quoi, écrit-il, c'est une tournure de l'âme proche de la grâce.

> Le Désinvolte dont il est question dans *Le Héros* [...] incarne la souplesse avec laquelle une conscience convertie au temps épouse la courbe de l'action et la mobilité de la vie[5].

Se convertir au temps : voilà qui n'est pas facile pour les platoniciens, invités, dans le mythe de la caverne, à quitter les apparences[6]. Sans

1 Ces trois textes se trouvent réunis dans les *Traités politiques, esthétiques, éthiques*, éd. B. Pelerin, Seuil, 2005.
2 *Oracle manuel et art de prudence*, Rivages, 1994, ch. 127. Benito Pelegrin (éd. citée, p. 416) préfère rester plus près du texte espagnol et choisit le mot « aisance ».
3 Édition B. Pelegrin, p. 303-304.
4 *Ibid.*, chap. 127, p. 416.
5 *Le je-ne-sais-quoi et le presque rien*, Paris, PUF, 1957, p. 33.
6 Platon, *République*, 514a *sq.*

cette conversion pourtant, on ne peut entrer dans l'esthétique de cette nouvelle Prudence, dans la compréhension de sa souplesse, dans le plaisir de l'arabesque, que l'on retrouve en France dans les *Entretiens d'Ariste et Eugène* du Père Bouhours[1]. Ailleurs, et en des termes que Montaigne n'aurait pas désavoués, Gracian recommande une manière d'agir qui survole « noblement les faits, marque de l'élégance[2] ». Il y a là un goût presque stendhalien de la manière vive, et un dégoût marqué des fausses profondeurs. L'homme du détachement n'est pas dupe de ce qu'on lui montre et de ce qu'on lui dit, mais il préfère passer. Il incarne ce qu'on peut faire de mieux en restant dans la société. Son contraire, c'est Alceste. Mais il est plus cavalier que Philinte.

Dans cet art d'être et de paraître, l'essentiel est bien le mouvement, ce qui n'a pas échappé à Jankélévitch.

> Montesquieu, dans son *Essai sur le goût*[3], parle des manières qui naissent à chaque instant et qu'il oppose aux traits du visage comme nous opposons le dynamique au statique et l'allure à la structure. La manière comme le charme est toujours naissante[4].

Être en mouvement, l'homme du *despejo* ne possède pas une, mais des manières : autant qu'il en faut pour répondre aux surprises de la vie, aux occasions qui se présentent et qu'il saisit avec la même ferveur que le *Prince* de Machiavel[5]. Toujours dégagé du passé pour mieux saisir le « bel aujour'hui », toujours attentif aux instants qui, n'en déplaise aux esprits moroses, valent la peine de vivre.

Agir avec facilité et avec grâce, voilà la règle d'or, voilà ce qui subjugue et garantit l'ascendant. « Le *Discreto* [l'honnête homme] se caractérise (comme le héros) par une emprise sans contrainte sur son entourage, par une éminence méritée et universellement acceptée[6] ». Cette idée d'ascendant était assez étrangère à Castiglione, qui lui préférait la sympathie. La grâce exerçait sans doute un pouvoir, mais suscitait surtout le

1 V. Jankélévitch, *ibid.*, p. 33.
2 *Oracle manuel et art de prudence*, chap. 88, p. 417.
3 Voir *sup.*, note 12.
4 V. Jankélévitch, *op. cit.*, p. 33.
5 Machiavel a écrit un *capitolo* sur l'Occasion : *Œuvres complètes*, Paris, Gallimard, 1952, « La Pléiade », p. 81. L'art de l'occasion occupe une grande place dans sa réflexion politique, comme d'ailleurs l'a bien vu V. Jankélévitch, *op. cit.*, p. 103-113.
6 Mercedes Blanco, article cité, p. 145. Voir aussi V. Jankélévitch, *op. cit.*, p. 10.

plaisir. Il ne trouve pas sa place dans la définition de Gracian : le naturel empire « est une secrète force de supériorité. Elle émane d'un impérieux naturel non d'une artificieuse et insistante affectation[1] ». Elle appartient à l'homme qui veut exercer un véritable contrôle sur son entourage. Il est le propre d'un esprit dominateur. A sa décharge, il faut dire qu'il exerce aussi un sévère contrôle sur lui-même. Intraitable à l'égard de ses humeurs[2], il rappelle parfois l'idéal cornélien. Pour rester plus proche de Gracian, disons que son personnage ressemble à un jésuite mondain.

En des pages bien connues de *La Littérature de l'âge baroque en France*, Jean Rousset a fait de Gracian l'une des figures de proue de l'ostentation[3]. On ne saurait lui donner tort si l'on se souvient, par exemple, de cette maxime :

> Les choses ne passent pas pour ce qu'elles sont, mais pour ce qu'elles paraissent être. Valoir et savoir le montrer, c'est valoir deux fois : Ce qui ne se voit pas est comme s'il n'était pas[4].

Rousset aurait pu citer également le grand éloge de la manière sans laquelle « tout perd de son éclat », grâce à laquelle « tout redouble d'efficacité », et qui est capable de dorer « les pilules de l'erreur[5] ». De son côté, Jankélévitch parle à ce sujet de l'art du clinquant. Mais, beaucoup mieux que le critique genevois, il comprend que ce courtisan doit sans cesse inventer, qu'il ne possède pas de manière à proprement parler. Si tel était le cas, l'art de réussir à la cour pourrait s'enseigner. C'est ce que pensent les naïfs ou les adversaires résolus du paraître, comme d'Aubigné[6]. Ils ne voient pas que les personnages de Gracian, quels que soient leurs noms, sont toujours sur le fil du rasoir, qu'ils doivent à chaque instant inventer leur rôle. Ce sont des héros du détachement en ce sens qu'ils ne se tournent jamais vers le passé pour en recevoir les paresseuses leçons. Et aussi en un autre sens : s'ils se détachent par trop de la foule des autres hommes, on leur reprochera leur orgueil. Ils doivent s'en démarquer à la façon dont un trait d'esprit se détache de la phrase

1 *Oracle manuel et art de prudence*, chap. 42, édition Pelegrin, p. 308.
2 *L'Honnête homme*, chap. 24, p. 282 *sq.*
3 Paris, Corti, 1954, p. 226 *sq.*
4 *Oracle manuel et art de prudence*, p. 113.
5 *L'Honnête homme*, chap. XII, p. 276.
6 Voir *Les Avantures du Baron de Faeneste*, *op. cit.*

qui le précède : bien visible, mais pas trop. Et l'on sait que Gracian a réfléchi aussi sur l'art de la pointe[1]. Les moralistes du XVIIe siècle ont été éblouis par Gracian. À juste titre. Mais on ne saurait oublier qu'il est, bien jésuite en cela, parfaitement conscient de la vanité de tout. À la manière du paon, qui a le droit de faire la roue, à condition de jeter les yeux, à l'instant même, sur la « la laideur de ses pieds[2] »

La Renaissance s'est complu à inventer toutes sortes de « séjours d'honneur », où l'on vit de beauté, d'élégance et d'eau fraîche. Nous l'avons vu avec Boccace[3]. Au début du XVIe siècle, ils étaient devenus fastidieux pour les amateurs de couleurs plus franches. L'un d'eux n'est autre que Machiavel qui commit dans sa jeunesse un *Règlement pour une société de plaisir*[4], évidente parodie des règles non-écrites présidant à la réunion de ces gentilshommes accomplis et de ces dames vertueuses. Proche des textes khanularesques dont les Normaliens se sont fait une spécialité, il ne mériterait guère notre attention si un article récent de François Rouget[5] ne l'avait déniché pour en faire, éventuellement, l'une des sources de l'épisode de Thélème. La façon de vivre des Thélémites pourrait rappeler, en effet, l'œuvre de Castiglione. À ceci près, toutefois, que nous n'entendons guère leurs conversations. D'où le relief que prennent les quelques paroles qui nous sont rapportées « Si quelqu'un disoit "beuvons", tous buvoient. Si disoit "jouons", tous jouoient. Si disoit "allons à l'esbat es champs", tous y alloient[6] ». Voilà des mots qui ont fait couler beaucoup d'encre. Les partisans d'un Rabelais évangélique ont vu dans ces aimables complaisances une preuve supplémentaire à l'appui de leur thèse[7]. Admirable charité, ont-ils écrit, qui sacrifie le désir personnel pour accueillir celui de l'autre. Avec François Rigolot[8], nous serions porté à plus de circonspection. Il nous semble en effet que Rabelais se moque et qu'il vise en particulier le détachement insipide à la mode dans les assemblées de novices où l'on prend à la lettre l'idée qu'il faut avant tout faire plaisir à l'autre. Dans cette abdication un peu

1 Voir *Art et Figures de l'esprit*, in *Traités politiques, esthétiques, éthiques*, éd. citée, p. 435 *sq.*
2 *L'Honnête homme*, édition Pelegrin, ch XIII, p. 239.
3 Voir *sup*, p. 147 *sq.*
4 *Œuvres complètes*, éd. Barincou, Gallimard, 1952, « La Pléiade », p. 155-158.
5 « Rabelais, lecteur de Castiglione et de Machiavel », *Études rabelaisiennes*, XLII, p. 101-106.
6 Rabelais, *Gargantua*, *Œuvres complètes*, Gallimard, 1994, « La Pléiade », p. 149.
7 Voir M. Screech, *Rabelais*, Londres, Duckworth, 1979, p. 187-198.
8 *Les Langages de Rabelais*, Genève, Droz, 1972, p. 77 *sq.*

niaise de toute volonté propre, il est difficile de voir un comportement vraiment religieux. Il y a plus grave. À force de supprimer les désirs du moi, les Thélémites n'existent presque plus. Réduits à l'état d'ombres bienheureuses, ils flottent dans le paysage. Si cette analyse est juste, ils sont à cent lieues des hôtes de « Madame Emilia » dans les salons d'Urbin. Rabelais s'est peut-être souvenu de la bouffonnerie machiavélienne, mais il a été beaucoup plus loin. Il a voulu montrer que certains rêves néo-gothiques abolissaient l'individu. Le détachement dont il se fait, plusieurs fois, le chantre inspiré, n'a rien à voir avec la décalcomanie de Thélème. Socrate et Diogène incarnent une idée tellement plus forte de celui-ci[1]. Laissons les Thélémites à leurs menus plaisirs. Sur la vie, ses angoisses et ses luttes, ils n'ont vraiment rien à nous dire.

Le détachement n'est pas l'ennemi de l'action. Sur leur secrète entente, c'est à Montaigne que nous devons les réflexions les plus fortes, venues de sa propre expérience aussi bien que de ses lectures. Tout commence par un constat : l' « agir » coûte peu à l'esprit[2]. La preuve en est que, même dans le sommeil, nous agissons. Il faut quand même prendre garde :

> Le corps reçoit les charges qu'on luy met sus, justement selon qu'elles sont ; l'esprit les estant et les appesantit souvant à ses despens, leur donnant la mesure que bon luy semble[3].

Montaigne prend donc un malin plaisir à renverser l'opinion commune : l'inquiétude n'est pas le fait des sens, voués aux gémonies par les philosophies spiritualistes. Il existe une justesse du corps, une sorte de saine adaptation aux circonstances de la vie. L'action devra plutôt se méfier des emballements de l'esprit et, encore plus, de l'imagination, « maîtresse d'erreur et de fausseté[4] ». Si nous y parvenons, il nous sera possible d'agir sans nous troubler outre mesure. Par expérience, Montaigne sait fort bien que cet idéal est plus facile à penser qu'à mettre en œuvre. Il se souvient de son père, tracassé jusque chez lui par les affaires publiques, « oubliant le doux air de sa maison », victime d'un devoir qu'il n'avait pas su limiter[5]. « Il avoit ouy dire qu'il se falloit

1 Voir *sup.*, p. 28.
2 Montaigne, *Les Essais*, III, 10, p. 1007.
3 *Ibid.*
4 Pascal, *Pensées*, 41, édition Le Guern, Paris, Gallimard, 2000, p. 551.
5 *Essais*, III, 10, p. 1006.

oublier pour le prochain[1] ». Apparemment, son fils n'a pas trop retenu cette leçon chrétienne.

En formulant les règles de l'action, Montaigne tente de concilier l'éthique et l'esthétique. Autant que la tranquillité, l'élégance lui importe. Dans une phrase sévère à l'égard de l'ostentation, il vante les « actions [...] qui eschapent de la main de l'ouvrier nonchalamment et sans bruict[2] ». « Qui eschapent » : comment mieux dire que l'homme d'action agit naturellement, sans rien préméditer ou en cachant sa préméditation ? Il ne retient pas plus son coup que le bon joueur de paume. Dans tout cela, rien de mou, mais quelque chose de vif et de clair. Cette nonchalance-là ressemble à celle des dandys dont il faut craindre les muscles. Baudelaire rangeait Alcibiade et César parmi eux[3]. On n'a jamais risqué ce mot à propos de Montaigne. Ce qu'il disait des vies se déroulant sans bruit et loin des feux de la rampe a sans doute retenu les critiques. Et pourtant. C'est bien vers le dandysme que nous dirige telle ou telle phrase des *Essais*. Celle, par exemple, où il loue la manière de réprimer une sédition « sans se troubler », de « châtier un désordre sans alteration[4] », comme ce fut le cas pour lui-même quand il passa en revue une troupe qui lui était hostile en affectant la plus grande assurance[5]. Tout ce qui ressemble au dandysme a toujours cherché à concilier action et détachement. Monluc, lui aussi, est de cette trempe, comme dans l'épisode où il fait bonne figure devant le Sénat de Sienne, alors même qu'il est gravement malade[6]. À ceci près toutefois qu'il a dû simuler et que l'intérieur démentait l'extérieur. Heureusement, comme dirait Momus[7], on ne voit pas au-dedans de l'homme.

Les leçons formulées par Montaigne venaient aussi de ses chers grands hommes, tels qu'ils sont notamment campés dans les *Vies* de Plutarque qui ont formé également la sensibilité de Shakespeare. Et dans celles-ci, rien ne le fascine autant que les récits de bataille. C'est là bien sûr que les grands capitaines donnent toute leur mesure. Montaigne est intrigué

---

1 *Ibid.*
2 *Ibid.*, p. 1023.
3 « Le dandy », *Curiosités esthétiques, IX, Œuvres complètes*, Paris, Gallimard, 1951, « La Pléiade », p. 898-901.
4 *Essais*, III, 10, p. 1021.
5 *Ibid.*, I, 24 (« Divers evenemens de mesme conseil »), p. 131.
6 *Commentaires*, III, édition Gallimard, « La Pléiade », 1964, p. 294.
7 L.B. Alberti, *Momus*, Paris, Les Belles Lettres, 1993, p. 50-51.

par la manière dont ils ont pu trouver le sommeil avant de livrer un combat décisif. « Alexandre le grand, le jour assigné à cette furieuse bataille contre Darius, dormit si profondément et si haute matinée que Parménion fut contraint d'entrer en sa chambre, et, approchant de son lit, l'appeller deux ou trois fois par son nom pour l'esveiller, le temps d'aller au combat le pressant[1] ». Auguste, lui aussi, « sur le point d'aller au combat », tombe dans un profond sommeil et il faut que ses amis le réveillent « pour donner le signal de la bataille ». Il y a mieux : certains héros de l'antiquité ont dormi comme des loirs la veille de leur suicide :

> L'empereur Othon, ayant resolu de se tuer, cette mesme nuit, apres avoir mis ordre à ses affaires domestiques [...], n'attendant plus qu'à sçavoir si chacun de ses amis s'estoit retiré en seureté, se print si profondement à dormir, que ses valets de chambre l'entendoient ronfler[2].

Autant de signes montrant des âmes bien nées et détachées des contingences. Il n'est pas étonnant de retrouver Caton dans cette compagnie[3].

Les philosophes de la Renaissance, à la différence des médecins[4], s'intéressent plus au rêve qu'au sommeil. Le véritable détachement, c'est lui qui l'apporte, selon eux, puisque l'âme du dormeur voyage alors dans le monde des idées et de l'éternité. D'où l'intérêt du songe. D'une manière générale, le sommeil n'a pas très bonne presse[5]. Il faut dormir juste ce qu'il faut : voilà ce que disent les théologiens et la sagesse des nations. Coupable est le sommeil qui se prolonge indûment. À l'inverse, Montaigne a fait l'éloge de ceux qui savent dormir, parce qu'ils ont accédé, quelles que soient les circonstances, au véritable détachement. Voilà des âmes fortes. Rabelais l'a sans doute précédé dans cette voie, encore qu'il faille être prudent dans l'interprétation de l'histoire de Gratianauld que l'on trouve au *Tiers Livre*[6]. Elle est en effet racontée par le juge Bridoye, l'un des personnages les plus ambigus du roman[7].

---

1 *Essais*, I, 44, « Du dormir », p. 271.

2 *Ibid.*

3 *Ibid.*

4 Voir, en particulier, les enjeux du sommeil dans l'éducation de Gargantua.

5 Y compris celui des apôtres pendant l'agonie de Jésus au Jardin des oliviers. Saint Luc (22, 45) est le seul à l'expliquer par leur tristesse. Ici comme ailleurs, l'idéal chrétien est la vigilance.

6 *Tiers Livre*, chap. 42, édition citée, p. 484-485.

7 Sur Bridoye, voir, en particulier, André Tournon, *« En sens agile ». Les acrobaties de l'esprit selon Rabelais*, Paris, Champion, 1995.

Gratianauld a perdu au jeu tout son argent. Pris de boisson, il défie sans succès tous ceux qu'il rencontre sur son chemin. De guerre lasse, il s'étend et s'endort. Survient un aventurier qui a lui aussi perdu son argent et veut se battre contre lui. Il réveille le Gascon qui se frotte les yeux et lui propose de remettre le combat au lendemain.

> Somme, au lieu de se battre, et soy par adventure entretuer, ilz allerent boyre ensemble [...]. Le sommeil avoit faict ce bien, et pacifié la flagrante fureur des deux bons champions[1].

Cela n'est peut-être pas héroïque, mais l'histoire ne manque ni de saveur ni d'humour. Rabelais loue sans doute le Gascon d'avoir trouvé le sommeil malgré sa colère. À sa manière, il fait lui aussi l'éloge du détachement. Il annonce celui du prosaïque Sancho, fatigué par les discours et les veilles de son maître.

Le sommeil de Montaigne, tel qu'il nous le fait voir, permet de le ranger, avec La Fontaine et quelques autres, dans la grande confrérie des nonchalants. « Le dormir, écrit-il, a occupé une grande partie de ma vie[2] ». S'il fait mine de regretter cette « propension paresseuse », il n'est sans doute pas peu fier d'adresser un pied-de-nez à tous les soucieux et aux âmes de petite race. C'est aussi sa manière de rejoindre la compagnie des grands hommes, indifférents aux tribulations de leur existence. Du sommeil, qu'il a parfois essayé d'entrevoir, il n'attend rien, sauf la réparation des fatigues de la journée. Sage matérialisme. Au rebours des voyages métaphysiques chers au néoplatonisme, les songes ne le conduiront pas dans le manoir des idées. Son propre sommeil n'est pas plus noble, finalement, que celui de son chien, qui rêve lui aussi[3].

Nous voilà très loin de Gracian et du perpétuel contrôle exercé par le *Discreto* sur ses actes, ses gestes et ses paroles. La nonchalance de Montaigne se distingue aussi de celle du *Cortegiano*. Elle se comprendra mieux, peut-être, si on fait intervenir la notion de disponibilité. Être disponible, voilà l'idéal. Les grands hommes selon son cœur l'ont toujours été. Voyez Scipion « personnage digne de l'opinion d'une origine celeste[4] ».

---

1 *Tiers livre*, p. 484. Curieusement, cet épisode n'a pas beaucoup inspiré les critiques.
2 *Essais*, III, 13, « De l'expérience », p. 1096.
3 II, 12, « Apologie de Raymond Sebond », p. 482.
4 III, 13, p. 1109.

> Il n'est rien qui luy donne plus de grace que de le voir nonchalamment et puerilement baguenaudant à amasser et choisir des coquilles, et jouer à cornichon va devant le long de la marine avec Laelius[1].

Alexandre n'est pas en reste, lui qui « au plus espais de sa grande besongne » a su « jouyr si plainement des plaisirs naturels et par consequent necessaires et justes[2] ». Leur secret est-il perdu ? Il ne le semble pas, s'il est vrai que Montaigne a pensé à Henri de Navarre[3] lorsqu'il a vanté, sans le nommer, « la grande nonchalance et liberté d'action et de visage au travers de bien grands affaires et espineux » d'un gentilhomme de son temps[4]. Henri IV ou le style de vie du cavalier.

Le corollaire de cet art du détachement, c'est le refus de la distraction. On a commenté bien des fois la célèbre phrase du dernier chapitre des *Essais*, qu'il faut citer de nouveau :

> Quand je dance, je dance ; quand je dors, je dors ; voyre et quand je me promeine solitairement en un beau vergier, si mes pensees se sont entretenues des occurrences estrangieres quelque partie du temps, quelque autre partie, je les rameine à la promenade, au vergier, à la douceur de cette solitude et à moy[5].

Ce phrasé moelleux ne doit pas cacher que la coïncidence avec l'instant est le fruit d'une longue ascèse. Vivre « du jour à la journée[6] » n'est pas donné à tout le monde. L'esprit a du mal à se tenir au présent, il pense toujours ailleurs, si bien que « nous ne sommes jamais chez nous[7] ». Il existe tout un art de la « prise », dont Georges Poulet a parlé mieux que personne[8]. Saisir l'instant, non en raison de sa beauté, comme le voudront les romantiques, mais en raison de sa richesse. Dans cette recherche, Montaigne se rapprocherait du Rousseau de la *Cinquième Rêverie*, à ceci près que l'abandon joue chez celui-ci un plus grand rôle. L'auteur des *Essais* ne connaissait sans doute pas les *Confessions* de saint Augustin et sa célèbre réflexion sur les « trois présents », mais elle a laissé peut-être des traces chez d'autres auteurs qu'il a lus. Saint Augustin

---

1 *Ibid.*
2 III, 13, p. 1108.
3 C'est la lecture courante de cette phrase.
4 III, 10, « De mesnager sa volonté », p. 1008.
5 *Essais*, III, 13, « De l'expérience », p. 1107.
6 *Ibid.*, I, 14, p. 65.
7 *Ibid.*
8 *Études sur le temps humain*, t. I, Paris, Plon, 1950, chap. I, p. 11.

refusait toute existence au passé et au futur et critiquait la grammaire, coupable de donner l'illusion de leur réalité. « Il serait sans doute plus juste de dire : « il y a trois temps : le présent du passé, le présent du présent, le présent du futur[1] ». Entre la mémoire et l'attente, se tiendrait donc la « vision directe[2] ». Mais le présent se disperse en parcelles fugitives qui découragent toute saisie[3]. À l'inverse, Montaigne demande de se tenir à lui. Conscient lui aussi de la fuite du temps, il veut arrêter « la promptitude de sa fuite par la promptitude de [sa] saisie[4] . Voilà pourquoi il condamne toutes les formes de distraction, même les plus hautes. Les « demoneries » de Socrate ne sont pas de son goût ni ses « humeurs transcendantes[5] ». Loin d'être un ennemi, le temps serait plutôt, comme disait Héraclite, « un enfant qui s'amuse[6] ». Jouons à notre tour. Soyons attentifs.

La vie en société réclame cet art du détachement. Sinon, nous sommes esclaves des contraintes qu'elle nous impose. Jusque dans le monde, Montaigne reste à lui. Il prendra les mines de circonstance, fera le nombre de révérences exigées par le protocole, se comportera en parfait gentilhomme. En même temps, il dispose pleinement de lui-même. Cultivant le paradoxe, il explique qu'il ne s'appartient jamais autant qu'« aux lieux de respect et de prudence ceremonieuse ». « Au Louvre et en la foule, je me resserre et contraincts en ma peau ; la foule me repousse à moy[7] ». Cet homme-là est dangereux. On ne sait jamais ce qu'il pense. Montaigne est-il seul à pratiquer cette sorte de jeu ? Certainement pas. Comparons un instant ce qu'il écrit dans le chapitre « De mesnager sa volonté » avec les « Vers recitez sur la fin de la Comedie à Fontainebleau », pièce de Ronsard, et avec le fameux discours de Jacques dans *Comme il vous plaira*. Pour beaucoup de critiques, ils illustrent une vision du monde où priment le rôle et le masque. Pour faire court, appelons-la baroque. Rien de plus sombre que le discours du personnage shakespearien : « Le monde entier est une scène / Hommes et femmes, tous n'y sont que des acteurs / Chacun fait ses entrées, chacun fait ses sorties / Et notre vie

1 Saint Augustin, *Les Confessions*, XI, 20, 26, Gallimard, « La Pléiade », p. 1045.
2 *Ibid.*, p. 1046.
3 *Ibid.*
4 *Essais*, III, 13, p. 1111.
5 *Ibid.*, III, 13, p. 1115
6 *Les Écoles présocratiques*, éd. Jean-Paul Dumont, Gallimard, Folio-Essais, 1991, p. 78.
7 *Essais*, III, 3, « De trois commerces », p. 823.

durant, nous jouons plusieurs rôles[1] ». Ceux-ci seraient au nombre de sept, autant qu'il y a d'âges dans la vie. Peu importe au reste qu'il y en ait sept, ou quatre, ou trois. Le nombre ne change rien à la philosophie du spectacle. Le pessimisme de Jacques est parfaitement justifié s'il est vrai que, derrière le masque et les rôles, il n'y a rien ; si la personne n'apparaît jamais derrière le personnage. À la fin de *Macbeth*, ce pessimisme est poussé à son paroxysme.

> La vie n'est qu'une ombre qui passe, un pauvre histrion qui se pavane et s'échauffe une heure sur la scène et puis qu'on n'entend plus [...], une histoire contée par un idiot, pleine de fureur et de bruit et qui ne veut rien dire[2].

Ici, on ne peut même plus parler de dédoublement. Il n'y a plus que des rôles. Mais, par un étrange paradoxe, c'est le jeu théâtral qui permet de sauver la personne. Les comédiens d'*Hamlet*, comme les braves artisans athéniens du *Songe d'une Nuit d'été*, sont à la fois des acteurs au second degré et des rôles. Le dédoublement se déplace. Il s'opère grâce au théâtre dans le théâtre[3]. Voilà qui change tout. Le monde est une scène, mais il faut donner à cette célèbre expression tous les sens qu'elle possède. Et sa portée métaphysique ne doit pas faire oublier l'insigne privilège des acteurs qui endossent momentanément des rôles. Les comédiens sont des privilégiés parce que, en principe, ils se distinguent de leur personnage. Sinon, ils sombrent dans la folie. Dans son métier, l'acteur épouse des rôles mais doit s'en détacher une fois terminée la représentation.

En composant l'épilogue de la *Belle Genièvre*, Ronsard, à première vue, reprend ce vieux thème du théâtre du monde[4]. Mieux qu'un autre, même, il file la métaphore.

> Icy la Comedie apparoist un exemple
> Où chacun de son fait les actions contemple :
> Le monde est le théâtre, et les hommes acteurs,
> La Fortune qui est maistresse de la sceine
> Appreste les habits, et de la vie humaine
> Les Cieux et les destins en sont les spectateurs[5].

1 Shakespeare, *Comme il vous plaira*, II, 7, *Œuvres complètes*, II, p. 114.
2 *Macbeth*, V, 5, t. II, p. 1005.
3 Voir Georges Forestier, *Le Théâtre dans le théâtre*, Genève, Droz, 1981.
4 Voir Jean Jacquot, « Le théâtre du monde de Shakespeare à Calderon », *Revue de littérature comparée*, 1957, p. 340-372.
5 « Pour la fin d'une Comedie », v. 1-8, *Œuvres complètes*, édition citée, t. II, p. 843.

Les hommes endossent les habits préparés par la Fortune. Ensuite, ils jouent leur rôle. Scène grandiose puisqu'elle s'étend aux dimensions du cosmos. Pourquoi faut-il donc, comme le dira plus tard Calderon, que la vie soit un songe ? Parce que nous ne brassons que du vent. Ce que nous faisons manque de consistance. « Ce n'est que vent, fumée, une onde qui suit l'onde[1] ». Nous sommes exclus de l'être, comme le dit aussi Montaigne dans la péroraison de l'« Apologie de Raymond Sebond ». Ce serait donc une leçon du plus noir pessimisme que « le seigneur de Mauvisier », acteur d'un jour, dispense au royal parterre de cette soirée bellifontaine. Est-ce aussi sûr qu'il y paraît ? Des vers d'un tout autre timbre se sont glissés dans ce sombre désenchantement :

> L'un vit comme un pasteur, l'un est Roy des Provinces
> L'autre fait le marchand, l'autre s'égalle aux Princes,
> L'autre se feint contant, l'autre poursuit du bien[2].

Maintenant, nous avons l'impression que personne ne coïncide vraiment avec son état. « Faire le marchand », c'est jouer un rôle, mais, en le jouant, on s'en distingue. Il en va ainsi du berger. Tout se passe comme si Ronsard introduisait du jeu dans chaque état de la vie, comme s'il y avait maintenant un mince décalage entre la vacation et celui qui l'exerce. Pas de coïncidence parfaite. C'est bien pourquoi l'homme change si souvent d'état. Dans cette logique, ce n'est pas la Fortune qui apprête nos habits professionnels, mais nous-mêmes. Ronsard fait parfois chorus avec les moralistes, toujours inquiets de cette inconstance et qui l'expliquent par une insatisfaction native. Mais leur réprobation n'est guère éclairante. Aurions-nous le désir de changer de métier, si nous faisions corps avec lui ? On en revient à ce décalage qui sauve notre liberté. Les partisans de la permanence peuvent se désoler autant qu'ils le veulent : le détachement intérieur nous offre des chances que nous savons saisir.

Le prince de ce détachement-là, c'est Montaigne. Il ne lui inspire pas de perpétuels changements de fonction. Après ses années de magistrature, l'auteur des *Essais* n'a guère modifié son style de vie. Et la mairie de Bordeaux n'a fait que porter à la perfection un art du dédoublement qu'il avait très tôt découvert. « Le monde entier joue la comédie » :

1 *Ibid.*, v. 38, p. 213.
2 *Ibid.*, v. 13-15, p. 212-213.

avant Shakespeare, Montaigne avait épinglé la phrase de Pétrone[1]. Tant mieux ! Au moment d'« enfariner [notre] visage[2] », nous savons que nous allons jouer un rôle. Montaigne a joué à la perfection celui de maire de Bordeaux. Quoi qu'ait pu dire la légende, il ne s'est pas dérobé à ses obligations. Aussi « farcesques » que soient nos vacations, il faut les prendre au sérieux. Tout comme le comédien qui apprend bien son rôle, mais qui, au moment même où il fait pleurer le public, se réjouit peut-être de lui tirer des larmes. Le tout, c'est de bien distinguer le « propre » et l' « estranger ». Citons, même si elle est célèbre, la phrase qui résume tout : « Le Maire et Montaigne ont tousjours esté deux[3] ». Les « bonnetades » qui s'adressent au premier ne concernent pas le second. Peut-être même en rit-il.

Cette salutaire leçon n'a pas été perdue. Grand lecteur de Montaigne, Pascal l'a reprise dans ses *Trois Discours sur la condition des Grands*[4]. Mais il opère un changement. Montaigne s'était contenté, en quelque sorte, de relater une expérience, et de faire l'éloge de la distance intérieure. Pascal situe celle-ci dans une réflexion plus large sur l'autorité politique, elle-même éclairée par la théologie. Les Grands de ce monde ne sont pas d'une autre essence que le commun des mortels. Tel est le premier rappel que leur adresse Pascal :

> Si vous agissez extérieurement avec les hommes selon vostre rang, vous devez reconnaître, par une pensée plus cachée mais plus veritable, que vous n'avez rien naturellement au-dessus d'eux[5].

Le principe proposé alors par Pascal est celui de la « double pensée[6] ». Intérieurement, le destinataire de ce *Discours* devra se rappeler sa condition mortelle. Cette seconde pensée est qualifiée de « plus cachée mais plus véritable[7] ». Il ne faut pas la faire voir au peuple qui « croit que la noblesse est une grandeur réelle », et pour qui les Grands sont d'une « autre nature[8] ». Il en va de même avec les rois : ils n'ont rien de plus

1 *Essais*, III, 10, « De mesnager sa volonté », p. 1011.
2 *Ibid.*
3 *Ibid.*, p. 1012.
4 *Œuvres complètes*, édit. Michel Le Guern, Paris, Gallimard, 2000, « La Pléiade », p. 194-199.
5 *Premier Discours*, p. 195-196.
6 *Ibid.*, p. 195.
7 *Ibid.*, p. 195-196.
8 *Ibid.*, p. 196.

que nous. Mais les demi-habiles se trompent quand ils se croient permis de mépriser les « personnes de grande naissance[1] ». S'il peut paraître fou d'obéir à quelqu'un parce qu'il possède un carrosse, il est nécessaire de se plier à un ordre qui a été voulu par Dieu « pour la punition des hommes[2] ». Mais si les Grands ont droit à la « double pensée », il vaut mieux que le peuple n'en ait qu'une. Que se passerait-il si, entraîné par les « demi-habiles », il venait à contester l'ordre de la société ? La démystification pascalienne s'arrête en cours de route. Ou plutôt, elle ne possède pas de conséquences sur le comportement des hommes ordinaires.

D'une certaine façon, Pascal et ceux qui l'ont précédé ont désenchanté le monde. Mais il y a loin entre le détachement et le désenchantement du monde. C'est ce que montre l'œuvre de Calvin.

Il est des livres obsédants, dont il est difficile (pour le coup !) de se détacher, malgré les critiques qu'on leur adresse. Tel est le cas de celui que Max Weber a consacré à *L'Éthique protestante dans ses rapports avec l'esprit du capitalisme*[3]. Il ne peut s'agir de résumer et de réfuter en quelques pages une réflexion aussi puissante. Examinons seulement l'idée de désenchantement, clé de la pensée du sociologue allemand, et demandons-nous ce qu'il en est vraiment dans le dernier chapitre de l'*Institution de la religion chrétienne*[4] de Calvin, l'un des plus argumentés de toute son œuvre, l'un des plus lyriques aussi (pour qui veut lire sans préjugé).

Il a pour titre fort simple : « De la Vie Chrestienne ». Que dire sur un sujet aussi vaste ? Ce qu'ont expliqué, d'abord, les païens les plus pieux dont Calvin n'a jamais rejeté l'héritage. Pour eux donc, la vie était « semblable à umbre ou fumée[5] », métaphores nobles, mais aussi, image plus rabaissante, à de la « fiente[6] ». Il vaudrait mieux ne jamais naître. Ce langage est si connu qu'il a peut-être perdu de sa puissance. C'est bien pourquoi Calvin ne s'en contente pas. En accord avec Platon

1 *Pensées*, 83, p. 368. Sur la politique pascalienne, voir Gérard Ferreyrolles, *Pascal et la raison du politique*, Paris, PUF, 1984.

2 *Pensées*, fr. 12, p. 546.

3 Titre complet : *L'Éthique protestante et l'esprit du capitalisme*, premier tome des *Gesammelte Aufsätze zur Religionssoziologie*. Nous citons cette œuvre dans la traduction publiée à Paris, Plon, « Pocket », 1964.

4 Édition Olivier Millet, Genève, Droz, 2008. Les versions ultérieures, souligne l'éditeur, n'apporteront que peu de changements à ce chapitre.

5 *Institution de la religion chrétienne*, p. 1697. La note 92 renvoie à Pindare, *Pythiques*, I, v. 190-192.

6 *Ibid.*, p. 1702.

et Cicéron, il s'empresse d'ajouter que cette existence n'est un exil que parce que l'homme, obscurément, se souvient des cieux[1]. Les païens ont si bien parlé de cette aspiration à une autre vie qu'il aurait bien tort de se priver de leur concours. L'homme est donc tenté par le « contemnement de la vie présente[2] », dont il essaie de se « depestrer », ou de se détacher[3]. Calvin ne lui interdit pas ce mépris à condition qu'il ne se transforme pas en haine de l'existence[4].

Celle-ci, en effet, ne serait pas chrétienne. Un autre thème antique, présent notamment chez Platon[5], est celui de la « station en laquelle le Seigneur nous a colloquez et en laquelle il nous faut demeurer[6] ». L'une des conséquences logiques de cette idée est que nous devons attendre le bon plaisir de Dieu pour aller le retrouver, même si cette vie nous coûte et si nous avons hâte d'être réunis au Christ comme l'avoue saint Paul dans un verset mystérieux de l'Épître aux Philippiens (1, 21). À plus forte raison, toute forme de suicide mystique est exclue. Mais ce n'est pas encore assez dire. Calvin emprunte à saint Paul[7] l'idée, déjà rencontrée, selon laquelle il faut user du monde comme si nous n'en usions pas. Ceux qui se marient doivent vivre comme s'ils n'étaient pas mariés ; ceux qui achètent comme s'ils n'achetaient pas. Ainsi de suite. Est-ce que le détachement trouve une place dans cette brèche ? Rien n'est moins sûr. Car il faut exercer avec le plus grand soin le métier qui est le nôtre, accomplir exactement nos devoirs d'état. Le métier est une vocation[8]. Calvin rejoint Luther qui l'avait dit le premier[9]. Inutile d'insister sur un thème si connu et promis à une belle fortune. En 1561, le protestant français Pierre de La Place publie un *Traitté de la vocation et maniere de vivre à laquelle chacun est appelé* qui s'inspire en profondeur des idées de Calvin en la matière[10]. Il ne peut donc être question de haïr ce

1 Sur l'importance du platonisme chez Calvin, voir l'ensemble de l'annotation de ce chapitre.

2 *Institution de la religion chrétienne*, p. 1699.

3 *Ibid.*, p. 1697.

4 *Ibid.*, p. 1699.

5 *Phédon*, 62b.

6 *Institution de la religion chrétienne*, p. 1702 ; voir aussi p. 1715.

7 *Ibid.*, p. 1711 ; voir 1 Co, 7, 29-31 ; et *sup.*, p. 26.

8 *Ibid.*, p. 1714.

9 Selon Max Weber (*op. cit.*, p. 85), le premier emploi de *Beruf* au sens de « profession », se trouve dans la traduction luthérienne de l'Ecclésiastique, 11, 20-21.

10 Voir Daniel Ménager, « Le *Traitté de la vocation* de Pierre de La Place », *Mélanges Jean Céard*, Genève, Droz, 2008, p. 921-931.

que nous faisons. L'argumentation de Calvin, déjà très solide, le devient encore plus lorsqu'il explique que notre séjour sur terre n'a pas pour seul but de nous entraîner à la lutte contre le péché. Il nous prépare aussi à la « gloire du Royaume ». Sur terre, « nous commenceons [...] à gouster la douceur de [la] benignité divine[1] ». Admirable langage, bien éloigné des spiritualités morfondues qui ont sévi dans les couvents, si différent aussi des rengaines sur le mépris du monde. La force de Calvin est de démontrer que celui-ci, louable en soi, se transforme très vite en mépris des dons de Dieu. Il ne nous rend pas impatients de goûter les biens qui ne passent pas.

Rien, dans ce discours, ne fonde l'idée du désenchantement (*Entzauberung*), clé de l'interprétation de la Réforme selon Max Weber[2]. Ce sont d'autres aspects de la théologie calvinienne qui, à la rigueur, lui donnent un fondement. À l'origine de ce fameux désenchantement, il y aurait, notamment, la disparition de la messe, entendue comme magie[3], et de la plupart des sacrements. Plus de « technique de salut », alors que le catholicisme se construirait, en partie, sur l'idée qu'elle existe. Cette assimilation de la messe catholique à la magie, reprise sans examen par Marcel Gauchet[4], a quand même de quoi surprendre. Tout comme, du reste, la vision tragique de l'homme protestant, seul devant Dieu, et marqué par une « inhumanité pathétique[5] ». Max Weber est plus convaincant quand il affirme que Calvin invente un « ascétisme dans le monde[6] ». Ascétique, le christianisme l'a toujours été, au moins dans son principe. Mais l'ascète protestant ne se retire pas dans un couvent, il reste dans le monde pour « le rendre conforme aux injonctions divines[7] » . Vivant dans une extrême tension, parce que sa volonté se heurte à toutes sortes d'obstacles, il n'en continue pas moins, héros de l'impossible, à combattre l'imperfection là où elle se trouve. Cet ascète d'un nouveau genre est à l'opposé du mystique qui cherche le repos en Dieu. Pour le véritable Réformé, il n'existe pas de repos, sauf celui du dimanche, scrupuleusement respecté.

1 *Institution de la religion chrétienne*, p. 1700.
2 Voir *L'Éthique protestante et l'esprit du capitalisme*, *op. cit.*, p. 117, 134, 177 et 179.
3 *Ibid.*, p. 117 et 134.
4 *Le désenchantement du monde*, Gallimard, Folio, 2005.
5 *L'Éthique protestante et l'esprit du capitalisme*, p. 116.
6 *Ibid.*, p. 136-142.
7 Pierre Bouretz, *Les Promesses du monde. Philosophie de Max Weber*, Paris, Gallimard, 1996, p. 160.

Max Weber brosse-t-il le portrait d'un être de raison ou a-t-il vraiment rencontré dans son enquête des hommes de ce type ? On lui a reproché d'exploiter beaucoup plus les écrits de Benjamin Franklin et des puritains anglais ou américains que ceux de Calvin et des siens[1]. Critique fondée. Est-il vraiment un ascète celui qui a écrit, dans le dernier chapitre de l'*Institution*, qu'il fallait être une « bûche de bois » pour ne pas prendre plaisir à la variété des couleurs et à la beauté des métaux précieux[2] ? Max Engammare a consacré des pages convaincantes à la ponctualité protestante et au bon usage du temps dans la cité de Genève. « Discipline, abstinence, obéissance, rejet de [l'oisiveté][3] » sont des valeurs qui ont guidé les citoyens de cette ville, mais qui ne sont pas la propriété exclusive de la Réforme. Les marchands de Lyon, catholiques, sont aussi économes de leur temps que ceux de Genève. Les tableaux des peintres flamands, et en particulier, le *Portrait des Arnolfini*[4], de Jean Van Eyck, nous font entrer dans un monde où tout n'est qu'ordre et économie.

Il faudrait peut-être, pour rendre justice à Max Weber sans le suivre dans toutes ses thèses, invoquer les tendances de la longue durée, et distinguer le mouvement des sociétés occidentales de l'histoire des religions. Le *Gargantua* de Rabelais précède d'une année[5] la première édition de l'*Institution de la religion chrétienne*. L'un de ses épisodes les plus fameux est celui des pèlerins auxquels le narrateur fait subir toutes sortes d'avanies avant de les présenter à Grandgousier qui les renvoie chez eux en ces termes :

> Allez-vous en pauvres gens au nom de dieu le createur, lequel vous soit en guide perpetuelle. Et dorenavant ne soyez faciles à ces otieux et inutiles voyages. Entretenez vos familles, travaillez chascun en sa vacation, et vivez comme vous enseigne le bon Apostre sainct Paoul[6].

Calvin aurait pu signer cette phrase. Sept ans plus tard, le vocabulaire de Rabelais est devenu encore plus calvinien, car le mot « vocation »

1 Voir André Bieler, *La Pensée économique et sociale de Calvin*, Paris, Georg, 1969, p. 493.
2 *Institution de la religion chrétienne*, p. 1710.
3 *L'Ordre du temps*, Genève, Droz, 2004, p. 236.
4 Londres, National Gallery, 1434.
5 C'est du moins la date de 1535 que retiennent aujourd'hui la plupart des rabelaisants : voir Mireille Huchon, édition citée, p. 1056.
6 *Gargantua*, édition citée, p. 125.

a remplacé celui de « vacation[1] ». L'auteur du *Gargantua* partage avec le réformateur de Genève la même hostilité à l'égard des pèlerinages, « ces otieux et inutilles voyages ». Pour lui comme pour Érasme[2], il n'existe pas de lieux sacrés. La référence à saint Paul ne pouvait que ravir Calvin, qui, pourtant, n'avait guère de sympathie pour les bouffonneries de Rabelais. Ici, cependant, il ne bouffonne pas. On ne peut être plus grave que Grandgousier. La condamnation des pèlerinages est-elle une tentative sournoise pour désenchanter le monde ? Pour nous convaincre du contraire, lisons jusqu'au bout le petit discours du roi-géant. « Ce faisans, poursuit-il à l'adresse des pèlerins, vous aurez la garde de Dieu, des anges et des sainctz avecques vous, et n'y aura peste ny mal qui vous porte nuysance[3] ». Cela, bien sûr, Calvin ne l'aurait pas écrit. Les anges, dont il ne conteste pas l'existence, ne protègent pas le chrétien comme dans le catholicisme. Le Réformateur se contente, si l'on ose dire, de la protection de Dieu, présent dans tous les points de l'espace et du temps. Plus sensible ici et ailleurs aux médiations, Rabelais voit un peu autrement la relation entre le croyant et le divin. Reste que les ressemblances l'emportent, et de loin, sur les différences. En 1535 et encore plus en 1542, Rabelais accorde la plus grande importance à la vocation, au *Beruf*. Le monde ainsi vécu ne devient pas pour autant prosaïque. Dieu continue de s'y faire entendre, mais d'une façon intime.

En fait, l'idée que l'on peut trouver Dieu dans le travail et la vie du siècle n'appartient pas en propre à Calvin et à la Réforme. Max Weber et ceux qui l'ont suivi un peu à l'aveuglette auraient été bien inspirés de relire les *Exercices spirituels* d'Ignace de Loyola. Ils auraient constaté que, au moment des « élections[4] », le regard porté par le retraitant sur son mode de vie avait la plus grande importance. Le but de l'élection est de choisir « un genre de vie déterminé, établi à l'intérieur de l'Église catholique, par le moyen duquel on tende plus facilement à sa fin », qui n'est autre que « la louange de Dieu et le salut[5] ». L'exemple même d'Ignace montre qu'il existe des élections révocables : il avait choisi d'être

1 Variante relevée par Mireille Huchon, édition citée, p. 125.
2 Voir le colloque *Peregrinatio religionis causa*, ASD, I, 3, p. 470-494.
3 *Gargantua*, p. 123-124.
4 À la fin de la seconde semaine des *Exercices*.
5 *Exercices spirituels, Écrits*, Paris, Desclée de Brouwer, 1991, p. 143.

soldat, il sera prêtre, *ad majorem Dei gloriam*. Que fera-t-on quand on a choisi un état de vie irrévocable, par exemple, celui du mariage ? Les « élections » n'existent-elles qu'au début de la vie d'adulte ? Bien sûr que non. C'est là que les retraites et les exercices spirituels prennent toute leur importance. S'il est marié et riche, le retraitant devra « rechercher attentivement et, ruminant avec soin, conclure quelle dimension de maison et de domesticité il est juste qu'il ait, de quelles manières il convient qu'il la mène et la gouverne, par quelles paroles et quels exemples il convient qu'il l'enseigne ; et en outre, sur les ressources qu'il possède, combien il peut dépenser pour son usage personnel ou celui de sa maison, ce qu'il sied, par ailleurs, de donner aux pauvres ou de consacrer aux bonnes œuvres, ne s'attachant à rien d'autre ni ne recherchant que ce qui procure l'honneur de Dieu et son salut[1] ». On ne peut être plus clair. Les questions les plus prosaïques entrent dans cet examen de conscience parce que l'usage de l'argent n'est pas indifférent. L'œuvre du discernement[2] est de voir clair dans toutes ces questions. Car il est possible de plaire à Dieu en restant dans ce monde. Faut-il rappeler que les Jésuites eux-mêmes ignorent la vie conventuelle ?

> Notre vocation, disent les *Constitutions* de la Compagnie, est d'aller en divers lieux et de vivre en n'importe quelle partie du monde où l'on espère un plus grand service de Dieu et une plus grande aide des âmes[3].

Ceux qu'ils dirigent restent dans le monde, mais sont invités à rompre de temps en temps avec lui à la faveur des retraites. Ignace restaure ainsi dans le temps ce qui était le propre de l'espace. Il utilise une « pédagogie héritée de la vie claustrale pour autoriser une forme de vie parfaite, unie à Dieu, hors du cloître, accessible dans toutes les situations humaines[4] ». L'immense succès des Jésuites dans le siècle est à la mesure de la grande intuition ignacienne.

Il faut donc voir les choses un peu autrement que Max Weber. La piété du XVIe siècle n'a pas attendu Calvin pour consacrer toute son

---

1 *Ibid.*, p. 149.

2 Voir Sylvie Robert, *Une autre connaissance de Dieu. Le discernement chez Ignace de Loyola*, Paris, Éditions du Cerf, 1997.

3 *Constitutions*, article 304 ; cité par John O'Malley, *Les Premiers Jésuites*, tr. fr., Paris, Desclée de Brouwer, 1999, p. 377.

4 Adrien Demoustier, « L'originalité des *Exercices spirituels* », in *Les Jésuites à l'âge baroque*, Grenoble, Jérôme Millon, 1996, p. 34.

attention à la vie dans le siècle et au fameux *Beruf*. L'enseignement d'Érasme allait dans ce sens. Il n'a cessé de dire qu'en tous les états, l'homme pouvait être sauvé. Mieux : il a donné figure à cette idée. Le personnage d'Eusebius, dans le célèbre *Banquet religieux*, incarne cette vie dans le siècle, tout à la fois paisible, fervente et ordonnée. Pour voir en lui un « capitaliste » avant la lettre, sans doute faudrait-il que nous connaissions exactement sa profession. Érasme l'a laissée dans l'ombre. Son personnage administre sans doute un domaine. Mais il ne se contente pas des biens donnés par Dieu, ni même de la lecture de la Bible pieusement partagée avec ses amis. À la fin du colloque, il les quitte pour assister un mourant et apaiser une dispute[1]. Voilà l'homme pieux selon le cœur d'Érasme. Il n'est pas sûr que ses idées aient influencé les premiers Jésuites, Rome s'étant chargée de leur expliquer qu'il ne fallait pas se fier à cet être ondoyant et par trop critique à l'égard de l'Église[2]. Mais, quoi qu'ils en aient eu, leur théologie de la sainteté dans le siècle rejoint celle du Rotterdamois. Quant à Calvin, héritier de ce courant, il reste peut-être à part en raison du sens qu'il donne à la pratique vertueuse d'une profession. C'est du moins la fine pointe de la thèse de Max Weber. Puisqu'il ne saura jamais pendant sa vie s'il fait partie des élus ou des réprouvés, le protestant donne à son activité professionnelle une importance qu'elle n'a pas chez les autres. Il est impossible en effet de vivre dans une angoisse perpétuelle. Il ne peut être question d'en sortir par le divertissement. Reste le labeur. « La vraie foi se reconnaît à un type de conduite qui permet au chrétien d'augmenter la gloire de Dieu[3] ». Ainsi peut-on sortir des affres engendrées par la doctrine de la prédestination. Pierre Bouretz éclaire très bien cette confirmation apportée par l'expérience :

> Ne demeure donc ouverte [chez Calvin] qu'une seule voie, celle d'un « salut par les œuvres » qui ne se conçoit pas comme la pratique discontinue de bonnes œuvres rachetant les mauvaises, mais comme un véritable système d'action, méthodique, rationnel et orienté par l'idée que c'est le succès dans ces œuvres qui pourra être vécu comme signe de l'élection[4].

---

1 *Le Banquet religieux*, ASD, I, 3, p. 265-266 ; traduction française in *Érasme*, Paris, R. Laffont, 1992, « Bouquins », p. 265. p.

2 Voir John O'Malley, *op. cit.*, p. 265 et suiv.

3 Max Weber, *L'Éthique protestante et l'esprit du capitalisme*, *op. cit.*, p. 131.

4 *Les Promesses du monde*, *op. cit.*, p. 231.

En ce sens seulement, on peut parler de désenchantement chez Calvin, ce qui le distingue bien d'Érasme, Ignace, et même, quand il ne bouffonne pas, de Rabelais.

Don Quichotte réunit tous les fils de ce questionnement, d'où son prodigieux intérêt pour la question qui nous occupe. L'Espagne de Cervantès ne tolère officiellement que le catholicisme. Mais, dans son roman, les références à celui-ci deviennent si lacunaires, si minces que les meilleurs spécialistes de l'œuvre se sont demandé ce qu'il en était des convictions de l'auteur[1]. Les représentants de l'univers religieux, assez nombreux, sont incapables d'enchanter le monde. Des prêtres, nous en trouvons, mais Don Quichotte les malmène si bien que nous ne les entendons guère[2]. Reste le curé de son village natal, homme de bon sens et plein d'amitié pour son vieux fou de voisin, mais qui ignore les élans mystiques de la piété espagnole à l'heure de ses grands saints. Quant au chanoine de Tolède, rencontré en chemin[3], c'est un homme cultivé et plein de finesse, avec qui il est agréable de converser, mais Dieu et les devoirs de l'homme sont absents de ses discours. Ne parlons pas de la sagesse à courte vue de la gouvernante, de la nièce et de Teresa Pança. Le représentant le plus convaincant de la vision religieuse du monde est un gentilhomme rencontré en chemin : Don Diego de Miranda. Il explique à Don Quichotte, qui, d'emblée, lui a paru un peu « timbré », qu'il mène une vie paisible avec sa femme, ses enfants et ses amis, ne dédaignant pas les livres « pourvu qu'ils soient d'honnêtes passe-temps, qu'ils plaisent par leur langage, étonnent et charment par leur invention ». Il entend la messe chaque jour, distribue aux pauvres une partie de son bien « sans [se] prévaloir de [ses] bonnes œuvres ».

> Je m'efforce, ajoute-t-il, de remettre en paix ceux que je sais être brouillés ; je suis dévot de Notre Dame et confiant à jamais en la miséricorde infinie de Notre-Seigneur[4].

Voilà un personnage vraiment édifiant, réplique hispanique de celui d'Eusebius créé par Érasme[5]. Il l'est même tellement que Sancho, « le

1 Americo Castro, parmi d'autres.
2 *Don Quichotte*, I, 19.
3 *Ibid.*, I, 47, édition citée, p. 842.
4 *Ibid.*, II, 16, p. 1012-1013 ; motivations analogues au chap. 3, p. 420.
5 Voir *sup.*, p. 192.

cœur plein de dévotion et les yeux presque en larmes », se met à lui couvrir les pieds de baisers. « Je ne suis pas un saint, réplique Don Miranda, mais un grand pécheur[1] ». La naïveté de son écuyer fait rire Don Quichotte, et nous n'en saurons pas plus, en cet épisode, sur les convictions religieuses de celui-ci.

Il faut rappeler, au reste, que sa décision de devenir chevalier errant ne possède aucun caractère religieux. Il choisit cette profession « pour l'accroissement de son honneur », et « le service de la république[2] ». Dieu n'y trouve aucune place. Et l'on sait ce qu'il en est de sa veillée d'armes et de sa prestation de serment. Dieu n'est pourtant pas absent de son univers. L'un de ses discours les plus significatifs, à cet égard, est celui qu'il tient aux porteurs de retables, rencontrés par hasard. Après avoir admiré les statues de saint Georges, de saint Martin et, bien sûr, de saint Jacques, protecteur de l'Espagne et grand pourfendeur de Maures, il se livre à un éloge vibrant de saint Paul, représenté dans le retable, ce « chevalier errant durant sa vie et saint de pied ferme pour la mort, infatigable ouvrier dans la vigne du Seigneur, docteur des Gentils qui eut les Cieux pour école et pour précepteur Jésus-Christ en personne[3] ». Rien que de très orthodoxe dans ce beau discours, mais ce qui frappe avant tout, c'est son lyrisme. Pour Don Quichotte, saint Paul et les premiers apôtres ont été des chevaliers errants avant la lettre. Et comme il possède alors toute sa lucidité, il précise :

> La seule différence entre eux et moi, c'est qu'ils furent des saints à la manière divine, et que moi je suis pécheur et combats à la manière humaine[4].

L'auteur de la *Quête du Graal* aurait parlé à ce propos de « chevalerie terrienne » et de « chevalerie céleste[5] ». Don Quichotte est donc parfaitement conscient des limites de son entreprise ; il voit que Dulcinée y occupe trop de place pour qu'elle soit vraiment chrétienne. Et il a cette phrase mystérieuse trop souvent passée sous silence : il se pourrait, si son jugement devenait plus sain, qu'il guide ses pas « vers un meilleur

1 *Don Quichotte*, II, 16, p. 1013.
2 *Ibid.*, 1, 1, p. 411.
3 *Ibid.*, II, 58, p. 1316.
4 *Ibid.*
5 « La Quête n'est pas de choses terriennes, mais célestes » (*La Quête du Graal*, édition Béguin-Bonnefoy, Paris, Seuil, 1965, p. 165)

chemin[1] ». S'il reste dans celui-ci, c'est parce que le monde a besoin d'être réenchanté, délivré de son accablant prosaïsme. Un peu avant lui, la jeune Thérèse d'Avila dévorait elle aussi des romans de chevalerie[2], parce que la religion pratiquée autour d'elle ne comblait pas son cœur. Ce qui sépare le « chevalier à la Triste Figure » de la future carmélite, c'est que le premier n'est pas parvenu à quitter la chevalerie terrienne tandis que la seconde a emprunté la voie mystique. Mais, encore une fois, on risque de ne rien comprendre au roman de Cervantès si on ne met pas au premier plan la volonté de réenchanter un monde devenu trop quotidien, trop banal, trop morne.

Ce bel idéal est-il renié sur le lit de mort ? En apparence, oui. Don Quichotte est redevenu « Alonso Quijano le bon[3] ». Avait-il jamais cessé de l'être ? L'ancien héros célèbre, sans doute, les miséricordes de Dieu qui lui a rendu l'exercice de son jugement et confesse sa folie. Mais celle-ci, de l'aveu général, n'a été qu'intermittente. Il se pourrait bien que Sancho voie juste quand il déclare que son maître est en train de mourir de mélancolie.

> La pire folie que puisse faire un homme au monde est de se laisser mourir, ni plus ni moins, sans être tué de personne, ni achevé d'autre main que celle de la mélancolie[4].

Dans l'Espagne de Philippe III, le réel et le rêve prennent congé l'un de l'autre. Les *alumbrados*, pourtant nourris de saint Ignace, en savent quelque chose[5]. Leurs illuminations ne sont pas plus tolérées que les chimères de Don Quichotte.

Au cours du roman, Sancho fait de tels progrès philosophiques qu'il reçoit à plusieurs reprises les félicitations de son maître[6]. Il n'est plus ce banal et courtaud représentant du bon sens qu'on a souvent opposé, en pure perte, au romantisme de son maître. C'est à lui qu'on doit certaines des plus pertinentes remarques du roman. Celle-ci, par exemple, dont

1 *Don Quichotte*, II, 58, p. 1316.

2 *Le Livre de la vie*, ch II, *Œuvres complètes*, Paris, Éditions du Cerf, t. I, p. 20.

3 *Don Quichotte*, II, 74, p. 1425.

4 *Ibid.*

5 Sur la persécution des *alumbrados* (les illuminés) par les les autorités religieuses espagnoles, voir l'*Histoire du christianisme*, sous la direction de J.-M. Mayeur, Ch. Pietri, A. Vauchez, et M. Venard, t.VIII, Paris, Desclée, 1992, p. 604-605.

6 Voir p. 947, 959, 1053 et 1379.

l'origine est tout à fait triviale. Ravi de constater que son maître éprouve encore des besoins naturels, il philosophe ainsi :

> Voyez un peu, Monsieur : allez-vous nier ce que l'on a coutume de dire par ici, quand une personne est mal disposée : « Je ne sais ce qu'a un tel : il ne mange, ni ne boit, ni ne dort, et il ne répond jamais aux questions qu'on lui pose ; on croirait qu'il est enchanté ». D'où l'on conclut que ceux qui ne mangent, ni ne boivent, ni ne dorment, et qui ne font pas les besoins naturels dont j'ai parlé, tous ceux-là sont enchantés, mais non pas ceux qui ont les envies que vous avez, monsieur[1].

Son but est de prouver à Don Quichotte qu'il n'est pas vraiment enchanté. Peu importe l'échec de sa démonstration. Ce qui compte, c'est que, en passant, il accrédite la réalité des enchantements. Et, comme souvent dans ce roman dont le véritable sujet est peut-être le langage, la preuve est trouvée dans les expressions populaires. Puisque les gens disent, à propos d'un malade : « On croirait qu'il est enchanté », c'est bien que les enchantements existent, tout comme la duègne Quintagnona, puisque les coiffures de certaines dames évoquent irrésistiblement celle de ce personnage de roman[2].

Les enchantements existent d'autant plus que, bien souvent, la réalité a été arrangée de telle façon qu'elle ressemble à celle des livres. Rien de plus révélateur à cet égard que l'arrivée du héros au château du duc. La consigne qu'il a donnée a été bien respectée. Avec un bel ensemble, tout le monde crie : « Bienvenue soit la fleur et la crème des chevaliers errants[3] ». « Des flacons d'eau de rose » se répandent sur les épaules de Don Quichotte, sur celles du duc et de la duchesse, bien décidés à mystifier le héros, d'abord sans méchanceté, puis d'une façon plus ambiguë. Mais, dans cette foisonnante « Deuxième Partie », les enchantements naissent parfois d'une façon bien différente. Alors que le héros se dirige vers Barcelone, il tombe inopinément sur la plus inattendue des Arcadies : voici des bergères de toute beauté, vêtues de robes de fin brocard, dont les cheveux sont si blonds qu'ils rivalisent avec les rayons du soleil. L'une d'elles lui explique que plusieurs jeunes femmes de qualité habitant la ville voisine ont décidé de vivre à la manière des bergères

1 *Ibid.*, I, 49, p. 856-857.
2 *Ibid.*, I, 44, p. 861.
3 *Ibid.*, II, 31, p. 1126.

des églogues[1]. D'où ce spectacle suave qui enchante le maître autant que l'écuyer. Ici, aucune mystification. Plutôt, le souhait intense d'une vie plus belle, venu à des jeunes gens et des jeunes filles bien réels qui s'ébattent sous les ramées, compagnons et compagnes de désir de Don Quichotte, dont le dernier rêve sera de vivre à leur manière. Voilà qui en dit long sur l'insatisfaction des plus nobles personnages du roman.

Ainsi s'explique la place éminente du théâtre dans la « Deuxième Partie ». La vie de château est monotone, les duègnes sont fastidieuses : amusons-nous un peu, grâce à des personnages, des déguisements, des trucages, comme ceux du majordome, parfait metteur en scène, ce qui ne l'empêche pas de jouer lui-même certains rôles. L'amoureux éconduit meurt très bien sur scène car l'épée qui donne l'impression de passer à travers son corps est teintée de liquide rouge[2]. Quant au fameux Chevillard, il galope dans les airs, à grand renfort de soufflets, aussi bien que l'hippogriffe de l'Arioste[3]. La réalité s'élève doucement au niveau des plus beaux songes. La demeure du duc devient un de ces châteaux merveilleux où, aidé par la musique, on rêve de l'amour au clair de lune :

> Sur ce, Don Quichotte, entendit le son très doux d'une harpe ; il en demeura tout pantois, car lui revinrent aussitôt en mémoire les innombrables aventures similaires, avec fenêtres, grilles, jardins, musiques, déclarations d'amour et pâmoisons dont étaient pleins les vains livres de chevalerie qu'il avait lus[4].

La phrase accuse encore les lectures du héros. Mais tout le monde, dans le château, tombe sous l'emprise des enchantements du théâtre, y compris ceux qui les ont préparés. « Le duc fut surpris, la duchesse interdite, don Quichotte ébahi, Sancho Pança tout tremblant, bref, même ceux qui savaient de quoi il retournait en restèrent stupéfaits[5] ». Les émerveillements ont commencé avant même l'arrivée du héros dans ce château. Le montreur de marionnettes enchante lui aussi l'assistance grâce à ses figures et aux exploits de son singe apprivoisé[6]. Ils se poursuivront plus

1 *Ibid.*, II, 58, p. 1319-1320.
2 *Ibid.*, II, 21, p. 1058.
3 *Ibid.*, II, 41, p. 1196-1197. Le fameux cheval ailé du poète italien a trouvé une belle postérité artistique : voir Michel Jeanneret et Monica Petit-Hamard, *Imaginaire de l'Arioste. L'Arioste imaginé*, Paris, Musée du Louvre, 2009.
4 *Ibid.*, II, 44, p. 1218.
5 *Ibid.*, II, 32, p. 1158.
6 *Ibid.*, II, 25, p. 1190.

tard, grâce à la tête prophétique que possède Don Antonio Moreno[1]. Tout le monde, en fait, dans ce roman, a besoin d'émerveillement, aussi bien les châtelains qui s'ennuient que les laboureurs fatigués au moment de la sieste méridienne. Le prosaïque aubergiste de la « Première Partie » devient aussi lyrique que Don Quichotte quand il évoque le pouvoir des romans :

> Lorsque vient le temps de la moisson, bien des moissonneurs se rassemblent ici les jours de fête, et il y en a toujours un parmi eux qui sait lire. Il prend alors un de ces livres et nous nous mettons à plus de trente autour de lui et restons à l'écouter avec tant de plaisir qu'il nous ôte mille cheveux blancs. Du moins je puis dire de moi que, lorsque j'entends parler de ces coups d'épée furibonds et terribles que vous appliquent les chevaliers, il me prend envie d'en faire autant, et je voudrais les écouter nuit et jour[2].

Dans son amour des romans, Don Quichotte est moins isolé qu'on ne l'a dit. La robuste Maritorne, elle aussi, rêve aux propos d'amour et aux baisers sous les orangers[3]. Tout le monde a besoin de chimères. Ce qui distingue le héros de ses compagnons de rencontre, c'est l'incapacité où il se trouve, le plus souvent, de distinguer la réalité et le rêve. Mais presque tous les personnages de Cervantès : duc, duchesse, chanoine, aubergiste, paysans réclament autre chose que la réalité espagnole de leur temps.

Et le tour de force du héros est d'obliger les autres à se déguiser pour le ramener à la raison. Le curé et le barbier, affligés du comportement de leur ami, ne trouvent rien de mieux que d'endosser des rôles.

> Il vint au curé une idée fort appropriée aux goûts de Don Quichotte [...] Que lui-même s'habillât à la façon d'une damoiselle errante, et que le barbier tachât de s'accommoder de son mieux en écuyer ; et qu'ils iraient ainsi accoutrés là où était Don Quichotte ; que lui-même feindrait d'être une demoiselle affligée et dans le besoin, et qu'elle lui demanderait une faveur que Don Quichotte ne laisserait pas de lui accorder[4].

Ainsi, peut-être, reviendra-t-il dans son village. Un curé travesti en

1 *Ibid.*, II, 62.

2 Comme le souligne Jean Canavaggio (édition citée, note de la page 1564), les livres étaient trop chers et les paysans trop illettrés pour que cette lecture fût vraisemblable. Elle est utopique, au meilleur sens de ce mot.

3 *Ibid.*, I, 32, p. 682.

4 *Ibid.*, I, 26, p. 617-618.

demoiselle infortunée, fût-ce pour la bonne cause, voilà quand même une situation non prévue par les saints canons du concile de Trente ! Et d'ailleurs, un peu plus loin, le curé jettera aux orties cet accoutrement vraiment peu catholique. Que dire des déguisements empruntés, dans la « Deuxième Partie », par le bachelier Samson Carrasco, tour à tour chevalier aux Miroirs et chevalier de « la blanche Lune[1] » ? La théâtre dicte sa loi. Il se répand même dans la vie avec son cortège de déguisements et d'apparences trompeuses. Leur fin coïncide avec la mélancolie et la mort de Don Quichotte. On ne peut vivre dans un monde désenchanté. Le théâtre prend la relève de la religion qui a perdu le pouvoir d'enchanter le monde. Ses pouvoirs, qui les connaît mieux que Cervantès lui-même, qui a écrit pour la scène[2] ?

La Renaissance et la Réforme ont découvert qu'il était possible de vivre dans le monde sans perdre son âme. Voilà ce que disent, sous des formes bien différentes, Érasme, Calvin et saint Ignace. Voilà ce qu'enseigne Grandgousier aux pèlerins égarés. Sera-t-on pour autant détaché de la « réalité » ? Rien n'est moins sûr. Le risque, maintenant, est de plier sous le poids de la conscience. Il est parfois bien lourd, le *Beruf* de Luther, surtout dans sa version calvinienne[3]. Que d'obligations, s'il faut que le règne de Dieu paraisse dans tout ce que l'on fait ! Le virtuose, selon Gracian et Montaigne, n'ignore pas les requêtes du devoir. Il s'en acquitte avec maestria. Il joue avec le monde et tente de faire en sorte que son jeu soit élégant, peut-être même grâcieux, comme il l'était au temps révolu de la cour d'Urbino. Au début du XVIIe siècle, qui songe encore à la *sprezzatura* ? Plus grave encore : le monde du devoir ignore toutes les formes de l'enchantement. Max Weber ne s'est pas trompé quand il a associé calvinisme et désenchantement. Mais il aurait dû voir que toute une société, d'un même mouvement, était en train de succomber à la pression de la « réalité », et que les marges de liberté se faisaient chaque jour plus étroites. Dans ce mouvement-là, la théologie des sacrements joue un rôle vraiment mineur. Peu importe le mode de

1 *Ibid.*, II, 15, p. 1005 et II, 65, p. 1374.

2 Rappelons que les pièces de théâtre de Cervantes sont largement antérieures à la première édition du roman : voir la Chronologie de Jean Canavaggio, édition citée, p. LX.

3 L'avantage de Luther se trouve dans sa théorie des deux cités : aussi accablant et contraignant que soit ce monde, le chrétien vit aussi dans un autre, plus céleste.

présence du Christ dans l'Eucharistie. Ce qui compte, c'est le devoir, le grand dragon « Tu dois », comme dit Nietzsche dans *Zarathustra*[1]. On comprend mieux alors l'appel lancé par les grands chemins au picaro et par les cloîtres à ceux qui cherchent Dieu. Don Quichotte est le plus grand de tous les aventuriers inventés par la Renaissance. À sa folle entreprise, il a finalement rallié, sans qu'ils se l'avouent, duc et duchesse, paysans et aubergistes. Ils ont tous compris que le « Chevalier à la Triste Figure » était leur seul recours contre la mélancolie du devoir.

1 *Ainsi parlait Zarathoustra*, « Des trois métamorphoses », tr. fr., Paris, Gallimard, « Idées », 1981, p. 36.

LE DÉTACHEMENT TRAGIQUE

Les éthiques mondaines ont pour elles leur grâce, leur élégance, leur naturel calculé. Faire de sa vie une œuvre d'art : voilà un programme qui séduit à coup sûr tous ceux qui aspirent à se défaire des liens pesants de la nature ou de la société. Ils forment une sorte de confrérie secrète et sans frontière, où les dandys selon Baudelaire[1] côtoient les élégants selon Watteau. On ne peut oublier toutefois que la Renaissance, de Pétrarque à Shakespeare, a besoin d'étonnement. Elle a aimé Plutarque, et les *Vies* qui s'écrivent sous son égide, pour les inventions dont la Fortune est capable, élevant et rabaissant les grands hommes selon son bon plaisir[2]. La tragédie française, tout comme le drame de Shakespeare, qui connaissait par cœur la célèbre traduction de North[3], répond à ce besoin. Mais on ne mobilise pas sans danger l'étonnement et son cortège d'émotions. Les philosophes de la Renaissance savent très bien que, s'il est trop fort, il produit une syncope[4]. « Ce n'est que du théâtre », répondra-t-on. Parole légère et qui méconnaît la puissance du spectacle. On peut se régaler des merveilles (au sens de l'époque) quand on les trouve dans un livre, posé et repris à loisir. La représentation théâtrale change tout. Elle nous oblige pendant cinq actes à voir des larmes, à entendre des cris et si l'auteur dérobe l'horrible à notre vue, comme le veut l'esthétique classique, il n'est pas sûr que le changement soit aussi grand qu'on a l'habitude de le dire. Il faut donc que la tragédie trouve en elle-même le moyen de conjurer l'étonnement et la peur. Elle suscitera l'angoisse pour mieux la calmer, l'enchanter. C'est peut-être ce qu'Aristote a voulu dire avec

---

1 Voir sup. le chapitre VI.

2 Voir Patricia Eichel-Lojkine, *Le Siècle des grands hommes. Les Recueils de Vies d'hommes illustres avec portraits du XVIe siècle*, Louvain, Peters, 2001.

3 Sur cette traduction, parue en 1579, voir Henri Fluchère, in Shakespeare, *Œuvres complètes*, Paris, Gallimard, 1959, « La Pléiade », t. II, p. LXXXII.

4 Voir *De sympathia et antipathia rerum*, chap. 20 (*De admiratione, et extasi et risu*), Lyon, G. Gazier, 1550.

sa fameuse *catharsis.* Et surtout, elle nous enchantera par son allure, la hauteur de son style. *Tragice loqui* : c'est tout un art, mais de lui dépend un nouveau type de détachement.

Ouvrons les tragédies de Garnier. D'emblée, il nous agresse. Avec lui, nous sommes à cent lieues des transitions familières entre la vie ordinaire et l'univers du théâtre imaginées par Claudel dans l'« Ouverture » du *Soulier de Satin*[1] ou par Racine avec les célèbres « oui » de ses conversations d'antichambres qui donnent l'impression d'une conversation entamée auparavant et qui se poursuit sur la scène[2]. Une seule tragédie de Garnier commence sans trop d'effroi : *Cornélie.* Et c'est à Cicéron qu'est confié un long discours où il supplie les dieux d'apaiser les querelles romaines[3]. Tel il fut dans sa vie, tel il est sur la scène : incapable d'être tragique. Mais dans toutes les autres pièces, c'est l'effroi et la peur qui s'installent dès le lever de rideau. Hécube, figure de la désolation, apparaît dès les premiers vers de *La Troade*[4]. Elle revit et fait revivre les horreurs du sac de Troie, la mort de Priam massacré alors qu'il embrassait les autels, et toute la série des malheurs qu'elle avait prévus aussi bien que Cassandre. Une « *Iliade* de maux », c'est aussi ce que déplore le Prophète des *Juives* dans l'apostrophe initiale de la pièce : « Jusques à quand, Seigneur, épandras-tu ton ire[5] ». Tout cela n'est rien encore. Avec *Porcie* et *Hippolyte*, c'est l'autre monde qui vient visiter le nôtre. La première de ces pièces fait apparaître le personnage mythologique de Mégère, surgie des « Enfers ténébreux », appelant à la rescousse ses deux sœurs, Tisiphone et Alecto, afin de déchaîner la discorde dans la république romaine[6]. Quant à Egée, il sort de l'Achéron, dont il préfère le séjour pourtant peu agréable à celui de l'Attique, tant il a vu de malheurs, qui ne sont pas finis[7]. Voilà une esthétique de la violence, dont on a bien repéré les sources sénéquiennes et euripidiennes[8] et qui se

1 *Théâtre*, Paris, Gallimard, « La Pléiade », t. II, p. 854-856.
2 Premier vers d'*Andromaque* et d'*Iphigénie.*
3 *Cornélie*, v. 1-150, in *La Tragédie à l'époque d'Henri II et de Charles IX*, Paris-Florence, à partir de 1993, I, 5, p. 207-211. C'est à cette édition et à celle citée dans la note suivante que renverront, sauf exception signalée, toutes nos références théâtrales.
4 *La tragédie à l'époque d'Henri III*, Paris-Florence, à partir de 1993, II, 1, p. 247.
5 *Les Juives*, v. 1, *La Tragédie à l'époque d'Henri III*, II, 3, p. 268.
6 *Porcie*, v. 1-150, *La Tragédie à l'époque d'Henri II et de Charles IX*, I, 5, p. 25-29.
7 *Hippolyte*, v. 1-147, *La Tragédie à l'époque d'Henri II et de Charles IX*, I, 5, p. 108-113.
8 Voir Florence Dobby-Poirson, *Le Pathétique dans le théâtre de Robert Garnier*, Paris, Champion, 2006, p. 159 *sq.*

retrouvera, souvent, dans le théâtre de Shakespeare. Est-il besoin de rappeler que les sorcières de *Macbeth* apparaissent dès la première scène ? Le spectre d'Hamlet se montre cependant plus patient que les personnages d'outre-tombe de Garnier puisqu'il attend la relève de la garde pour se manifester.

La pauvreté de nos informations[1] en la matière ne permet pas de nous faire une idée précise de la mise en scène des tragédies de Garnier. Il est possible que Porcie ait été représentée pendant le séjour de Charles IX à Toulouse, en 1564[2]. Si tel est bien le cas, on aimerait savoir si le metteur en scène a coiffé Mégère des lanières de taffetas blanc portées par sa pareille dans la *Sophonisbe*, jouée à Blois en 1556[3]. Elle devait produire, en tout état de cause, un effet effrayant, tout comme Égée. Ce langage de la frayeur portait d'autant plus que, dans certaines mises en scène, les spectateurs entouraient le lieu théâtral[4]. Pouvait-il se maintenir tout au long de la pièce, au risque de créer un sentiment de malaise ?

Autant que de la stupeur, le public du XVIe siècle demande des objets, des personnages dignes de son admiration. Celle-ci a encore du mal à se faire une place dans la réflexion morale de l'époque. De l'envie, qui n'est pas tout à fait son contraire, on discute doctement, et en suivant Aristote[5], à l'Académie du Palais[6]. En creux, se dessine quand même une certaine image de l'admiration, apanage des âmes bien nées, qui ne désespèrent pas d'atteindre l'objet de leur culte (grand homme, grand poète). Par là, elle se rapproche de l'émulation, telle que l'entend Aristote[7]. Qu'elle soit vraiment une émotion, il n'y a pas lieu d'en douter si on lit Montaigne et Ronsard. Quand l'auteur des *Essais* compare cinq éloges du « jeune Caton », il écrit que l'étudiant, en découvrant les vers d'Horace, « joindra les mains par admiration ». Passant à Virgile, « il s'estonnera, il se transira[8] ». Quelques

1 Malgré les recherches importantes de Raymond Lebègue, « La représentation des tragédies au XVIe siècle », *Mélanges Chamard*, Paris, Nizet, 1951, p. 199-204 et « Les représentations dramatiques à la cour des Valois », in *Les Fêtes de la Renaissance*, Paris, CNRS, t. I, 1973, p. 85-91.

2 Voir M.-M. Mouflard, *Robert Garnier*, La Ferté-Bernard, 1961, t. I, p. 100.

3 Voir Florence Dobby-Poirson, *op. cit.*, p. 160.

4 Voir *sup.*, chap. IV, p. 147.

5 *Rhétorique*, II, 10.

6 Elle a inspiré un *Discours* à Ronsard (*Œuvres complètes*, II, p. 1194-1199) ; voir R. J. Sealy, *The Palace Academy of Henry III*, Genève, Droz, 1981, p. 49-53.

7 *Rhétorique*, II, 11.

8 *Essais*, I, 27, « Du jeune Caton », p. 231.

années plus tard, en s'adressant au « lecteur apprentif », et toujours à propos de Virgile, Ronsard tient le même langage : « Relisant telles belles conceptions, tu n'auras cheveu en teste, qui ne se dresse d'admiration[1] ». En latin comme en grec, on le sait, l'étonnement et l'admiration se disent par le même mot. Ils s'expriment dans le langage du corps. Mais l'admiration ignore le déplaisir, inséparable de l'étonnement. C'est tout à la fois un personnage et un style qui étonnent et subjuguent.

L'étonnante fascination exercée par Cléopâtre sur l'imaginaire de la Renaissance combine l'étonnement et l'admiration. Splendide et désarmée, hiératique et gamine[2], elle est vraiment une merveille, dans tous les sens de ce mot[3]. Jodelle, avec sa *Cléopâtre captive*, Garnier, avec *Marc-Antoine*, et bien sûr Shakespeare ont succombé à son charme. Héroïque, la reine d'Égypte l'est sans mesure, mais on déforme son image si on ne retient de son histoire que la volonté farouche de ne pas servir de trophée à César et de lui échapper par le suicide. Elle éblouit tous ceux qui la rencontrent, Romains ou Égyptiens, parce qu'elle a décidé de faire de sa vie une œuvre d'art. Par ce trait de caractère, elle tranche sur les femmes seulement célèbres. La barque où elle couchée et qui vogue vers Antoine défie les plus grands rêves de splendeur. « Sous un pavillon de drap d'or, elle reposait plus belle encore que cette image de Vénus où l'imagination fait honte à la réalité ». Enobarbus qui raconte la scène à Agrippa ajoute cette hyperbole tout à fait shakespearienne : « Et si le vide était possible, l'air même aurait fui pour contempler lui aussi Cléopâtre[4] ». Pas plus qu'elle n'a subi sa vie, elle ne subira sa mort. Jodelle et Garnier ont su décrire sa lente cérémonie des adieux[5]. Avec moins de splendeur, toutefois, que Shakespeare. Dans une sorte d'oratorio, Cléopâtre demande d'abord ses « plus beaux atours » à la fidèle Iras[6] et se pare sous nos yeux pour mieux accueillir la mort qu'elle va se donner, tout entière au souvenir de la fabuleuse rencontre

1 « Préface sur la *Franciade* touchant le poëme heroïque », *Œuvres complètes*, t. II, p. 1162.

2 Elle saute à cloche-pied dans les rues d'Alexandrie jusqu'à en perdre la respiration, mais toujours avec grâce : voir Shakespeare, *Antoine et Cléopâtre*, II, 3, traduction d'André Gide, *Œuvres complètes*, édition citée, t. II, p. 1033.

3 Voir Daniel Ménager, « La Renaissance et le mythe de Cléopâtre », *Montaigne Studies*, VIII, octobre 1996, p. 47-63. Les artistes sont également fascinés : voir Jean Cousin : *Eva prima Pandora* (Musée du Louvre) surtout si on reprend l'interprétation de J. Guillaume, « Cleopatra nova Pandora », *Gazette des Beaux Arts*, oct. 1972, p. 185-194.

4 Shakespeare, *Antoine et Cléopâtre*, II, 3, traduction d'André Gide, édition citée, t. II, p. 1032.

5 Le premier dans *Cléopâtre captive*, le second dans *Marc-Antoine*.

6 Shakespeare, *op. cit.*, V, 2, p. 1089.

avec Antoine sur le Cydnus[1]. Plus que vers la mort, elle se rend auprès d'Antoine, jamais aussi grand dans son souvenir qu'en ce moment fatal, Antoine qui « enjambait l'océan[2] ». D'adieux proprement dits, il n'y en a pas, sauf quand Shakespeare lui prête, avec une audace inouïe, des mots semblables à ceux du Christ lors de son dernier repas avec ses disciples : « Jamais plus le jus de la vigne d'Égypte ne viendra rafraîchir mes lèvres[3] ». « *Now no more* » : le chant du jamais plus se dépouille ici de sa fragilité, il n'a plus rien d'élégiaque. Cette mort préparée, organisée, fêtée détache Cléopâtre de l'humanité ordinaire. Elle est vraiment trop grande pour recevoir des pleurs. De la pitié pour elle ? La mort lui sied trop bien. Drame ou tragédie : peu importe. Shakespeare a retrouvé l'inspiration qui faisait dire au chœur de Sophocle : « Il est bien des merveilles en ce monde, il n'en est pas de plus grande que l'homme[4] ». Si la tragédie n'a pour projet que la peur et les larmes, elle oublie peut-être qu'elle a aussi pour vocation de susciter l'admiration.

Quand la tragédie française de la Renaissance choisit de faire pleurer, elle met en place des rituels, des protocoles. Pleurer, c'est l'apanage du chœur. Il n'a pas laissé que de bons souvenirs à ceux qui lui reprochent, avec raison, ses considérations générales, ses lieux communs, et les fameuses sentences, que les éditions de l'époque signalent par des guillemets. Il constitue pourtant l'une des innovations les plus intéressantes de ce théâtre. Il participe à sa grandeur. La question, souvent posée, de l'influence d'Aristote sur les dramaturges de la Renaissance reçoit un début de réponse si on s'intéresse à son rôle. Pour les Grecs, on le sait, le chœur faisait partie intégrante de la tragédie, mais au moment où Aristote écrit sa *Poétique*, il était devenu un simple interlude[5], au lieu de participer, comme chez Sophocle, à l'action tragique. Et il a mis longtemps à se relever de ce rôle subalterne. Annotant les tragédies de Sophocle, Camerarius se contente de cette remarque : « *Chorus autem carmen inter actus solebat accinere*[6] ». L'un des artisans de son renouveau est

1 *Ibid.*
2 *Ibid.*, p. 1086.
3 *Ibid.*, p. 1091. Voir Matthieu, 26, 29 : « En vérité, je vous le déclare : je ne boirai plus désormais de ce fruit de la vigne, jusqu'au jour où je le boirai, nouveau, avec vous dans le royaume de Dieu » (TOB).
4 Sophocle, *Antigone*, v. 332-333, traduction Paul Mazon, Paris, Les Belles Lettres, 1977, p. 84.
5 Aristote, *Poétique*, 18, 56a.
6 *Sophocles Tragoediae septem*, avec des notes de Camerarius, *s.l.*, 1568, p. 6.

sans doute Scaliger, qui nous aurait rendu quand même grand service s'il avait écrit d'une manière plus claire. Apparemment, il adopte le point de vue de Camerarius : les chants du chœur séparent les différents actes[1], et cette idée de séparation revêt pour ce maniaque de l'ordre la plus grande importance. Si cette idée avait résumé toute sa pensée, on ne comprendrait pas l'attention qu'il accorde à la chorégraphie tragique, aux déplacements des choreutes qui, sur l'*orchestra*, semblent copier les mouvements des planètes[2]. Il semble bien que, dans son esprit, le spectacle tragique accueille, pendant de brefs intervalles, la mémoire des cieux et de leurs mouvements si bien réglés. Autrement dit, tout dans la tragédie ne respire pas le bruit et la fureur.

En 1561, date de la *Poétique* de Scaliger, Jacques Grévin fait paraître sa tragédie, *César*, précédée par un « Brief discours pour l'intelligence de ce théâtre », dont l'importance n'est pas usurpée. L'auteur explique en effet, entre autres choses, que sa tragédie comporte un chœur, ou plutôt « une troupe interlocutoire de Gendarmes des vieilles bandes de César », qu'il a préférées, pour des raisons de vraisemblance, aux « chantres mal exercitez » dont le public avait pris l'habitude[3]. Ces vieux grognards ont l'immense avantage, en cette veille des Ides de Mars, d'être intéressés par le destin de leur chef, de craindre pour lui et pour Rome. Même s'ils tiennent encore des discours trop prévisibles sur l'inconstance de la Fortune (acte II) ou sur le crédit que l'on peut accorder aux songes (acte III), ces choreutes participent au drame qui se joue devant eux, malgré eux. Voilà sans doute l'un des signes à quoi l'on reconnaît l'influence encore timide d'Aristote sur les théoriciens français de la tragédie.

L'idée de restaurer dans tous ses droits le chœur tragique faisait donc son chemin quand Baïf publia en 1573 son *Antigone*, inspirée de Sophocle et écrite sans doute quelques années auparavant[4]. Son propre père, Lazare de Baïf, avait donné en 1537 une version d'*Electre* « en rythme française, ligne pour ligne[5] ». Fort de cet exemple, et instruit par Dorat, Baïf a parfaitement compris le rôle que Sophocle et avant lui Eschyle avaient donné au choeur. Chez lui, il ne se contente pas de clore chacun des

1 *Poetices libri septem*, I, 9, édition Luc Deitz, Stuttgart, 1994, p. 160.
2 *Ibid.*, I, 9, p. 164-166.
3 Jacques Grévin, *César*, édition Jeffrey Foster, Paris, Nizet, 1974, p. 47.
4 *La Tragédie à l'époque d'Henri II et de Charles IX*, I, 5, p. 14-69.
5 *Ibid.*, introduction, p. 3.

actes. L'auteur a cherché et sans doute trouvé d'excellents équivalents aux systèmes complexes de la lyrique grecque. Nous ne savons pas si ces chœurs ont été chantés et (pourquoi pas ?) dansés, comme ce fut le cas pour ceux de *Porcie*[1]. Avec leurs strophes, leurs antistrophes, et autres « mesodes[2] », ils se rapprochent de ceux de Pindare. De la part d'un poète aussi attentif que Baïf à la métrique grecque et aux effets psychologiques de la mesure, il n'y a là rien de très étonnant. Il semble avoir compris les observations plutôt abstruses de Scaliger. Avec lui, le lyrisme choral retrouve sa fonction première : ramener sur la scène un peu de l'ordre et de la beauté du monde. Il ne cherche pas à exprimer des sentiments individuels, mais l'âme de la cité, en proie à la peur et à l'angoisse devant les tragédies dont elle est le témoin. Il est notre véritable représentant, il gémit et pleure à notre place, selon des métriques complexes qui avaient intéressé aussi Robortello, l'un des meilleurs connaisseurs, en Italie, de la *Poétique* d'Aristote[3].

Les émotions du chœur, à la fin des actes, seraient moins convaincantes s'il ne les avait pas manifestées durant toute la pièce. Sur ce point encore, Baïf se montre très fidèle à Sophocle. Ses vieillards observent d'abord une certaine réserve à l'égard de Créon. À l'acte III, ils prennent discrètement le parti d'Antigone avant de retomber dans le conformisme[4]. Ils assistent, indécis, à la joute oratoire entre le tyran et son fils, mais sortent de leur prudence pour avertir Créon que la colère d'Hémon peut lui faire prendre un parti désespéré[5]. Finalement, le chœur se laisse submerger par l'émotion, le malheur d'Antigone devient le sien et celui de toute la cité[6]. Baïf n'a donc pas suivi les conseils de Peletier du Mans, d'habitude plus avisé, qui écrivait en 1555 que le rôle du chœur était de « parler sentencieusement, de craindre les Dieux, reprendre les Vices, menacer les méchants, admonester à la vertu[7] ». Dans sa propre *Antigone*, publiée quelques années plus tard, Robert Garnier entend bien,

1 Voir F. Dobbins, « Music in French Theatre », in *Early Music History, Studies in Medieval and early modern music*, XIII, Cambridge University Press, 1994. Selon cet article, la musique composée par Guillaume Costeley a été publiée en 1570.

2 Ce terme est employé pour désigner le choeur de l'acte I, p. 23. Autre terme assez obscur : celui de « système », p. 49 et 50.

3 Voir *In librum Aristotelis de arte explicationes* [...], p. 122 et suiv.

4 J.-A. de Baïf, *Antigone*, v. 549-550 et 772-773.

5 *Ibid.*, v. 862-863.

6 *Ibid.*, v. 960.

7 *Art poétique*, in *Traités de poétique et de rhétorique de la Renaissance*, *op. cit.*, p. 364.

lui aussi, les leçons d'Aristote[1]. L'évolution de ses vieillards, peu à peu gagnés par le courage de l'héroïne, est le miroir où nous pouvons nous reconnaître. Ils nous invitent à ne pas nous méfier des grands sentiments, à prendre le parti d'Antigone contre Créon. Mais leur propre émotion est mise soigneusement à distance, ils la chantent et la dansent pour que la tragédie soit vraiment le spectacle où se purifie la pitié. Aristote a été écouté.

Les dramaturges français ne se passent pas des services du chœur parce qu'ils ont compris cette poétique ou cette esthétique de l'émotion. Parfois même, ils en imaginent deux dans la même pièce là où un seul suffisait chez leurs maîtres. C'est le cas dans la *Didon* de Jodelle, où se répondent le chœur des Troyens et celui des Phéniciennes, mais aussi dans l'*Antigone* de Garnier (chœur de vieillards, chœur de « filles thébaines »), enfin dans *Marc-Antoine*, *Hippolyte* et *Porcie*. On aimerait savoir comment ils évoluent sur la scène, s'ils se trouvent à quelque distance ou non des personnages et de leurs dialogues. Impliqués d'une façon variable dans l'action tragique, ils tiennent à certains moments des propos qui témoignent de leur splendide isolement. Ainsi, chez Jodelle, à la fin de *Didon se sacrifiant*. L'héroïne a mis un terme à ses jours, sa nourrice arrive sur la scène en proie à la plus grande agitation. « Que se passe-t-il ? », demande en substance le chœur. « Êtes-vous donc absentes ? », réplique la nourrice avant d'ajouter : « Étant sûres au port, riez-vous des tourments[2] ? ». Ce souvenir lucrétien[3] donne bien la mesure de ce qu'on attend du choeur : qu'il pleure avec ceux qui pleurent, qu'il entonne avec eux les chants du deuil.

Cette attente n'est pas déçue. Composé le plus souvent de femmes, le chœur se frappe la poitrine, déchire ses vêtements, dénoue ses cheveux. Le malheur tient le même langage à Jérusalem, à Troie, à Carthage, et à Rome. Il faut que le corps s'exprime[4], que des gestes accompagnent l'expression verbale de la douleur. Reste la contrainte de la strophe ou de la triade lyrique[5] qui l'empêche de déborder. En bannissant de leurs

1 *Antigone ou la piété*, in *La Tragédie à l'époque d'Henri III*, II, 2, p. 61 *sq.*

2 *Didon se sacrifiant*, *La Tragédie à l'époque de d'Henri II et de Charles IX*, I, 5, p. 429.

3 Voir *sup.*, ch IV.

4 Voir Florence Dobby-Poirson, *op. cit.*, p. 465 *sq.*

5 Jodelle, auteur de la première tragédie « classique », utilise dans certains chœurs de sa *Cléopâtre* les modèles mis à l'honneur par Ronsard dans ses odes pindariques : voir ceux de la fin de l'acte I et celui de l'acte IV.

vers les exclamations et les cris de douleur, les auteurs français de la Renaissance restent plus timides que leurs grands aînés. On chercherait en vain l'équivalent des « *o to to to toi !* » d'Eschyle ou d'Euripide. La douleur doit être maîtrisée, décantée. Devant nous, les thrènes se mettent en place, comme dans *La Troade* de Garnier où Hécube joue le rôle de coryphée, indiquant aux Troyennes les gestes devant accompagner leurs chants[1] ; ou comme dans *Porcie*, avec la lamentation funèbre en l'honneur de Brutus. « Brute, nous te pleurons », répète le chœur[2], bercé par son thrène. La tragédie atteint ici la limite fragile qui la sépare du chant. Le don des larmes risque de la changer en élégie. Faut-il s'en plaindre ? Ce n'est pas sûr, car, de cette façon, elle nous détache de la douleur brutale. C'est aussi ce que voulait dire Jean de La Taille dans *Saul le Furieux*, au moment où les lévites, dispensés de la guerre, entonnent un chant funèbre en l'honneur des soldats morts au combat. Ils ont donné leur vie, le chant lyrique leur sera un « guerdon[3] ». Tant qu'il y aura des chœurs, d'hommes ou de femmes, tant qu'il y aura des larmes, l'acte héroïque ne sera pas enseveli dans l'obscurité. Ainsi envisagé, le chant du chœur est une réponse au destin. Il ne sera pas dit qu'il a été le plus fort puisque, devant nous, à peine séparé de nous, le chœur est là qui se souvient et défie la brutalité de l'existence. Grâce à lui, s'ouvre un chemin de beauté, non celle qui oublie ou qui dénie, mais celle qui trouve les formes les plus accomplies pour transfigurer le malheur.

Telle est également la vocation du récit. À l'âge classique, comme l'a bien montré Jacques Scherer[4], ses fonctions sont multiples. Mais il n'a pas toujours bonne presse, comme le prouvent les réactions critiques au récit de Théramène, dans *Phèdre*. Les bienséances n'expliquent pas tout. En fait, depuis longtemps, le récit est sur la défensive : il doit convaincre ses détracteurs qu'il est indispensable à la tragédie. Plaidant sa cause, Horace[5] expliquait qu'il songeait moins à « ménager le sensibilité du spectateur que son bon sens[6] ». Si le monstre marin de *Phèdre* a de quoi faire frémir, il a surtout le tort de malmener la vraisemblance scénique, qu'il faut bien distinguer de la vraisemblance générale ; il existe sans

1 V. 118 *sq.*
2 *Porcie*, v. 1951, 1955, 1959 et 1963, édition citée, p. 83.
3 *Saul le Furieux*, v. 1146, édition citée, p. 256.
4 Voir *La Dramaturgie classique en France*, Paris, Nizet, 1950.
5 *Art poétique*, v.188.
6 Florence Dobby-Poirson, *op. cit.*, p. 345.

doute des monstres dans la nature, mais il est peu probable qu'ils daignent apparaître sur la scène d'un théâtre. D'où cette remarque de Jean de La Taille : « Chascun verra bien tousjours que c'est, et que ce n'est toujours que faintise[1] ». Florence Dobby-Poirson rappelle aussi à ce propos le point de vue d'Aristote.

> « Il faut [...] qu'indépendamment du spectacle l'histoire soit ainsi constituée qu'en apprenant les faits qui se produisent on frissonne et on soit pris de pitié devant ce qui se passe », comme dans l'histoire d'Œdipe[2].

Si cette phrase ne s'applique pas spécialement au récit, elle en donne la raison profonde. Il vaut tous les artifices du monde, tous les exploits des metteurs en scène et des machinistes, parce qu'il met en branle l'imagination du spectateur, qui se représente les événements qu'on lui raconte. Laudin d'Aigaliers expliquera bientôt que « la moitié de la Tragedie se deroule derriere le theatre[3] ». On dirait aussi bien : dans la tête du spectateur, qui prolonge comme il veut les mots et les images.

S'agit-il pourtant, comme le croit Aristote, d'éprouver crainte et pitié ? À première vue, « le » philosophe a raison. Il sait fort bien que la plupart des récits tragiques racontent la mort des héros, ou comme dirait Jean de La Taille, les « piteuses ruines des grands seigneurs[4] ». Et il en va de même à la Renaissance, de Jodelle à Montchrestien. Mais à force de parler de crainte et de pitié, on oublie peut-être que le récit répond à un besoin plus secret : trouver des mots pour le plus effroyable, organiser dans le temps la fin des héros. C'est en grande partie au récit qu'est confiée la mise à distance de l'horreur et de l'inacceptable ; grâce à lui, la mort des innocents (Astyanax, Polyxène) est aussi supportable que celle des coupables (Œdipe). Le récit tragique, au reste, ne raconte pas que des morts. La *Troade* de Garnier se passe en récits presque autant qu'en dialogues. Andromaque raconte d'abord un songe, imitée bientôt par Hécube[5]. Autant de sombres pressentiments, que viennent confirmer deux récits : ceux de la mort d'Astyanax et de Polyxène[6]. Se

---

1 De *l'Art de la tragédie*, édition citée, p. 207 ; cité par Florence Dobby-Poirson, p. 345.
2 *La Poétique*, chap. XIV, 53b, tr. Jean Lallot, Paris, Seuil, 1980.
3 *L'Art poëtique françois*, V, 4, édition Jean-Charles Monferran, Paris, STFM, 2000, p. 205.
4 *De l'Art de la tragedie*, p. 206.
5 *La Troade*, v. 645-701 et 1256-1274.
6 *Ibid.*, v. 1805-1971 et 2067-2162.

plaindra-t-on de la place occupée, ou usurpée par ces récits ? Ce serait mal comprendre l'esthétique de Garnier. Il montre ainsi que le présent est toujours investi par un passé plus ou moins proche, le plus souvent effroyable. Faut-il encore et toujours revenir sur le sac de Troie ou sur celui de Jérusalem ? Oui, car ils n'ont cessé d'occuper la mémoire des personnages. Ils s'en délivrent un peu en les racontant.

Dans le théâtre de la Renaissance, le récit obéit à des lois immuables. Un messager arrive, moins essoufflé sans doute que le soldat de Marathon, mais incapable dans un premier temps de délivrer son message. Il maudit le sort qui l'en a chargé[1]. Il faut comprendre son émotion. Le plus souvent, c'est un proche de celui qui vient de mourir, que ce soit l'écuyer de Saul[2], l'un des soldats de César[3], ou un partisan de Marc-Antoine[4]. Mais ce n'est pas toujours le cas. Talthybie n'est pas un simple messager : comme le précise la liste des personnages, c'est le héraut de l'armée grecque, auquel revient le triste privilège d'annoncer et de raconter à Hécube la mort de Polyxène, sa fille. Sera-t-il, puisqu'il est grec, insensible à la douleur de la troyenne ? Pas le moins du monde. Son entrée en matière possède la lenteur de la tristesse, le spectacle de la reine « couchée à terre sur le sable[5] » est pour lui chose pitoyable. « Que cette charge est dure[6] », se plaint-il avant de commencer un récit qui ne fera que raviver la douleur d'avoir été le témoin oculaire de la mort de la jeune fille :

> … Vous me ferez encore
> Attrister de sa mort, si je la remémore[7].

Le récit commence sur cet accord funèbre, le mot « mort » se disperse et se fragmente en paragrammes qui scandent son récit[8]. Les Grecs ne sont pas tous acharnés à la vengeance puisque Talthybie existe, accessible

1 Voir par exemple celui d'*Hippolyte*, v. 1972-1980.
2 Jean de La Taille, *Saul le furieux*, acte V, v. 1303 *sq.*, édition citée, p. 261 et *sq.*
3 Jacques Grévin, *César*, acte V, v. 877 *sq.*
4 Robert Garnier, *Marc Antoine*, acte IV, v. 1538 et *sq.*, édition citée, p. 302 *sq.* Fait exceptionnel, ce messager a un nom : il s'appelle Dircet.
5 *La Troade*, v. 2051.
6 *Ibid.*, v. 2061.
7 *Ibid.*, v. 2067-2068.
8 Voir les rimes de sa tirade : sort/fort (2105-2106), allure/sépulture (2107-2108), sorte/morte (2111-2112), corps/efforts (2133-2134).

à la pitié et capable du ton juste, le ton funèbre adapté à son message. Un humanisme de la pitié trouverait sans doute ici l'occasion de dire que l'adversaire lui-même peut dépasser sa haine et son ressentiment. De quoi se consoler en somme des malheurs mis en scène. Ce serait une réflexion un peu rapide. Hérauts ou messagers : tous sont investis d'une fonction sacrée et qui dépasse leur propre personne. Parce qu'ils racontent la mort des héros, tout en eux est rituel, y compris les signes de leur émotion. Qu'ils soient Grecs ou Troyens, Hébreux ou Amalécites, ils deviennent le temps du récit les captifs d'une histoire étrangère à la psychologie. Seule compte la hauteur tragique, garantie, sauf exception, par l'anonymat. Racine a peut-être oublié cette règle en confiant le récit de la mort d'Hippolyte à un personnage possédant un nom : Théramène.

Chez Robert Garnier, le scénario ne varie guère d'une pièce à l'autre. Avant même le récit proprement dit, le messager apporte la nouvelle, brève et sans ornement : Brutus est mort, ou Astyanax, ou Antoine, ou Scipion. Dès son apparition, on s'attendait au pire. Les pleurs viendront plus tard. Ayant repris son souffle, le messager raconte. Son récit est souvent long, trop long. On ne l'interrompt guère, en vertu d'une loi non-écrite qui veut que le récit aille jusqu'à son terme. Ce que raconte le messager, il en a été le témoin oculaire, d'où l'émotion qui le submerge encore à son arrivée, et que prennent en charge, ensuite, les figures du récit. C'est aussi à l'émotion qu'on doit la précision de celui-ci. Selon une formule banale mais qui dit bien ce qu'elle veut dire, les spectacles terribles restent à jamais gravés dans la mémoire. *Imagines agentes*. D'abord les lieux. « Il nous reste une tour de la défunte Troie », commence le messager de la *Troade*. C'est là que le vieux Priam s'installait pour expliquer à son petit-fils Astyanax les péripéties des batailles qui se déroulaient à ses pieds. C'est là que monte Ulysse, accompagné de l'enfant qu'il va précipiter en bas[1]. Le messager, insensible aux lois de la vraisemblance ordinaire, prend son temps, il est le vecteur du pathétique que Garnier affectionne. Il prend le temps, aussi, de mettre en scène les Grecs, montés sur des rochers ou sur des arbres, pour ne rien perdre du spectacle annoncé[2]. Même lenteur, même luxe de détails dans le récit du messager de Porcie. Il lui faut six vers et une phrase calmement ordonnée pour nommer la ville de Philippes, théâtre du combat décisif

1 *Ibid.*, v. 1891.
2 *Ibid.*, v. 1875-1892.

entre Antoine et les meurtriers de César[1]. Il raconte d'abord la mort de Cassius, puis, au terme d'une bataille longtemps incertaine (*anceps*), celle de Brutus lui-même. Est-ce la fin du récit ? Non, car il lui faut encore douze vers pour décrire le champ de bataille jonché de cadavres sous le soleil matinal et raconter la clémence d'Antoine qui fait chercher le corps de son adversaire pour que lui-même en apporte les cendres.

Ce récit est au présent, comme tous ceux qui lui ressemblent, pour mieux mettre la scène sous les yeux des auditeurs. Hypotypose oblige. Il faut solliciter leur regard intérieur :

> Là, vous n'eussiez rien vu qu'un meurtre de gendarmes
> Qui durement navrés trebuchaient plus épois
> Que ne font en hiver les feuillages des bois[2].

Même appel à la vue dans la description des derniers instants d'Antoine, hissé par une corde jusqu'au tombeau où Cléopâtre s'est enfermée.

> Jamais rien si piteux au monde ne fut vu[3].

La mort se transforme en spectacle, mais il y a loin entre la curiosité malsaine entourant, dans l'histoire, celle d'Antoine, général défait, et celle que sollicite le récit. L'événement y est transfiguré, séparé de sa gangue, délivré des émotions primaires.

Ce type de récit, nous le connaissons : il vient en droite ligne du poème héroïque, qui, lui aussi, prend son temps[4]. À ceci près toutefois que nous sommes maintenant au théâtre, avec un personnage qui s'adresse à d'autres personnages, ainsi qu'à nous. Ce sont des mères, des épouses, des amantes qui apprennent de vive voix la mort de ceux qu'elles ont aimés. Rien ne leur est épargné, ni les cris des mourants, ni les gémissements des blessés. En fait, c'est surtout à nous que ces récits s'adressent. Par certains côtés, ils s'apparentent aux faits divers tragiques, délices des contemporains de Garnier[5]. Ils s'imposeront encore

1 *Porcie*, v. 1436-1441.
2 *Ibid.*, v. 1529-1531.
3 *Marc-Antoine*, v. 1634.
4 Voir Goethe et Schiller, *Correspondance*, éd. Lucien Herr, Paris, Plon, 1923, lettre du 26 décembre 1797.
5 Voir *Théâtre de la cruauté et récits sanglants*, sous la direction de Christian Biet, Paris, Robert Laffont, 2006.

dans le théâtre classique. Esthétiquement, la comparaison entre le récit du messager d'*Hippolyte*[1] et celui de Théramène tourne à l'avantage de Racine : l'auteur de *Phèdre* est moins long, il exclut les comparaisons épiques qui gonflent à l'excès le récit de Garnier. Mais l'émotion est mise en scène, elle est même plus patente puisque Théramène, au moment crucial, ne peut retenir ses larmes[2]. Dans les deux cas, on est loin du récit épuré, ritualisé du théâtre grec. Pourquoi donc le récit tragique survit-il aux modes, et aux critiques ?

Une réponse peut être trouvée dans les réflexions d'Ullrich Langer sur les « plaisirs du fini[3] ». Prenant l'exemple de la *Cléopâtre captive* de Jodelle, il souligne « la finalité implacable de la pièce[4] », dépourvue de péripéties, sa marche inexorable vers le suicide de l'héroïne. Ce que le spectateur attend dès le début, c'est le récit de celui-ci, qui n'intervient qu'au dernier acte. Tout le reste n'est que tension vers lui, attente. Cette absence d'action a été souvent reprochée au dramaturge. On peut tout aussi bien la considérer comme une force. Le récit résume et accomplit l'acte majeur prévu dès le début. Il met un point final à une vie pleine de surprises. Désormais, Cléopâtre sera la femme à l'aspic, tel qu'on le voit s'enrouler à son bras dans le tableau de Jean Cousin[5]. Loin d'être un morceau de bravoure oratoire, le récit est donc indispensable à la tragédie. Il fixe dans l'éternité l'image des héros : Hippolyte empêtré dans les rênes de ses chevaux, Brutus se donnant la mort en disant : « Vertu, tu n'es qu'un mot[6] », Astyanax se jetant dans le vide. Des figures légendaires se détachent du flou de l'existence. Le récit est bien l'auxiliaire narratif de la tragédie.

Il est « aucune fois de besoin que les Princes pleurent, même en temps d'affliction », écrit Jean de La Taille dans une de ses dédicaces[7]. On ne saurait mieux dire que le théâtre est bien autre chose qu'un divertissement. Mais si les princes doivent pleurer, ils doivent aussi trouver, grâce à la tragédie, la forme de leurs malheurs. Quittons maintenant les

1 *Hippolyte*, v. 1990-2157.
2 *Phèdre*, v. 1545.
3 *Penser les formes littéraires de la Renaissance*, Paris, Garnier, 2009, p. 153 *sq.*.
4 *Ibid.*, p. 166.
5 Voir *sup.*, p. 204.
6 L'apophtegme légendaire se présente sous une forme moins laconique dans *Porcie* : voir les v. 1575-1578.
7 Dédicace de *La Famine*, in *La Tragédie à l'époque d'Henri II et de Charles IX*, *op. cit.*, I, 5, p. 283.

textes, pour envisager le spectacle lui-même. Tâche difficile. Nous ne savons presque rien des conditions de la représentation dramatique, de la mise en scène, du jeu des acteurs. Le plus souvent, il faut procéder par induction, ce qui ne laisse pas d'être dangereux. Essayons quand même.

Ronsard, pourtant avare d'éloges à l'égard de ses contemporains, a écrit quatre liminaires pour les pièces de Robert Garnier. Ils vont tous dans le même sens. D'emblée, l'auteur est qualifié de « brave sonneur[1] », son vers est « superbe », il parle « haut[2] ». La plus belle formule se trouve dans le liminaire d'*Hippolyte*, ouvrage « tragique et souverain[3] ». Ou peut-être, souverainement tragique. On ne sait pas si Ronsard a pu voir des représentations de ces pièces. Mais il en parle comme s'il avait encore dans l'oreille le son, les mots, le ton de Garnier. Dans ce propos, pas une allusion à la *catharsis*. Ce qui compte, c'est un langage que Garnier (et c'est vrai) a porté à sa perfection. La tragédie la trouve non pas grâce à des sujets (le public cultivé connaît d'avance presque toutes les histoires portées sur la scène), mais à un style marqué par la hauteur et le sublime. En cela, la tragédie se rapproche de l'épopée, rapprochement suggéré dès l'antiquité par Platon et Aristote[4]. Ronsard se situe sans doute dans le sillage de Scaliger qu'il connaît et qu'il pratique[5]. Est-ce à la réflexion de celui-ci que l'on doit un infléchissement sensible de son discours sur la tragédie ? C'est possible. Force en effet est de constater que l'élégie écrite pour le *Théâtre* de Jacques Grévin[6] ne donnait pas à la tragédie une place de choix : elle se situait entre la poésie inspirée et la prose, ce qui est une bien curieuse manière de la définir[7].

Ailleurs, Ronsard se fait plus explicite, grâce à ses réflexions sur le vers. « Les Alexandrins, écrit-il, tiennent la place en notre langue telle que les vers héroïques entre les Grecs et les Latins[8] ». La palme revient donc à l'épopée, ou au poème héroïque écrit dans ce mètre, mise à part,

1 Liminaire de *Porcie* (1568), *Œuvres complètes*, édition « La Pléiade », t. I, p. 506.
2 Liminaires de *La Troade* (1579), *ibid.*, t. II, p. 1128 et de *Cornélie* (1574), t. II, p. 1134.
3 Liminaire d'*Hippolyte* (1572), *ibid.*, t. I, p. 506.
4 Voir Virginie Leroux, édition des *Juvenilia* de Marc-Antoine Muret (Genève, Droz, 2009, p. 314), qui renvoie à *La République*, X, 598d et à Aristote, *Poétique*, 1449b 9-19.
5 Rappelons que le poète possédait un exemplaire de la *Poétique* de Scaliger : voir *Ronsard, la trompette et la lyre*, Paris, Bibliothèque Nationale, 1985, n° 259, p. 167 et 169.
6 Lm, XIV, vers 104 *sq.*, p. 197-198.
7 Explication plus mesquine : Ronsard retient sa plume car Grévin est un concurrent, ce qui ne sera pas vrai de Garnier.
8 *Abbregé de l'Art poetique françoys*, édition « La Pléiade », t. II, p. 1184

justement, *La Franciade*. On peut parier que la présence de l'alexandrin dans les tragédies de Garnier n'est pas étrangère à l'effet de grandeur célébré par Ronsard. Les tragédies de Jodelle, de Grévin, de Jean de La Taille sont écrites également en vers de douze syllabes. Pourtant Ronsard a des doutes, dont il nous entretient dans un passage bien connu de ce même *Abbregé* :

> La composition des Alexandrins doibt estre grave, hautaine, et (si faut ainsi parler) altiloque, d'autant qu'ils sont plus longs que les autres, et sentiroyent la prose, si n'estoyent composez de motz élues, graves, et resonnans, et d'une ryme assez riche, afin que telle richesse empesche le stille de la prose, et qu'elle se garde tousjours dans les oreilles, jusques à la fin de l'autre vers qui est long[1].

Peletier avait écrit que l'alexandrin avait pour lui sa « capacité », c'est-à-dire sa longueur, ce qui permettait à l'auteur tragique de formuler de belles sentences[2]. Il estimait aussi que les poètes grecs avaient plus de chance que les français car leur hexamètre pouvait « aller jusqu'à dix-sept syllabes sans collision [hiatus] aucune ; et avec collision, jusques à plus de vingt[3] ». Si une tragédie ou une épopée a pour ambition de développer la pensée d'un auteur ou d'un personnage, à coup sûr, Peletier a raison. Qui ne voit pourtant que la tragédie s'égare en empruntant cette voie ? Le style recherché par Ronsard aussi bien pour la tragédie que pour le poème héroïque se soucie d'abord du choix des mots, de leur disposition, de leurs sonorités, et même de la rime quand il faut compenser la longueur fâcheuse de l'alexandrin. C'est la poétique qui prime.

Il faut savoir parler tragiquement. *Tragice loqui* : c'est le titre d'un adage d'Érasme[4]. Parler à la manière des poètes tragiques, c'est d'abord user de mots plutôt magnifiques : « *verbis... magnificentioribus* », mais sans tomber dans l'emphase. Érasme remarque que l'on atteint à ce grand style grâce à l'amplification, qui permet de parler « *grandius et fastuosius*[5] ». Éditeur d'Euripide, il sait ce dont il parle[6]. Reste à savoir si

---

1 *Ibid.*

2 *Art poétique*, éd. Francis Goyet, *Traités de poétique et de rhétorique de la Renaissance*, Paris, Le Livre de poche, 1990, p. 289.

3 *Ibid.*

4 *Adage* 1539, LB, II, col. 564-565.

5 *Ibid.*, col. 565.

6 Voir Jacques Chomarat, *Grammaire et rhétorique chez Érasme*, Paris, Les Belles Lettres, 1981, p. 459.

le style doit s'adapter aux situations et aux sentiments des personnages. Horace l'avait dit[1] et l'idéal de convenance, cher à la pensée rhétorique de la Renaissance, l'exigerait lui aussi. Qui ne voit pourtant que cet idéal, appliqué à la tragédie, risque de rompre son unité de style ? Si les captives de Garnier, qu'elles soient juives ou troyennes, ne doivent pas parler comme leurs vainqueurs, il n'en reste pas moins que l'unité stylistique de la pièce a ses exigences, comparable, toutes proportions gardées, à celles d'un morceau de musique ; loi non-écrite, respectée par Garnier.

Quand les analyses cèdent au critère de la vraisemblance, elles oublient que les tragédies antiques sont alors étudiées comme des modèles de déclamation. Soulignant ce point, Virginie Leroux rappelle que telle était la démarche de Josse Bade dans son édition des tragédies de Sénèque[2]. Nous pensons d'ordinaire qu'un personnage ne déclame pas quand il veut persuader. Or, on ne peut oublier que les dialogues forment la partie la plus importante des tragédies : Amital supplie Nabuchodonosor d'épargner la vie de son fils, Calpurnia supplie César de ne pas se rendre au Sénat où il sera assassiné : ces tentatives de persuasion presque toujours avortées, forment une partie de la tragédie. Pour Virginie Leroux, cependant[3], le discours d'un personnage de théâtre possède deux types de destinataires. Le premier, bien entendu, est celui auquel il s'adresse, mais le second n'est autre que le public. D'un côté, le *sermo*, de l'autre l'*oratio*. Dans le *Jules César* de Muret, c'est le second qui l'emporte, comme, sans doute, dans la plupart des tragédies de la Renaissance. C'est bien pourquoi elles cultivent la magnificence et transportent leurs auditeurs.

Encore faut-il savoir déclamer. C'était un art que les collégiens de l'époque apprenaient avec leurs maîtres, qu'il s'agisse de Montaigne au collège de Guyenne[4] ou des élèves des Jésuites. Interprétant des pièces presque toujours écrites en latin, ils devaient accorder la plus grande attention à la métrique et à la disposition des longues et des brèves. Bien entendu, ils ne deviendraient pas des acteurs professionnels, métier encore fort décrié. Ici encore, l'histoire littéraire est pauvre en documents.

1 *Art poétique*, vers 95 *sq.*
2 Virginie Leroux, *op. cit.*, p. 320.
3 *Ibid.*
4 Voir les *Essais*, I, 26, et Madeleine Lazard, *Michel de Montaigne*, Paris, Fayard, 1992, p. 64. Si on l'en croit, Montaigne a joué dans des adaptations latines d'Euripide, que l'on doit à Buchanan, peut-être même dans le *Julius Caesar* de Muret.

Comme il serait intéressant de pénétrer dans les écoles d'art dramatique ou dans ce qui en tenait lieu à l'époque ! Contentons-nous de ce que nous savons de source sûre.

Le mouvement ramiste a donné beaucoup de maîtres et de régents, séduits sans doute par la simplicité de ses distributions et par ses arbres pédagogiques. Et comme Ramus lui-même, ils attachaient la plus grande importance à l'*elocutio* et à l'*actio*, seules rescapées des coupes sombres effectuées par le Maître dans le vaste territoire de la rhétorique[1]. Tout le reste ayant disparu, il leur était loisible d'accorder la plus grande attention à ces deux survivantes de l'art oratoire. Rien de plus clair à cet égard que la *Rhétorique française* de Fouquelin. « La voix, écrit ce disciple de Ramus, sonne comme une corde de luth[2] ». Remarquons au passage que, dans l'art de l'expressivité, c'est le luth qui a l'avantage, ce qui renverse la perspective habituelle. Mais la voix peut rivaliser avec cet instrument de musique. Elle est capable de transmettre les émotions les plus variées, si du moins l'acteur sait maîtriser les mouvements de sa respiration et reprendre son souffle quand il le faut[3]. C'est bien à l'orateur que songe Fouquelin, même si à l'époque les lieux où il exerce son talent deviennent de plus en plus rares. Mais les poètes et peut-être les acteurs feront leur miel de telles observations. Pour Fouquelin, la poésie se lit à haute voix tout comme les pièces de théâtre. Voilà pourquoi bon nombre de ses exemples sont empruntés à l'épopée, qui n'est rien sans l'art du rhapsode. À plusieurs reprises, il cite le chant IV de l'*Énéide* dans la traduction de Du Bellay[4], un choix qui se comprend si l'on songe aux lamentations de Didon, amante abandonnée, inspiratrice par ailleurs de tant de livrets d'opéra. La récitante, l'actrice ont devant elles une gamme d'émotions unique : amour, colère, tristesse qu'elles sauront exprimer « d'une voix lamentable, pleine de commiseration et de larmes[5] ». Ce n'est sans doute pas un hasard si la seconde tragédie de Jodelle[6] fait revivre les angoisses de la reine de Carthage.

---

1 Sur la réforme ramiste, voir Kees Meerhoff, *Rhétorique et poétique au* XVIe *siècle en France*, Leyde, J. Brill, 1986 ; et *Communications*, n° 16, « Recherches rhétoriques », 1970.

2 In *Traités de poétique et de rhétorique de la Renaissance*, édit. F. Goyet, *op. cit.*, p. 434.

3 *Ibid.*, p. 441.

4 *Ibid.*, p. 439-442.

5 *Ibid.*, p. 438.

6 Dont on ne sait toujours pas à quelle date exacte elle fut écrite. On s'accorde de plus en plus à penser qu'elle suivit de peu *Cléopâtre captive*.

Les propos de Fouquelin et de ses amis sur l'action oratoire concernent encore plus (faut-il le dire ?) la récitation tragique. En l'absence d'un véritable traité sur le jeu de l'acteur, c'est bien dans les manuels de rhétorique qu'il faut chercher les *membra disjecta* d'une doctrine, notamment dans celui de Fouquelin, intéressé d'abord par le caractère universel des gestes, qui rend ce langage bien supérieur à toutes les langues dites naturelles. « Car les mots Grecs ne peuvent émouvoir qu'en Grec, ni les Français que l'homme versé en cette langue[1] ». Voilà qui rappelle, *mutatis mutandis*, l'argumentation utilisée par Léonard de Vinci pour démontrer la supériorité de la peinture sur les arts du langage[2]. D'un côté comme de l'autre, le plus universel l'emporte : traits, couleurs et gestes. Ces derniers se recommandent aussi par leur variété : un mime peut tout dire, et Montaigne le savait bien quand il écrivit sa fameuse page sur le langage des mains[3]. Rien là, au reste, qui n'ait été dit par les classiques, puisque Cicéron lui-même écrivait que l'action et le geste étaient « quasi parole et éloquence[4] ». Au fil des siècles, le trésor des exemples s'est accru pour illustrer la même idée. Fouquelin cite celui de « cet excellent histrion » donné en cadeau par Néron « à un barbare ambassadeur du roi de Pont », qui s'était émerveillé de le voir exprimer « toutes choses par les gestes du corps[5] ». Il sera bien utile à ce roi qui commande à des peuples divers. Le lieu essentiel de la performance oratoire étant devenu la scène, c'est là que les orateurs des temps modernes donnent toute leur mesure et qu'ils se montrent capables de bouleverser leur public. Par le geste et la voix.

L'attention accordée à la voix et l'action oratoire n'est pas, au reste, l'apanage des ramistes. Dans sa *Deffence et Illustration*, Du Bellay consacre à la prononciation un chapitre qui, pour être bref, ne manque pas d'intérêt[6] et dont l'équivalent ne se trouve pas chez Sebillet. À celui qui demandait ce qu'il mettait au premier rang dans l'éloquence, Démosthène répondait : l'action, qu'il plaçait également au second et

1 Antoine Fouquelin, *Rhétorique française*, *op. cit.*, p. 443.

2 *Les Carnets*, Paris, Gallimard « Tel », t. I, p. 226.

3 *Essais*, II, 12, Gallimard, « La Pléiade », p. 475. Sur les sources de cette page, voir les notes de l'édition.

4 A. Fouquelin, *op. cit.*, p. 443 et Cicéron, *De Oratore*, III, 59, 222.

5 A. Fouquelin, *ibid.*

6 Du Bellay, *Deffence et illustration de la langue françoyse*, II, 10, éd. Jean-Charles Monferran, Genève, Droz, 2001, p. 162-164.

au troisième rang. L'action, encore et partout[1]. Cette anecdote, rapportée par Cicéron et Quintilien[2], donne une bonne idée de l'importance accordée au langage du corps, le plus apte à communiquer des émotions, à transporter l'auditeur. En lisant à voix haute ses poésies ou celles des autres, en les accompagnant de gestes mesurés, le récitant ne doit jamais oublier qu'il doit « pronuncer ses Vers de bonne grace[3] ». Et il se souviendra que la tradition accordait à Virgile « cete grace de prononcer », à tel point « qu'un Poëte de son Tens disoit que les vers de luy, par luy prononcez, estoient sonoreux, et graves : par autres flacques, et effeminez[4] ». Le vers en lui-même doit sans doute posséder les qualités musicales dont Du Bellay a parlé dans le chapitre précédent et bannir tout ce qui est « dur, hyulque[5] ». Mais l'euphonie reste une musique morte si elle ne trouve pas un lecteur qui en soit digne. D'où l'attention accordée à la performance, comme disent de nos jours les linguistes. *Bucoliques*, *Géorgiques* ou *Énéide* : il importe peu de savoir ce que Virgile lisait si bien, l'essentiel étant, selon Du Bellay, cette « grace de prononcer ». C'est elle qui touche le spectateur, indépendamment des émotions que le vers est censé exprimer. On a parfois reproché à l'auteur de la *Deffence* sa conception oratoire de la poésie : bien à tort. Pour distinguer la bonne et la mauvaise prononciation de la poésie, il retient des critères proprement esthétiques. Il s'agit moins d'exprimer les émotions des personnages, nombreuses et variées dans l'épopée comme dans la tragédie, que de procurer un plaisir qui détache l'auditeur de son expérience commune, où les mots servent d'abord à communiquer. Même si la tragédie n'est pas nommée ici par Du Bellay, nul doute que sa récitation observe les mêmes principes.

Ainsi envisagée, la voix lectrice possède un immense pouvoir de séduction, mais, en aucun cas, elle ne cherche à persuader, un soin qu'elle laisse volontiers à la rhétorique. De quoi, au reste, pourrait-elle persuader ? De la douceur de l'amour, de l'agrément des banquets ? Ou encore, des dangers des passions ? En fait, la comparaison entre la voix et la musique invalide cette idée de persuasion. Si la poésie veut se

1 *Ibid.*, p. 163.
2 Voir *De oratore*, III, 213 et *L'Institution oratoire*, XI, 3, 6.
3 *Deffence et Illustration*, II, 10, édition citée, p. 163.
4 *Ibid.*, p. 164.
5 *Deffence et Illustration*, II, 9, p. 162.

distinguer de l'éloquence, elle doit regarder ailleurs. Elle n'y perdra rien. Ce qui lui reste, c'est un territoire immense, qu'explorent en particulier l'épopée et la tragédie, dont les destins sont si proches, malgré tout ce qui, depuis Aristote, est censé les distinguer[1]. On ne sait pas de source sûre si le traité de Longin sur *Le Sublime* a influencé la réflexion poétique à l'époque de Montaigne, mais, comme l'a bien observé Gisèle Mathieu-Castellani[2], il existe de singulières convergences entre l'esthétique de l'auteur grec et celle de l'auteur des *Essais*. Ce que Longin demande au poète, c'est d'abord de créer un choc dans l'âme de l'auditeur ou du spectateur. Le passage où il développe notamment cette idée emprunte plusieurs de ses exemples aux trois grands tragiques grecs : Eschyle, Sophocle, Euripide, maîtres dans l'art d'imaginer des apparitions, de faire surgir dans l'âme du spectateur ce que voit, par exemple, l'esprit troublé d'Oreste. Euripide, écrit-il, « déploie tout son effort à mettre en valeur, dans la tragédie, ces deux passions : folie et amour[3] ». Faisons nôtre ce commentaire de Gisèle Mathieu-Castellani :

> Le sublime, le haut dire ou le grand dire, provoque l'*ektasis,* l'*ekplesis*, donnant au discours une force irrésistible qui s'empare de l'âme de l'auditeur : alors l'oreille voit, l'œil entend[4].

On songe alors à l'art du rhapsode, tel que Platon le présente dans l'*Ion*[5], qui ne lui est pas très favorable. Oubliant son jugement sévère, la Renaissance a retenu de ce dialogue la grande idée d'une chaîne de l'inspiration allant des dieux jusqu'à l'homme, auquel le poète communique sa propre transe. Si l'inspiration ne va pas jusqu'au lecteur, le poète a manqué son but. Cela est vrai de tous les genres poétiques, mais surtout, une fois de plus, de l'épopée et de la tragédie. Mais ici, c'est cette dernière qui prend l'avantage. La Renaissance a vu naître un grand nombre d'épopées. Quelques-unes mises à part, dont sans doute *La Franciade* de Ronsard[6],

1 *Poétique*, 5, 49b 9, 14, 18 ; 17, 55b 16 ; 24, 59b 8, 18, 23, 26 ; 60a 13 etc.
2 Voir « De bien prononcer les vers : la poétique de la Renaissance et l'héritage rhétorique », *À haute voix*, Paris, Klincksieck, 1998.
3 Longin, *Du Sublime*, XV, 3, Rivages poche, 1993, p. 80.
4 Article cité, p. 33.
5 *Ion*, 533d-536d.
6 Selon Paul Laumonier, Amadis Jamyn lut à Charles IX, en septembre 1571, le Quatrième Livre de *La Franciade* (édition critique, t. XVI, p. XV). Par malheur, ce long catalogue des rois de France n'a rien de vraiment poétique.

ont-elles jamais été récitées[1] ? Alors que, de plus en plus, s'impose la tragédie, promise à la représentation. Il se pourrait bien, par ailleurs, que la récitation tragique soit devenue le patron de la récitation poétique en général. Le cas de Jodelle tendrait à le confirmer. Quels sont les vers qu'il récitait à la manière d'un « Démon » ? Nous ne le savons pas. Ce n'étaient pas forcément ceux de *Didon* ou de *Cléopâtre*. D'après son premier éditeur, Charles de la Mothe, il s'agissait plutôt de sonnets improvisés. Une chose est sûre : ce genre de récitation a produit sur Du Bellay un effet si grand qu'il l'évoque de mémoire dans un sonnet célèbre des *Regrets*[2], où se marque bien la différence de Jodelle. Les vers de Belleau, de Baïf et de Peletier, cités eux aussi, font aimer ce dont ils parlent : le vin, l'amour, la vie rustique, la connaissance du monde. Chez Jodelle, rien de semblable. L'enthousiasme qu'il communique n'a pas d'objet à proprement parler. On ne peut même pas dire qu'il attire l'attention sur l'esthétique de ses vers. Sa poésie est un mouvement, qui mérite d'être appelé démonique, puisque le propre du démon antique est de relier le ciel et la terre. A quoi il faut ajouter, avec Emmanuel Buron[3], que Jodelle ne laisse aucun intervalle entre le moment de la composition et celui de la récitation : un privilège inconnu de l'acteur puisque la tragédie est composée parfois depuis longtemps lorsqu'il s'en empare.

Comment Jodelle dirigeait-il ses propres acteurs ? La catastrophe de l'Hôtel de ville, où un spectacle commandé par la municipalité et trop vite mis en scène tourna à la confusion de l'auteur, ne permet pas de dire qu'il les laissait sans instruction. Pour cerner davantage la récitation des tragédies de Jodelle, il faudrait savoir, par exemple, si elle était confiée à des princes, à des poètes, voire à des étudiants[4]. Sur cette question, l'histoire littéraire reste incertaine. Une chose, pourtant, semble sûre : au XVIe siècle comme au XVIIe siècle, la diction dite tenue était de règle, ce qui impliquait, sans doute, la prononciation du « e » muet en fin de vers. Il fallait, par des moyens adaptés, distinguer l'alexandrin de la prose[5].

1 Pour d'autres informations sur les lectures de poèmes héroïques, voir Bruno Méniel, *Renaissance de l'épopée*, Genève, Droz, 2004.

2 *Regrets*, CLV, v. 10-11. Sur la manière dont Jodelle récitait ses vers, voir Emmanuel Buron, « Lecture et récitation de la poésie », in *A haute voix*, *op. cit.*, p. 148-150.

3 Article cité, p. 150.

4 Voir E. Balmas, *Un poeta del Rinascimento francese* : *Étienne Jodelle*, Florence, Olschki, 1962.

5 Sur l'ensemble de ces questions, voir Jean-Claude Milner et François Regnault, *Dire le vers*, Paris, Le Seuil, 1987.

Déjà, sans doute, comme pour la tragédie du siècle suivant, l'acteur devait créer « une sorte de mélopée rythmée[1] ». « Forcener » n'est pas l'idéal, car (cela s'est vu) il existe un risque de mourir sur la scène[2]. Le débat concernant la diction tragique n'est pourtant pas clos. La *Phèdre* de Jean Vilar, mise en scène au TNP, a suscité des jugements contrastés quant à la diction de Maria Casarès. À son phrasé mélodramatique, Roland Barthes a opposé, non sans raison, la diction austère, monocorde et « altiloque », comme aurait dit Ronsard, du grand Alain Cuny[3]. D'une façon ou d'une autre, il s'agit toujours de détacher la tragédie des scories du quotidien. Elle ne vit, sur scène et dans l'âme des spectateurs, que de cette façon-là.

Dans *Le Dossier H* (comme Homère), Ismaïl Kadaré raconte la surprise de deux occidentaux devant la manière de chanter d'un rhapsode de son pays natal : « C'était une voix contre nature, d'une froide uniformité, qui secrétait l'angoisse comme issue d'un autre monde[4] ». Il explique aussi qu'avant de chanter, le rhapsode albanais applique la paume de sa main « entre le haut de sa joue et son oreille », parce que, durant le chant, sa « voix de poitrine » se transforme en « voix de tête », d'où la nécessité de se protéger contre « le vertige qui accompagne son chant[5] ». On se gardera bien entendu de généraliser. Les rhapsodes entendus par Platon ne procédaient sans doute pas de la même façon. Mais cet exemple a le mérite de souligner à quel point la diction primitive de l'épopée est éloignée du naturel. Il en va peut-être ainsi de la diction tragique. Si elle veut respecter les caractères mis en scène, si elle sacrifie par trop aux impératifs de l'*aptum*, c'en est fini de la belle unité tragique, et, du même coup, du détachement qu'il procure. C'est dire l'importance de la voix théâtrale, dans les dialogues comme dans les chœurs. Ce ne sont pas les décors et les lumières qui nous apprennent que nous ne sommes plus en ville, mais le premier vers prononcé par l'acteur, si différent dans son accentuation et son rythme de tout ce que l'on entend ailleurs.

1 Christian Biet, *La Tragédie*, Paris, Armand Colin, 1997, p. 58.
2 *Ibid.*, p. 63.
3 *Sur Racine*, Paris, Seuil, 1963, p. 142.
4 Ismaïl Kadaré, *Le Dossier H*, tr. fr., Paris, Fayard, 1989, p. 103.
5 *Ibid.*, p. 112 et 126.

CONCLUSION

L'histoire de la culture rêve toujours de saisir des moments décisifs, des instants cruciaux où s'infléchissent des mentalités, des façons de vivre et de penser : souhait aussi naïf que légitime, puisque les changements les plus importants s'opèrent sans faire de bruit. Malgré toutes les mises en garde, il est encore impossible, aujourd'hui, de se passer du terme « Renaissance », même si l'on sait très bien que tous les pays d'Europe n'ont pas marché au même pas. Sur les rythmes, les pauses, les accélérations de l'histoire, tout ou presque a été dit. Il est admis aujourd'hui que la Renaissance ne ressemble guère à l'idée que s'en faisait Michelet, et que l'époque des Goths n'a rien à voir avec ce qu'en dit Grandgousier. La manière la plus sûre d'éviter les simplifications est de se placer, en pensée, à la fin d'une époque. Alors, le paysage de l'histoire est réduit à l'essentiel. Il est évident qu'au tournant des années 1600, l'esprit de la culture a changé profondément. Elle a découvert une autre façon d'être au monde : le détachement.

Il n'est pas sorti tout armé de la tête d'on ne sait quelle Minerve. À certains égards, c'est un héritier. Mais il fait mieux que donner des habits nouveaux au vieux *contemptus mundi*. Le monde, il est entendu qu'il faut le mépriser quand ses appels s'opposent à ceux de Dieu. La poésie spirituelle de l'époque baroque ne dit pas autre chose. Elle n'a aucune complaisance pour les « honteux attachements de la chair et du monde[1] ». Si l'on aspire à la sainteté, il faut savoir les quitter au profit des demeures du ciel. Il faut aspirer aux visions tranquilles dont les peintres du Quattrocento, notamment Bellini, ont trouvé la formule limpide dans leurs « Saintes Conversations ». Qui dira le contraire ? L'idée que la sainteté puisse se vivre dans le monde n'est pas, non plus, une invention de la Renaissance et de la Réforme. Le beau XIIe siècle de Jacques Le Goff[2] en était déjà

1 Corneille, *Polyeucte*, IV, 1, v. 1107.

2 Nous gardons toujours une vision éblouie de la lecture des *Intellectuels du Moyen Âge* (Paris, Seuil, 1960), qui a maintenant cinquante ans.

convaincu. Érasme ne cesse de le dire ; il crée, dans ses *Colloques*, des personnages chargés d'incarner cet idéal. Et les Jésuites inventent leurs fameuses retraites qui permettent aux hommes et aux femmes vivant dans le siècle de vérifier leur fidélité aux exigences de Dieu. Cela est entendu. Le monde, cependant, devient de plus en plus lourd, l'activité économique réclame de tous des efforts de plus en plus grands, elle exige une attention de tous les instants. Il faut produire. Et le drame (le mot n'est pas trop fort) c'est qu'un certain humanisme reproduit ce mode de vie au lieu de le contester[1]. Comme les élèves que, parfois, ils régentent, les humanistes ne connaissent pas un moment de répit. Les efforts entrepris pour sauver les trésors de l'antiquité, pour admirables qu'ils soient, ne doivent pas cacher cette vérité peut-être désagréable. Si l'on ajoute à cela des susceptibilités maladives, dont Érasme est le vivant symbole, une compétition effrénée pour la gloire, une anxiété de tous les instants quant à l'accueil que le public réservera aux œuvres de l'écrivain, on est obligé de dire que l'humanisme n'a guère été capable, malgré ses louanges répétées de l'*otium*, de proposer des modèles de vie où le détachement trouve sa place. Quand il y parvient, c'est grâce à des figures marginales, comme, chez Érasme, celle du mendiant ou de l'épicurien. Socrate aurait pu incarner l'idéal du détachement. Encore eût-il fallu qu'il se séparât de Platon, qu'il ne fût pas confisqué par le spiritualisme de Ficin, vraiment envahissant. Quant à Diogène, autre figure philosophique du détachement, il reste trop mal élevé pour la plupart des intellectuels, Rabelais et sa postérité mis à part.

Si le XVIe siècle n'avait respiré qu'au rythme de l'humanisme, il n'aurait jamais réinventé le détachement. À force de confondre Humanisme et Renaissance, on a un peu oublié ce qui les distingue[2]. Le détachement a été, dans une large mesure, une découverte de la société de cour. Que celle-ci ait été cultivée à l'image de celle d'Urbin, théâtre du *Cortegiano*, ou de Naples, rendue célèbre par Pontano ou Sannazar, ne fait guère de doute et le portrait de l'homme de cour doit beaucoup à la fréquentation de l'antiquité. Mais les concepts rhétoriques ont été greffés sur la civilisation des mœurs : voilà l'opération essentielle. La fameuse

1 Il faudrait un jour s'interroger tranquillement et sans préjugés sur l'idéologie de l'humanisme, un peu trop sacralisé à notre goût.

2 Sur cette distinction nécessaire, voir notre article : « La Renaissance et la religion de la beauté », *Journal of medieval and Renaissance Studies*, décembre 1992, p. 63-74.

negligentia diligens de Cicéron inspire maintenant une manière d'être, non plus seulement une façon d'écrire. Sous l'égide de Castiglione, toute une époque a rêvé d'une façon de vivre dont le maître mot est celui de détachement. Il faut donc, semble-t-il, réduire la part de l'humanisme et augmenter celle de la Renaissance si l'on veut comprendre les signes des temps. La Renaissance a su sauvegarder le passé proche. On a assez dit, avec raison, que Boccace était l'héritier de la courtoisie médiévale autant que l'acteur capital de l'humanisme nouveau. Voilà qui oblige à donner une valeur nouvelle à des notions comme celles d'élégance, de politesse et d'attention aux autres. Par un de ces paradoxes dont l'histoire a le secret, ce sont des lieux réputés futiles qui, parfois, ont réinventé l'essentiel. Marguerite de Navarre en avait peut-être l'intuition en créant le personnage de sa « mondaine », moins haut placée que la « ravie » sur l'échelle de la perfection, mais dont les propos ne manquent pas d'intérêt. Ultime confirmation : Montaigne. Il regarde vers la cour autant que vers les livres, parce que (qu'on nous permette de le redire) « tout gentilhomme doit estre dressé à la façon d'un cortisan ».

Autant dire que les impulsions les plus fortes ne viennent plus de la société religieuse. Exceptons peut-être les Jésuites, puisque c'est l'un d'eux, Gracian, à vrai dire inclassable, qui a écrit les œuvres les plus importantes sur ce détachement d'un nouveau genre. Faut-il en conclure que tout ce qui se rapporte à cette idée manque d'élévation spirituelle ? Certainement pas. Pour mieux le comprendre (mais ce serait un autre ouvrage), il conviendrait de suivre le filon menant de Maître Eckhart à Montaigne. Ce qu'ils ont en commun, c'est l'idée que l'être l'emporte sur le faire ; qu'une journée inactive peut atteindre une certaine forme de perfection ; que l'on peut être à Dieu en exécutant les besognes les plus modestes. Si Denys l'Aréopagite, allié de la brigade spiritualiste, avait pu lire qu'un ange n'est pas déchu si, sur l'ordre de Dieu, il enlève les chenilles d'un arbre, qu'aurait-il dit ?

Il est possible que Max Weber ait eu raison en écrivant que Calvin a inventé un « ascétisme dans le monde ». Si tel est bien le cas, la Réforme calvinienne n'a fait qu'accentuer la gravité de l'existence. Comment se détacher, sauf pour de parcimonieux loisirs, du sérieux professionnel, des devoirs accomplis avec exactitude, et, pour tous les Arnolfini du monde, du livre de comptes soigneusement tenu ? Le devoir est là, à tous les instants, y compris celui de perpétuer sa race par la génération. Rabelais, qui héberge toutes les voix dans son œuvre, a traduit cette vision du monde dans les fameux propos de Grandgousier aux pèlerins. Un monde ainsi vécu risque de donner à ceux qui s'y trouvent le sentiment que les choses continuent sur leur lancée, alors qu'à chaque instant (comme le rappellent, chacun à sa manière, Calvin et Montaigne) c'est Dieu qui lui donne sa survie et le maintient dans l'être. L'accumulation du capital ne pourra jamais rien contre la fragilité intrinsèque de la création et le tragique de notre situation, ressentie par les poètes lyriques aussi bien que par les mystiques.

Les humanistes ont cru trouver la parade à l'injustice du monde en inventant, grâce à Thomas More, le genre de l'Utopie. La terre où se déroule la vie des Utopiens est si bien détachée du continent qu'elle devient, grâce au couteau du fondateur, une île véritable. Où l'on aimerait vivre ? Là est la question. À nos yeux, ce célèbre séjour ne soutient pas la comparaison avec la villa idéale où se réfugient les jeunes gens du *Décaméron*. Détachés de Florence, ils le sont devenus grâce à une ascèse souriante dont, par la suite, on n'a jamais retrouvé le secret. Ils ont su oublier leur propre moi et son tas de petits secrets. Leurs chansons appartiennent à tous, ils chantent pour nous, à notre place. Bien pâles en revanche, les Thélémites de Rabelais, détachés de tout souci, mais à quel prix ! Si pâles qu'on peut se demander si l'invention de Rabelais n'est pas, largement, parodique. Comment pourraient-ils nous séduire alors qu'ils n'ont jamais vécu ? La brigade boccacienne a vaincu en revanche l'angoisse de la mort. Elle a trouvé dans ce qui ne s'appelle pas encore la générosité la vraie manière de régler la vie amoureuse.

Avec elle, nous comprenons un peu mieux ce nouveau détachement. Il n'est pas l'invention des clercs, il ne procède pas d'une sainte horreur de l'existence. Si l'on est persuadé qu'il faut s'en détacher parce qu'elle est foncièrement mauvaise, il faut lire l'*Imitation de Jésus-Christ*, dont le succès ne se dément pas. La nouvelle culture, cependant, réclame des nourritures plus profanes. Les hommes d'action ne peuvent s'inspirer d'un livre qui ne cesse de vanter l'agrément des pieuses solitudes. Ils recherchent à la fois l'intensité de la vie et la capacité de s'en détacher. Leur porte-parole, c'est Montaigne, comme le montrent tant de pages des *Essais* où s'exprime sa fascination pour les vies dangereuses et, cependant, détachées : celles de César, des Scipion et des autres. C'est pour les voir, qu'on se presse au théâtre. Les héros tragiques, invention de la Renaissance aidée par l'humanisme, font entendre d'abord l'appel de la grandeur. Portés par un langage magnifique, ils permettent, le temps d'un spectacle, d'oublier la médiocrité de l'existence. Il est donc possible de vivre comme eux, de mourir comme eux, superbement. Alors que le *suave mari magno* est toujours un peu coupable, le plaisir du spectateur ne l'est pas, car lui aussi ressent des émotions, dépouillées de leur gangue par l'alchimie tragique. Il faut éprouver la pitié et la peur parce qu'une vie sans passions ne mérite pas d'être vécue. Tel est sans doute l'enseignement d'Aristote. S'en détacher est aussi dangereux qu'utopique. Nous sommes embarqués. Mais la tragédie trouve les formes parfaites qui purifient l'existence.

Le monde ainsi détaché de nous, est-il pour autant désenchanté ? Le risque existe. Les gradins de l'amphithéâtre, où les philosophes ont l'habitude de s'installer, pour mieux comprendre ce qui se passe sous leurs yeux, offrent le plaisir du surplomb, de la distance et du recul. Les sages connaissent tout, sauf les surprises de l'histoire, dont se régalent ceux qui l'écrivent. Voilà pourquoi, également, on écrit et on lit des romans. Ils enchantent l'existence par leurs intrigues, leurs surprises, leurs rebondissements. Boccace avait écrit que son devoir sacré était de distraire toutes celles que les usages du temps, la jalousie des maris, ou leur fragilité sociale avaient recluses au fond des demeures bourgeoises. Au grand dam de certains clercs et avec l'active complicité de quelques autres (Amyot), les romans et les vies héroïques s'arrogent le droit de faire rêver, de réenchanter le monde.

Si le détachement n'est qu'une manière, pour les âmes d'élite, de se soustraire aux contraintes de la société, il laisse insatisfait. Par bonheur, il apporte avec lui un bien précieux : la sérénité. Marguerite de Navarre l'a entrevu quand elle a inventé ses figures d'enfants venus alléger le monde pesant des gens sérieux. Il faut pourtant se tourner vers d'autres auteurs pour que la sérénité devienne l'un des biens les plus précieux de l'existence. Deux, essentiellement : Sannazar et Cervantès. L'*Arcadie* du premier est habitée par le deuil. Comment peut-elle atteindre à la sérénité ? Par le chant, sans doute, d'autant que celui-ci ne renvoie pas le chanteur à son histoire personnelle. Dans la dernière églogue, les deux bergers se font l'écho de la douleur d'un tiers, Meliseo. Cet univers sans église et sans culte respire en fait une immense charité. Chacun est solidaire des douleurs de l'autre, et le rituel de ces paisibles existences est assez souple pour que les voix se répondent sans jamais se contredire. Dans ce lieu magique où les bêtes sauvages s'allongent près des tombeaux, séduites par les chants qui s'élèvent dans la nuit, Orphée n'est pas mort, pas plus que Virgile. Les tribulations de l'histoire n'ont pas empêché le grand poète napolitain d'enchanter l'existence, laissant à des âmes plus sèches les consolations de la philosophie.

Cervantès fait aussi bien, il va même plus loin dans la recherche de cette difficile sérénité. Don Quichotte ne peut incarner le détachement puisqu'il est un homme de devoir qui a décidé de courir les routes pour défendre la veuve et l'orphelin. Dans cet exercice difficile, il montre cependant une réelle grandeur d'âme en supportant stoïquement les coups multiples dont on l'accable ou les mystifications les plus méchantes. Le rêve d'un monde meilleur ne le quitte jamais. Parfois, il prend forme, comme dans l'épisode des fraternels chevriers ou dans l'Arcadie entrevue à la fin du roman. Il incarne donc, pour parler comme Ernst Bloch, le « principe espérance », et il est curieux que le grand philosophe allemand ait oublié de le citer. La chevalerie errante, estimable en elle-même, est cependant dépassée par un rêve supérieur. Il ne s'agit plus de rétablir l'ordre, tâche bien monotone et qu'il vaut mieux laisser aux alguazils, mais d'inventer, à ses risques et périls, un monde nouveau. La défaite finale du héros n'invalide pas son rêve. C'est lui qui anime plus tard les personnages infiniment utopiques de Watteau, appelés par le lointain, peut-être aussi les picaros eux-mêmes, peu recommandables à bien des égards, mais, par leur amour de la route, frères de Don Quichotte.

Don Quichotte se réfère à Dieu plus qu'on ne l'a dit parfois. Est-il pour autant un chevalier chrétien ? Il serait hasardeux de l'affirmer. Comparons-le un instant avec celui de Dürer[1], et la différence sautera aux yeux. Le héros de Dürer sait qu'il est environné par des forces hostiles et que le diable mène leur danse, adversaire plus dangereux que tous les enchanteurs. L'assurance dont il fait preuve dans la forêt obscure lui vient de Dieu et de sa grâce. Il sait qu'à tout moment, il peut compter sur elle, à condition de l'implorer. Pour Dürer et les siens, le diable est toujours là. S'il a été vaincu par la mort et la résurrection du Christ, l'effet de cette victoire dépend de la foi qu'on lui accorde. Le chevalier chrétien, celui de Dürer aussi bien que celui d'Érasme, ignore le

1 Vienne, Albertina, 1513.

détachement dont vivent les héros de Boccace et de Sannazar. Il ne peut oublier qu'une lutte terrible et proprement tragique est toujours engagée entre les forces du bien et celles du mal. À chaque instant, comme le dira Pascal, le Christ est en agonie[1]. Dieu lui-même ne peut détacher ses regards des souffrances de son Fils, ce que les artistes du XVe siècle ont si bien compris. Avant même le Golgotha, Dieu a dû se séparer de Lui pour l'envoyer dans le monde, où il s'est abaissé. Tel est peut-être l'un des messages de Michel-Ange au plafond de la Sixtine. Comparée à ce terrible mystère, la recherche de la sérénité apparaît bien superficielle.

Elle a trouvé cependant de grands avocats chez les penseurs chrétiens. Terminons ce livre avec celui qui nous a ouvert la voie : Maître Eckhart. L'avantage éminent de la sérénité et du détachement, tel qu'il les comprend, c'est qu'ils ont renoncé au funeste désir de maîtrise, qu'ils inspirent une vie active mais abandonnée à Dieu. L'humanisme du XVIe siècle, trop habité par le désir de conquérir le savoir, de maîtriser le temps et l'espace, n'est pas vraiment parvenu à cette sérénité. Les mondains eux-mêmes ont recherché la forme élégante de cette maîtrise. Les plus beaux fruits du détachement sont encore à venir. Il a fallu peut-être que nous sortions de l'humanisme (et cette sortie a demandé des siècles) pour devenir sensibles de nouveau à son appel. Témoin, pas toujours exemplaire : Heidegger. Témoin, infiniment exemplaire, Etty Hillesum. À quelques mois d'une déportation qu'elle sait inéluctable, pour elle comme pour toute la communauté juive des Pays-Bas, elle écrit cette phrase stupéfiante : « C'est étrange, je suis si paisible, j'ai parfois l'impression de me tenir sur les créneaux du palais de l'Histoire et d'embrasser du regard de vastes étendues[2] ». Savait-elle qu'elle reprenait les vers fameux de Lucrèce ? Sans doute, car sa culture était grande. Mais cette confidence fait plutôt songer à Maître Eckhart, qu'elle avait peut-être lu, ou à Rilke, qu'elle glissera dans son sac à dos au moment de prendre le train vers Auschwitz. Sous cette plume, le détachement perd la froideur que certains philosophes ont pu lui donner. Il est synonyme d'abandon, de liesse, de sérénité.

---

1 « Jésus sera en agonie jusqu'à la fin du monde », *Pensées*, édition Le Guern, n° 717, p. 856.

2 *Les Écrits d'Etty Hillesum. Journaux et lettres 1941-1943*, Paris, Seuil, 2008, p. 683.

BIBLIOGRAPHIE

TEXTES

ALAMANNI, Luigi, *Opere toscane*, Lyon, Gryphe, 1532-1533.
Anthologie grecque, éd.critique par Pierre Waltz et *alii*, Paris, Les Belles Lettres, 1929-1970.
ARIOSTE (L'), *Roland furieux*, édition bilingue, traduction de Michel Orcel, Paris, Seuil, 2000.
ARIOSTE (L'), *Roland furieux*, édition bilingue, traduction d'André Rochon, Paris, Les Belles Lettres, 3 vol., 1998-2002.
ARISTOTE, *La Poétique*, édition critique par Roselyne Dupont-Roc et Jean Lallot, Paris, Seuil, 1980.
AUBIGNÉ, Agrippa d', *Les Tragiques*, éd. critique par Jean-Raymond Fanlo, Paris, Champion, 1965
AUGUSTIN (SAINT), *La Cité de Dieu*, éd. par Laurent Jerphagnon, Paris, Gallimard, « La Pléiade », 2000.
AUGUSTIN (SAINT), *Les Confessions*, éd. par Laurent Jerphagnon, Paris, Gallimard, « La Pléiade », 1998.
BACON, Francis, *Essais*, tr. fr. par M. Castelain, Paris, Aubier, 1964.
BAÏF, Jean-Antoine de, *Œuvres complètes*, édition critique de Jean Vignes, Paris, Champion, 2003.
BOCCACE, Jean, *Le Décaméron*, préface de Pierre Laurens, traduction de Giovanni Clerico, Paris, Gallimard, 2008.
BOCCACE, *De mulieribus claris*, *Tutte le Opere*, t. X, Milan, Mondadori, 1970
Bucoliques grecs, édition critique et traduction de Maurice Legrand, Paris, Les Belles Lettres, 1967.
CALVIN, Jean, *Opera omnia*, éd. G. Baum, E. Cunitz, E. Reuss, Brunswick, puis Berlin, 1863-1900, 39 tomes.
CALVIN, Jean, *Institution de la religion chrétienne*, éd. critique par Olivier Millet, Genève, Droz, 2008.
CASTIGLIONE, Baldassar, *Il Cortegiano*, éd. A. Cian, Florence, Sansoni, 1916.
CASTIGLIONE, Baldassar, *Le Livre du Courtisan*, éd. Alain Pons, Paris, Garnier-Flammarion, 1987.
CERVANTES, *Don Quichotte*, précédé de la *Galatée*, édition critique de Jean Canavaggio, Paris, Gallimard, « La Pléiade », 2001.
CHASTELAIN DE COUCY, *Œuvres*, édition critique d'Alain Lerond, Paris, PUF, 1964.
COLONNA, Francesco, *Le Songe de Poliphile*, éd. par Gilles Polizzi, Paris, Imprimerie Nationale, 1994.
Conteurs italiens de la Renaissance, Paris, Gallimard, 1993.
DANTE, *Œuvres complètes*, éd. André Pézard, Paris, Gallimard, « La Pléiade », 1965.
DELLA CASA, Giovanni, *Galatée ou Des manières*, éd. d'Alain Pons, Paris, Quai Voltaire, 1988.
DU BARTAS, Guillaume Salluste, *La Sepmaine*, éd. critique d'Yvonne Bellenger, Paris, STFM, 1981.

DU BELLAY, Joachim, *Œuvres poétiques*, éd. de Daniel Aris et Françoise Joukovsky, 2 vol., Paris, Garnier, 1993.

DU VAIR, Guillaume, *La sainte philosophie*, éd. de G. Michaut, Paris, Vrin, 1945.

ECKHART (Maître), *Die deutschen und lateinischen Werke*, 5 vol., Stuttgart-Berlin, Kohlhammer, 1936 *sq.*

ECKHART (Maître), *Sermons*, traduction de Jeanne Ancelet-Hustache, 3 volumes, Paris, Seuil, 1974-1978.

ECKHART (Maître), *Du Détachement et autres textes*, traduit et présenté par Gwendoline Jarczyk et Pierre-Jean Labarrière, Paris, Rivages-poche, 1994.

ECKHART (Maître), *Les Traités. Instructions spirituelles*, éd. J. Ancelet-Hustache, Paris, Seuil, 1971.

ÉRASME, *Opera omnia*, Amsterdam, 1969, en cours de publication (=ASD).

ÉRASME, *{Œuvres choisies}*, éd. Claude Blum, André Godin, Jean-Claude Margolin et Daniel Ménager, Paris, Robert Laffont, 1992.

ÉRASME, *Enchiridion militis christiani*, édition critique de A.-M. Festugière, Paris, Vrin,

FICIN, Marsile, *Commentaire sur le « Banquet » de Platon*, texte établi, présenté et annoté par Pierre Laurens, Paris, Les Belles Lettres, 2002.

GRACIAN, Baltasar, *Traités politiques, esthétiques, éthiques*, éd. par Benito Pelegrin, Paris, Seuil, 2005.

GRÉVIN, Jacques, *Jules-César*, édité par Jeffrey Foster, Paris, Nizet, 1974.

GUAZZO, Stefano, *La Conversation civile*, tr. fr., Paris, 1574.

HEIDEGGER, Martin, *Questions III*, tr. fr., Paris, Gallimard, 1961.

Histoires tragiques, éd. de Richard Carr, Paris, STFM, 1977.

IGNACE DE LOYOLA (saint), *Constitutions et règles. Les Écrits*, Paris, Desclée de Brouwer-Bellarmin, 1991.

LEMAIRE DE BELGES, Jean, *La Plainte du désiré*, éd. par D. Yabsley, Paris, Droz, 1932.

LUTHER, Martin, *Œuvres*, Genève, Labor et Fides, à partir de 1957, en cours de publication.

LUTHER, Martin, *Œuvres, I*, sous la direction de Marc Lienhard et Mathieu Arnold, Paris, Gallimard, « La Pléiade », 1999.

MACHIAVEL, Nicolas, *Œuvres Complètes*, texte présenté et annoté par Edmond Barincou, Paris, Gallimard, « La Pléiade », 1952.

MARGUERITE DE NAVARRE, *Heptaméron*, éd. de Michel François, Paris, Garnier, 1991.

MARGUERITE DE NAVARRE, *Théâtre profane*, éd. critique de V.-L. Saulnier, Genève, Droz, 1965.

MAROT, Clément, *Œuvres poétiques*, éd. critique de Gérard Defaux, 2 vol., Paris, Garnier, 1990 et 1993.

MICHEL, Jean, *Le Mystère de la Passion*, éd. critique d'Omer Jodogne, Gembloux, Duculot, 1959.

MONTAIGNE, Michel de, *Les Essais*, éd. Villey-Saulnier, Paris, PUF, 1965.

MONTAIGNE, Michel de, *Les Essais*, édition critique de Jean Balsamo, Michel Magnien, et Catherine Magnien-Simonin, Paris, Gallimard, « La Pléiade », 2007.

MORE, Thomas (saint), *L'Utopie*, tr. fr. de Marie Delcourt, Paris, Garnier-Flammarion, 1987.

PASCAL, Blaise, *Œuvres complètes*, II, éd. de Michel Le Guern, Paris, Gallimard, « La Pléiade », 2000.

PÉTRARQUE, François, *Le Chansonnier*, éd. bilingue de Pierre Blanc, Paris, Garnier-Bordas, 1988.

PÉTRARQUE, François, *Lettres familières*, éd. par Ugo Dotti et André Longpré, Paris, Les Belles Lettres, à partir de 2002, en cours de publication.

PONTANO, Giovanni, *Carmina*, Bari, Laterza, 1948.

Règle de saint Benoît, Paris, Éditions du Cerf, « Sources chrétiennes », 6 vol., 1972-1977.

RABELAIS, François, *Œuvres complètes*, éd. de Mireille Huchon, Paris, Gallimard, « La Pléiade », 1994.

RONSARD, Pierre de, *Œuvres complètes*, éd. Paul Laumonier, Raymond Lebègue, Isidore Silver, 20 tomes, Paris, STFM, 1914-1974.

RONSARD, Pierre de, *Œuvres complètes*, édition de Jean Céard, Daniel Ménager, Michel Simonin, 2 tomes, Paris, Gallimard, « La Pléiade », 1993-1994.
SANNAZAR, Jacques, *L'Arcadie*, tr. de Jean Martin, édition de Jean-Claude Ternaux, Presses Universitaires de Reims, 2003.
SANNAZAR, Jacques, *L'Arcadie*, éd. critique par Francisco Erspamer, traduction de Gérard Marino, Paris, Les Belles Lettres, 2004.
SCALIGER, Jules-César, *Poetices libri septem*, éd. de Luc Deitz, Stuttgart, 1994.
SHAKESPEARE, William, *Œuvres complètes*, édition d'Henri Fluchère, 2 tomes, Paris, Gallimard, « La Pléiade », 1959.
TAULER, Jean, *Sermons*, Paris, Éditions du cerf, 1991.
THIBAUT DE CHAMPAGNE, *Les Chansons*, Paris, Champion, 1925.
Tragédie à l'époque d'Henri II et de Charles IX (La), Florence-Paris, Olschki-PUF, 1993 *sq.*
Tragédie à l'époque d'Henri III (La), Florence-Paris, Olschki-PUF, 1993 *sq.*
Traités de poétique et de rhétorique de la Renaissance, éd. de Francis Goyet, Paris, Le Livre de poche, 1990.

ŒUVRES PICTURALES

BAKHUIZEN, Ludolf, *Coup de vent*, Paris, Musée du Louvre.
BELLINI, Giovanni, *Triptyque des Frari*, église Santa Maria gloriosa, Venise.
BELLINI, Giovanni, *Sainte Conversation*, église San Zaccharia, Venise.
BRUEGHEL, *La Tempête*, Vienne, Kunsthistorisches Museum.
GHIBERTI, *Porte du paradis*, Baptistère Saint-Jean, Florence.
Heures de Rohan.
MAÎTRE DE FLEMALLE, *Trinité*, Francfort, Städelsches Kunstinstitut.
MALOUEL, Jean, *Le Christ mort porté par Dieu le Père*, Paris, Musée du Louvre.
MICHEL-ANGE, *La Création d'Adam*, plafond de la Chapelle Sixtine, Rome, Vatican.
RUYSDAEL, *Tempête près d'une jetée*, Fort Worth, Texas.
RUYSDAEL, *Tempête en mer près d'un rivage*, Paris, Musée du Louvre.
UCCELLO, *Création d'Adam*, Florence, église Santa Maria Novella, *chiostro verde.*

TEXTES CRITIQUES

À haute voix, diction et prononciation aux XVIe et XVIIe siècles, sous la direction d'Olivia Rosenthal, Paris, Klincksieck, 1998.
ARIES, Philippe, *L'Homme devant la mort*, Paris, Seuil, 1977.
BEUGNOT, Bernard, *Le Discours de la retraite au XVIIe siècle*, Paris, PUF, 1996.
BLOCH, Ernst, *Le Principe Espérance*, tr. fr., 3 vol., Paris, Gallimard, 1976-1991.
BLUNT, Anthony, *La Théorie des arts en Italie de 1450 à 1600*, Paris, Gallimard, Idées/arts, 1966.

BOURETZ, Pierre, *Les Promesses du monde. Philosophie de Max Weber*, Paris, Gallimard, 1996.
BRANCA, Vittore, *Boccacio medievale*, Florence, Sansoni, 1956.
BRUNNER, Fernand, *Maître Eckhart*, Paris, Seghers, 1969.
BULTOT, Robert, *Christianisme et valeurs humaines. A : La doctrine du mépris du monde de saint Ambroise à Innocent III*, Louvain et Paris, 2 vol., 1963-1964.
CAZAURAN, Nicole, *L'Heptaméron de Marguerite de Navarre*, Paris, SEDES, 1976.
CHASTEL, *Le Retable italien*, Paris, Liana Levi, 1993.
CLEMENT, Michèle, *Le Cynisme à la Renaissance, d'Érasme à Montaigne*, Genève, Droz, 2005.
CHOMARAT, Jacques, *Grammaire et poétique chez Érasme*, Paris, Les Belles Lettres, 1981.
CHOMARAT, Jacques, « Olim meminisse juvabit », *Présence du latin*, Genève, Droz, 1991, p. 3-9.
CORNILLIAT, François, *Sujet caduc, noble sujet*, Genève, Droz, 2009.
CORNILLIAT, François, *« Or ne mens ». Couleurs de l'éloge et du blâme chez les « Grands Rhétoriqueurs »*, Paris, Champion, 1994.
DELON, Michel, « Naufrages vus de loin : les développements narratifs d'un thème lucrétien », *Rivista di letterature moderne e comparate*, vol. XLI, fasc. 2, 1988.
DOBBY-POIRSON, Florence, *Le Pathétique dans le théâtre de Robert Garnier*, Paris, Champion, 2006.
DRAGONETTI, Roger, *La Technique poétique des trouvères dans la chanson courtoise*, Bruges, De Tempel, 1960.
FREUD, Sigmund, *Métapsychologie*, Paris, Gallimard, « Idées », 1968.
GENDRE, André, *Ronsard, poète de la conquête amoureuse*, Neuchâtel, La Baconnière, 1970.
GOFFEN, Rona, *Giovanni Bellini*, Yale University Press, New Haven et Londres, 1989.
HAUSER, Arnold, *Der Manierismus*, Munich, 1964.
HILLESUM, Etty, *Journaux et lettres (1941-1943)*, Paris, Seuil, 2008.
HUTTON, James, *The Greek Anthology in France*, Ithaca University Press, 1946.
JANICAUD, Dominique, *Martin Heidegger en France*, Paris, Albin Michel, 2001.
JANKELEVITCH, Vladimir, *Le je-ne-sais-quoi et le presque rien*, Paris, PUF, 1957.
JOURDE, Michel, « "Va, mon livre" : Quelques jalons pour une histoire de la destination », *Revue du XVIe siècle*, 21/3, 2003, p. 121-150.
LEGROS, Alain, *Essais sur poutres : peintures et inscriptions chez Montaigne*, Paris, Klincksieck, 2000.
LOSSKY, Vladimir, *Théologie négative et connaissance de Dieu chez Maître Eckhart*, Paris, Vrin, 1973.
MALE, Émile, *L'art religieux de la fin du Moyen Âge en France*, Paris, Armand Colin, 1931.
PFEIFFER, Heinrich W., *La Chapelle Sixtine révélée*, Rome, Libreria Editrice Vaticana, 2007.
POULET, Georges, *Études sur le temps humain*, t. I, Paris, Plon, 1950.
REAU, Louis, *Iconographie de l'art chrétien*, t. II, Paris, PUF, 1956.
RICOEUR, Paul, *Temps et récit, I*, Paris, Seuil, 1983.
ROBERT, Sylvie, *Une autre connaissance de Dieu : le discernement chez Ignace de Loyola*, Paris, Éditions du Cerf, 1997.
SCHURMANN, Rainer, *Maître Eckhart ou la joie errante*, Paris, Planète, 1972.
Traités de savoir-vivre italiens, sous la direction d'Alain Montandon, Université Blaise Pascal, Clermont-Ferrand, 1993.
VAN DELFT, Louis, *Les Spectateurs de la vie. Généalogie du regard moraliste*, Les Presses de l'Université Laval, 2005.
WEBER, Max, *L'Éthique protestante et l'esprit du capitalisme*, Paris, Plon, « Pocket », 1964.
WEINRICH, Harald, *Le Temps*, tr. fr., Paris, Seuil, 1964.

INDEX

TABLE DES MATIÈRES

COLLECTION
« ÉTUDES ET ESSAIS SUR LA RENAISSANCE »

Une collection au centre des débats et des recherches actuelles sur la Renaissance. Par l'approche multidisciplinaire, par la variété des méthodes, par l'originalité des perspectives, un lieu privilégié de confrontations d'idées et de polémiques, de découvertes et de réévaluations, d'innovations en tout cas.

Retrouvez tous les titres de la collection en scannant ce code QR :

Et pour recevoir nos dernières actualités, abonnez-vous ici :